话龙点睛

转型中国的佛山观察

HUALONG DIANJING

龙建刚 著

南方日报出版社
NANFANG DAILY PRESS
·广州·

图书在版编目（CIP）数据

话龙点睛 ：转型中国的佛山观察 / 龙建刚著. — 广州 ：南方日报出版社，2016.12（2017.9重印）
ISBN 978-7-5491-1479-5

Ⅰ. ①话… Ⅱ. ①龙… Ⅲ. ①区域经济发展－研究－佛山 Ⅳ. ①F127.653

中国版本图书馆 CIP 数据核字（2016）第 255775 号

出 版 人：周洪威
责任编辑：阮清钰
责任技编：王　兰
责任校对：阮昌汉
封面设计：书窗设计工作室

HUA LONG DIAN JING
话龙点睛：转型中国的佛山观察

著　　者：龙建刚
出版发行：南方日报出版社
地　　址：广州市广州大道中 289 号
经　　销：全国新华书店
印　　刷：佛山市浩文彩色印刷有限公司
开　　本：787mm×1092mm　1/16
印　　张：26.25
字　　数：350 千字
版　　次：2016 年 12 月第 1 版
印　　次：2017 年 9 月第3 次印刷
定　　价：68.00 元

投稿热线：（020）87373998-8503　读者热线：（020）87373998-8502
网址：http://www.nanfangdaily.com.cn/press　http://www.southcn.com/ebook
发现印装质量问题，影响阅读，请与承印厂联系调换。

序一　用思想的闪电照亮更多的人

刘悦伦

打开一本书，读懂一座城。

翻开龙建刚的这本新作，我不禁思绪万千，仿佛又回到在佛山度过的那段激情燃烧的岁月。

2011 年 8 月 3 日，我从广州到佛山报到，先担任市长，后接任市委书记，到佛山讲的第一句话就是："佛山是一个好地方。" 在佛山工作的 1600 多个日子里，我一直被这座城市积极向上的精神所感染、被这里可爱的人们所感动。2016 年 2 月，我离开佛山前往省人大常委会工作时，再次重复当初说的那句话："佛山是一个好地方。"

佛山之好，不仅在于经济体量大、发展势头好、文化底蕴深、文明程度高，更在于这里有一种海纳百川的感召力和蓬勃向上的生命力，这种力量会让人生发出"此心安处是吾乡"的感叹。我有个习惯，观察一座城市，第一眼看景，第二眼便是看人。佛山的市民热情淳朴、崇文务实、通济和谐；佛山的企业家脚踏实地、敢为人先、不屈不挠；佛山的干部风清气正、视野开阔、执行力强。正是因为有这样的人们，我在佛山学到了很多好东西，也能顺利地推进各项工作。

在佛山工作期间，龙建刚所发表的每一篇文章我几乎都读过，即使离开了佛山，我仍然保持这份关注。这些年，研究佛山的中外学者很多，有关佛山的评论文章也很多。他们用脚步丈量佛山、用文字记录佛山、用思想启迪佛山，为这个好地方持续发出好声音。在这些人中，龙建刚是当之无愧的佼佼者。他的文章更接地气，对佛山的理解更深、把握更准，也更能获得社会各界的热烈反响和广泛共鸣。龙建刚的成功，我认为主要基于三个方面的突出特点——

第一是有学者的学养。龙建刚在大学当过教授，受过良好的学术训练。这样的背景，让他有能力用学者的眼光来观察问题、思考问题和提出问题。从哈佛大学回国执教的新锐学者刘瑜有一个说法叫“观念的水位”，实际上也就是思想的水位。一个研究者，如果没有“观念的水位”，是写不出好东西的。思维的发散能力和聚焦能力非常重要，如果没有发散能力，就不能想到事物的很多方面，以及它们之间的逻辑联系；如果没有聚焦能力，就不会有穿透力。龙建刚和许多大学教授又不太一样，不是躲在“象牙塔”里做学问，不是用那些少数几个人的自言自语、让人看不懂的文字表达思想，而是用通俗易懂的语言、深入浅出地阐述一些很高深的社会问题，让大家一看就明白，能够产生较强的社会影响力。这一点是非常难得的。

第二是记者的敏锐。普利策曾经说过一句话：“倘若一个国家是一条航行在大海上的船，新闻记者就是船头的瞭望者。他要在一望无际的海面上观察一切，审视海上的不测风云和浅滩暗礁，及时发出警告。”龙建刚做过多年的媒体记者，这样的背景让他比很多学者对社会现实问题更敏感，也更接地气，对政府决策者和社会大众所关注的热点问题始终保持关注和发现，并及时发出自己的声音和判断。

第三是作家的文笔。从事时政评论写作的人很多，有的人有观点，但可读性不强；有的人文笔好，但缺乏思想。龙建刚的文笔大气磅礴，有一种大江奔流的酣畅。看起来很舒服，读起来朗朗上口，和其他人写的不太一样。我每天要读好几份报纸，但像龙建刚写的这么耐读的文章还真的不多，他的文章在整个广东都是第一流的。

《话龙点睛：转型中国的佛山观察》这本书，令我感动的不止是字里行间蕴藏的思想张力，更是一名学者和媒体人持续言说背后对这座城市的情感、热爱和感同身受。带着这种情怀，龙建刚十多年来不断为佛山鼓与呼，每每在佛山发展的重要节点上及时发出好声音、传递正能量、剖析真问题，而且立场客观公正。

大凡署名“龙建刚”的文章我基本上是一定要看的，因为他在文章中提出的很多观点值得决策圈内的人去思考，在决策时可做参考和借鉴。在一定程度上，龙建刚扮演了智库的角色，或者说他人在决策层外，脑在决策层内。我们现在就需要有这么一批诤友，所谓“诤”，就是敢于评论和批评；所有“友”就是建设性而不是破坏性的，不是一味迎合你、苟同你，而是从另外的角度提出建设性意见来帮你的。诤友之所以可贵，就在于他们能以高度负责的态度，坦诚相见，对政府的缺点、不足绝不粉饰，敢于力陈其弊，促其改之。如果人们能结识几个诤友，那么前进的道路上，就会少走弯路，多出成果，事业发达。当政者需要这样的诤友，国家治理、社会治理现代化，也需要有这样的诤友。

接到为本书作序的邀请，我丝毫没有犹豫就答应了，这不仅因为龙建刚是我的老朋友，更因为佛山的发展需要更多像龙建刚这样的人，站立在时代的船头瞭望，为这座城市记录下前行的道路，用思想的闪电去照亮更多的人。所以，我也借着写序的机会，呼唤更多如“话龙点睛”般的好声音在佛山形成大合唱。

好地方发出好声音，好声音成就好地方。这篇序言，既是我对龙建刚新书出版的祝贺，也是对佛山这座城市的美好祝福。无论何时何地，我都在倾听佛山发出的好声音。

（作者系广东省人大常委会副主任）

序二　党报评论写作的开先河之举

杨兴锋

尽管汗牛充栋的新闻作品集已让读者出现审美疲劳，但龙建刚的评论集仍令人眼前一亮。

我是在《南方日报》新世纪全新改版时认识龙建刚的。2002 年 8 月 6 日，当时担任南方日报总编辑的我，与同事们一起发动了《南方日报》历史上最大规模的全新改版，提出了“高度决定影响力”的办报理念，此后坚持一年一改。全新改版先后推出了不少开创性的举措，这里仅提及与本书相关的两点：一是成立评论委员会和理论评论部，每天开辟一个评论版，高扬评论这面旗帜，发挥评论在舆论引导方面的重要作用；二是实施“梯次发展战略”，先后在深圳、佛山、东莞、广州等地开办地方观察，让党报在珠三角这片改革开放的热土深深扎根，为各级主政者提供大大小小的“隆中对”。当时筹办《佛山观察》的负责人，把他的骨干团队带到广州与我见面，其中就有被聘为佛山观察首席顾问的龙建刚。“观察佛山是《佛山观察》的主业，为佛山发展营造良好舆论环境是《佛山观察》的使命”。他们有这样的共识，让我对即将开办的佛山观察心中更加有底。此后一年一度的珠三角新闻中心年会，龙建刚都以佛山观察主要骨干的身份参加，彼此间也逐渐熟悉起来。而他给我留下深刻印象的，却是他以特约评论员和特约记者身份在《佛山观察》上发表的那些观察佛山的文章。

那么，体现龙建刚观察佛山成果的《话龙点睛：转型中国的佛山观察》一书，价值何在呢？我们无妨从如下三个维度去观察。

从佛山人的角度看，它可以帮你读懂佛山。多观察、多经历、多研究，是人们学习中的三大要诀，也是龙建刚佛山生涯的真实写照。龙建刚大学毕业后当了12年记者，1997年从贵州南下广东，在佛山大学任教。10多年来，他以学者、记者、公民的三重身份观察佛山、经历佛山、研究佛山。学者的素养、记者的敏感、公民的情怀，构成了他观察佛山独特的优势，使得他对佛山的发展之路把握更准，理解更深，那就是：所有的改革指向都是为了催生和壮大市场的力量。在我的记忆中，新闻界写评论的高手不少，但像龙建刚这样10多年持之以恒观察一地发展、评点成败利弊的，并不多见。佛山这些年来走过的路子，从城市定位、资源整合、环境优化，到经营城市、城市升级、创新驱动，在龙建刚的评论作品中都有深刻的剖析、精到的点评，这其中有评价，有诤言，有质疑，有建议，更有深切的期盼。这些评论既高屋建瓴，又对接地气，把庙堂与江湖巧妙地结合起来，具有很强的引导力、影响力、穿透力，不仅有效地引导了舆论，而且为佛山的主政者提供了一个又一个推动佛山发展的“隆中对”。对佛山人来说，这本书就是读懂佛山的最佳读物。

从外地人的角度看，它可以帮你透过佛山读懂中国。佛山虽然级别不高、地方不大，既不是省会城市、计划单列市，也不是经济特区，但它是改革开放的前沿阵地，是转型发展的先行者，是市场化、城市化发展探索过程中的排头兵。佛山是以实体经济、制造业、民营经济为主的城市，在一定程度上被视为中国实体经济、制造业、民营经济发展的风向标和晴雨表。中国学界一直有“佛山模式”的讨论，有人说佛山有“中国最为完整的民营经济发展史”，有人说佛山是中国市场经济的最佳“道场”。佛山在转型发展中所碰到的问题，也是各地已经或正在碰到的问题。因此，观察佛山的意义不仅限于佛山，它对于观察转型中国、探讨转型发展之路不无裨益。实际上，龙建刚这些年来几乎是一半时间在佛山，一半时间在外地，他多次以南方日报特约记者的身份随同企业家、政府考察团到国内外考察交流、求经问道，做到跳出佛山看佛山，用中国乃至世界的视野来观察佛山。正如他的一篇评论的标题所说："用全球视野，为佛山问道。"在龙建刚的评论作品中，对佛山转型发展之路的观察，既有纵向的挖掘，又有横向的比较，既有历史的观照，又有现实的指向，为读者读懂转型中国提供了一个丰富生动的佛山样本。

从媒体人的角度看，它可以为你带来应对媒体转型难题的启迪。龙建刚的评选作品，在选题上直面热点，问题导向；在评论上有理有据，观点犀利；在文笔上气势磅礴，文采飞扬；在风格上直言不讳，生动活泼。难能可贵的是，他敢于指名道姓地评点主政者的功过得失，这在党报评论写作上应该是开先河之举。试想，如果没有成熟的智慧、过人的胆魄、无私的胸襟，是不敢如此秉笔直书的。当然，佛山这座城市的宽容也为这些评论得以发表提供了条件。这些年来，龙建刚和《佛山观察》可谓是相得益彰，他借助《佛山观察》这个平台发表了数十万字的评论，赢得了口碑、聚够了"粉丝"，而《佛山观察》依靠龙建刚的高品质评论也扩大了影响、提升了高度。除了撰写评论之外，龙建刚还与佛山观察骨干团队共同策划了"佛山大同""风·雅·颂"等一系列大型深度报道，生动而深刻地展现了该市改革发展的成果，一时风靡佛山，洛阳纸贵。为此，六任市委书记都重视、关心和支持《佛山观察》，《佛山观察》的社会效益和经济效益也一直在南方日报地方观察名列前茅。龙建刚和《佛山观察》的实践告诉媒体人：不论媒体形态如何演变、传播手段如何更新，新闻的本质意义并没有改变，精致的新闻产品永远不会过时，高品质评论仍然是主流媒体应对媒体转型和市场竞争的有力武器。

有人说，转型时代易出思想，这话不假。正在经历经济转型、社会转型、媒体转型三重激荡的中国，如今是思潮汹涌，众声喧哗。在这样的大背景下，多一个观察问题的角度，就多一份理性思考的价值。《话龙点睛：转型中国的佛山观察》为我们提供了解读佛山转型发展之路的独特视角，因此它是很有价值的。

这本书出版之时，龙建刚已经辞去大学工作，成为自由职业者了。好在他人还在佛山，并将继续观察佛山。可以预期，龙建刚今后经历佛山的方式会更加多样，观察佛山的视野会更加开阔，研究佛山的视角会更加多元，他一定会给读者带来更多观察佛山、研究佛山的成果。

（作者曾任南方报业传媒集团党委书记、管委会主任，南方日报社社长）

目 录

序一　用思想的闪电照亮更多的人（刘悦伦）
序二　党报评论写作的开先河之举（杨兴锋）

第一辑　城市内幕

佛山整合内幕　2
佛山整合成功是对中国的贡献　10
气度决定高度　17
权力格局生变　佛山面临考验　20
陈云贤亮剑，佛山限摩胜算几何？　24
佛山有为　干部有位　27
去承受风雨　去创造光荣　30
佛山城市革命龙年爆发　32
期待悦伦让佛山更悦城　35
区邦敏、梁维东是破解疑难杂症的高手吗　38
用全球视野　为佛山问道　42
让中国看到佛山的力量和信心　47
刘悦伦为佛山留下怎样的“伦理”　50
有一种力量在塑造历史的走向　55

城市升值的核心是提升我们的文化 60
文化部长为何盛赞佛山 63
用工匠精神武装出一个强大的佛山 68
棋手鲁毅，要在佛山下一盘大棋 73

第二辑 观点佛山

让南海顺德的竞争来得更猛烈一些 80
从林毅夫、张维迎之争看佛山竞争力 87
佛山的改革在于释放市场的正能量 91
佛山大型机场梦要靠广州给力 94
一环收费：让我们心平气和地接受它 97
佛山 PK 无锡 谁比谁更牛？ 100
草根有欲望 中国有希望 103
今天多点宽容 明天还你精彩 109
佛山需要一所好大学 112
能解决佛山问题的大学肯定是一流的 115
China 功夫：向世界表达中国 119
佛山：从文化到文明 121
佛山打响“石湾保卫战” 123

第三辑 龙说五虎

我们何时到佛山名镇喝咖啡 130
政府公信力不可因佛山名镇烂尾而烂尾 133
佛山走在季华路上 136
禅城可以成为佛山开放开明的榜样 139

祖庙突围是老城区发展的典范 142
佛山陶博会离“国际”还有多远 145
南海给力 佛山心定 148
为南海政务微博加油鼓劲 151
掌握中国基层 才能掌握中国社会 154
南海这道头啖汤为何总是飘香 157
为“南海现象”找魂 160
打好“南海模式”转型的第三次冲锋 163
南海从来没有让中国失望 166
端南海的碗 吃世界的饭 171
改革的“化学反应”何时到来 175
明天的何享健们在哪里 178
佛山新城是顺德发展的重大机遇 181
开放的“战车”再出发 184
把“靓女”嫁给世界 187
佛山新城就交给顺德去搞定吧 192
历史的机遇又一次等待顺德把握 196
醒来吧，顺德 201
顺德也许有错过，但从未错过风口 206
顺德的光荣不是脱离而是引领佛山 211
三水千亿梦想今年有戏吗 215
中国政府服务模式变革在三水加速 220
期待三水做出一篇精彩的文章 226
告诉你一个不同凡响的高明 229
高明人要走高明路 231
高明之路从高明自信开始 235

第四辑　龙言龙语

业余的猫抓不住专业的老鼠　240
“诚信政府”首先要说话算数　245
车检新政：从权力自肥到权力自洁　248
指尖上的“政能量”　251
佛山的问题不在小气而在空气　254
争议为什么发生　257
企业家既要讲和气更要有骨气　260
可以为官不易　不可为官不为　263
佛山已经率先啃下一块硬骨头　266
小村官　大腐败　269
政协必须镇邪　272
从吃货到玩家：顺德行吗　274
期待佛山城市更美好　277
城市升级：干得好，也要说得好　280
这不是一个人的纪念　282
“下坡”的刘海遇见了谁　287
佛山制造的十个第一　292

第五辑　龙行天下

走进以色列　308
南商的牛津时间开始了　314
南商在牛津释放另一种力量　317
你们要有随时应对危机的准备　321
南海的富二代是可以信任的　324
寻访英国最美乡村　328

一位牛津博士的南海观 332
沟通从心开始 336
走自己的路 339
南海也要抓住“英国机会” 343
南海从伦敦向世界发出召唤 347
你好！洛杉矶 350
开学第一天 352
罗宾逊的震撼 354
美国教授的“免费午餐” 356
搞营销的教授和开公司的博士 359
诚信：美国制度的前提 362
学美国人开会 365
带着力量回家 368
永远的顺德情 370
巴黎见闻：顺德美食是人类的口福 372
顺德美食巴黎立起“凯旋门” 374
台北手记：最美的时光 379

后记 邂逅佛山，我认为是最好的安排 398

第一辑

城市内幕

佛山整合内幕

王志纲眼里的“佛山两条路”

佛山曾经很大，后来变得很小。1992 年以后，顺德、南海、三水、高明先后撤县设市，由佛山代管。佛山的地理面积锁定在 3800 平方公里，而市区面积仅为 77 平方公里，不如顺德、南海的一个镇。有专家指出：佛山是中国市区面积最小的地级市。

但佛山的地位却让人不敢小视。

鸦片战争以前，佛山有 60 万人口，陶瓷、纺织、铸造、制药业空前繁荣，小小的佛山镇居然云集 18 个省的会馆和 23 间洋行，其发达程度甚至超过了省会广州。1992 年和 1993 年佛山市分别被中国城市评价中心列为全国城市综合实力 50 强和投资硬环境 40 优之一，进入全国 24 个率先达到小康水平的城市行列；1995 年中国科学院对全国 188 个地级以上城市经济发展进行综合评价，佛山市名列第七。

个体和私营经济的蓬勃兴旺，使南海人在没有大量外资投入、没有国有大型企业，也没有众多名牌产品的情况下创造了经济高速增长的奇迹，其综合实力、社会经济发展水平和人均收入位居广东省首位，在全国综合实力百强县（市）中名列第四。

而与南海比邻的顺德以更大的气魄和胆识走出了一条名震中国的

顺德之路，并很快超过南海，坐上了中国综合实力百强县（市）的第一把交椅。在顺德制造掀起北伐浪潮的时候，中国主流媒体尖叫：可怕的顺德人！

顺德和南海很快就遇到了“成长的烦恼”，即经济实力与行政区划所赋予的经济管理权限之间不匹配。有人将这个落差比喻成“大人穿童衣”。于是，政府和民间都滋生了升格的愿望。即使在公众场合，当地的不少官员也不忌讳表达这样的意愿。

许多年后，曾经高度关注佛山发展的新华社原记者王志纲发表如是谈话：“事实上，在当时，整个中国都是这样一种情况。各路‘诸侯’都使尽浑身解数，拼命施展手段。县不满足，要求市；市不满足，要求副地级市，现在又要求地级市。在这个过程中，就是资源的极大浪费。举个例子，一个地级市好不容易办了个大学，但是吃不饱，因为它下面的县级市竟然也要办大学；一个地级市好不容易搞个体育中心，下面的县级市也要搞。也就是在方圆几十平方公里的范围内，集中了很多重复建设的项目，资源得不到有效配置，效益发挥不了。”1993 年秋天，时任佛山市委书记、市长钟光超从北京和广州请来几位颇有影响的专家学者给佛山“看病”，其中就有王志纲。

在饭桌上，王志纲就对钟光超说，关于佛山的问题，只有两条路可走：其一，佛山若不想束手就擒，就要对 3800 平方公里进行整合，形成大佛山，这样才有前途，佛山的产业资源才会得到有效配置，佛山作为珠江三角洲经济的发动机之一，才会得到充分的展现，这是最符合经济规律、最符合科学规律的一个办法；另外一条路，如果你不整合，你就只能龟缩在 77 平方公里的“佛山镇”里面，成为“佛山镇”的“镇长”。

钟光超闻言苦笑：“要整合谈何容易啊。我还没走到国务院，他们就到邓小平家了。”尽管说的是玩笑话，但其中透出了几许无奈。

后来，佛山第一把手易人，钟光超外调，政绩相当突出的林浩坤从南海市委书记一职升任佛山市委书记。上任之初，雄心勃勃的林浩坤决定进行资源整合，第一招就是将城区和石湾区合并。可消息一传出，就遭到有关方面的强力反弹，最后只好不了了之。

当佛山人显得有些茫然的时候，顺德却迎来了历史上很重要的一天：1999 年 9 月 1 日，广东省委、省政府确定顺德为率先基本实现现代化试点市，给予顺德地级市管理权限。除公检法系统及党组织继续归佛山管辖，顺德的其他序列都直接对省里负责。

佛山民间和许多政界人士推断：顺德脱离佛山已基本明朗化。随后，在省政府及直属部门下发的文件中，“各地级市及顺德市”已成为文件抬头的一种固定模式。顺德的主要领导在一次大会上说：要按照地级市的规模来建设顺德新城区。

细心者可以发现：自 1999 年 9 月 1 日以后，除佛山市委书记还偶尔到顺德亮相，佛山市长几乎没有在顺德露面了。

一佛山网民在 BBS 上写下一个点击率很高的帖子：“我的观点是，如果中央政府、省政府同意他们独立的话，就让他们快走。天要下雨，娘要嫁人，由他去好了。强扭的瓜不甜。如果不同意独立的话，赶快制定整合方案，免得佛山市政府左右为难、两面不是人。说到底一个‘快’字，因为这事也拖得太久了……”

一篇“失实报道”捅了“马蜂窝”

当人们关注佛山走向的热情正在渐渐消退的时候，一家在全国拥有重要影响的报纸捅了“马蜂窝”。2001 年 10 月，该报在一版显著位置推出独家新闻——《广东酝酿城市大合并》：广东省政府已经通过新会、江门合并的方案，现正交中央审批。而同时，广东省还计划将佛山、顺德、南海进行合并，具体方案正在讨论之中。

消息最后写道：“为了进一步理顺管理，广东省政府计划将南海、顺德正式撤市改区，并制定了几种讨论方案：其一是将南海、顺德撤市改区，划归佛山；其二是将南海撤市改区，保留顺德市；其三是将南海、顺德的一部分划归佛山，其余的并入广州市。”

报纸一到佛山，立即掀起抢购狂澜，而顺德、南海的读者反应更甚，大街小巷，议论纷纷。

第二日，形势突变。几乎所有的广东主流媒体都在显著位置刊登了广东省民政厅负责人的谈话：关于“广东酝酿城市大合并”的报道完全失实。

广东省民政厅负责人指出，作为业务主管部门，对个别地区的行政区划进行调整研究是正常的。但是，最近并没有像报道所说的对佛山、南海、顺德的合并进行紧张的论证。

尽管权威人士出面辟谣，但一个刚刚沉寂的话题再度升温。佛山一家网站的论坛里贴满了有关佛山整合的讨论。2002 年 2 月下旬，有两个帖子被广泛关注——

先是一个名叫“我佛山人”的网民称：有确切消息说，佛山将在四年内与南海、顺德、三水、高明合并成新的佛山市。一个叫“了然于心”的网民写道：佛山是分是合，最晚 11 月份必有结果。等着特大新闻吧。信不信，你等着瞧！

在民间讨论如火如荼之际，《广东省城市化“十五”计划》出台，其中两条被佛山人高度关注：2005 年，佛山—南海将建设成为 100 万以上人口的大城市；顺德将成为拥有 50 万人口的广东第七大城市。3 月上旬，顺德市召开人代会，当地媒体的焦点全部集中在如何把顺德打造为未来全省七个大城市之一。

民间流传出新版本：佛山、南海将实现一体化，顺德升格地级市。

李长春：佛山一定要成为“黑马”

2002 年 6 月 4 日，时为中央政治局委员、广东省委书记的李长春来到佛山。

此行有两个背景：一是广东省第九次党代会刚刚结束，会议作出了建设经济强省的重大战略决策；二是李长春即将率团出访欧洲，希望了解欧美跨国公司在广东投资合作的情况和水平。

李长春与佛山市领导班子座谈时说："佛山是我省的第三大城市，在经济发展上有良好的基础，资本原始积累阶段已基本结束，完全有条件进一步加强资本的整合，加快率先基本实现现代化的步伐。在我省从经济大省向经济强省的跨越中，佛山要成为一支重要力量，要像20 世纪 80 年代那样在全省起带动作用。省委、省政府对佛山寄予厚望，佛山一定要成为一匹'黑马'。广州、深圳这两年进步很大，GDP在全国城市里面分别排第三、四位，但在它们后面，除了天津，还有苏州、杭州等一批城市咄咄逼人。我们希望佛山尽快赶上。珠江三角洲城市群的交通网建设，首先要考虑佛山，要加快佛山的发展。总的来说，佛山的基础很好，现在的关键问题就是要加强整合和上水平。"

这是李长春在佛山第二次提出整合问题。1997 年，他第一次视察佛山时就提出要整合佛山的优势。

而所谓的整合，首先就要向佛山各地之间存在多年的体制壁垒、政策壁垒、管理壁垒、市场壁垒和资源配置壁垒动刀！

佛山市委随后召开常委会议，学习李长春讲话精神。几日后，佛山市委工作会召开。会议认为，必须把思想统一到要成为广东第三大城市，成为建设经济强省的一支重要力量这个认识上来。要抓住这个机遇，来一次认识的大提高、思想的大解放、观念的大更新。会议提出，要着眼于 3800 平方公里的国土面积，以大手笔、大气魄，抓好大规划、大整合、大建设。

一个月后，顺德市委书记易人：时年 58 岁的冯润胜不再担任顺德市委书记，转任佛山市人大常委会副主任；广州市黄埔区委书记杨浩明调任佛山市委委员、常委，兼任顺德市委书记。

与此同时，广东主要媒体全线发力，以浓墨重彩、声势浩大的宣传攻势为佛山造势，而各路学者也纷纷亮相，阐释佛山建设广东第三大城市的重大意义。

越来越多的迹象表明：佛山正在逼近一个历史性的时刻。

黄龙云主政，第三大城市全面提速

2002 年 9 月 6 日，广东各大媒体统一公布佛山市委主要领导的人事变动：中共广东省委常委、珠海市委书记黄龙云调任佛山市委书记，林浩坤不再担任中共佛山市委书记，另有任用。

佛山主要领导的人事变动引起了海内外媒体的高度关注。香港《文汇报》的报道说：黄龙云出任佛山市委书记，显然与此前广东省委有关领导“把佛山建设成为广东第三大城市”的指示有关，显示广东对佛山的重视。新加坡《联合早报》指出：由省委常委出任市委书记，这在佛山历史上还是第一次。

上任伊始的黄龙云马不停蹄前往三水、高明、南海、顺德、城区、石湾调研。黄龙云一路走，一路提醒大家：一个地方的发展需要一定的机遇，没有机遇，很难实现跨越式的发展；没有机遇，发展只能是量的积累，很难产生质的飞跃。当前佛山所面临的发展机遇千载难逢，如果不抓住机遇，贻误了发展时机，就会犯历史的错误。

这些极具分量的谈话不仅是一种动员，也是一种纪律。2002 年 9 月 16 日，时任中共广东省委常委、副省长李鸿忠在出席中南六省区人大常委会主任座谈会时透露：广东正筹划建第三大城市——佛山，其范围包括佛山、顺德、南海、三水、高明。

这是广东高层领导第一次公开透露第三大城市的覆盖范围，而此前的报道是以“3800 平方公里”来表述第三大城市。11 月初，一家具有重要影响的经济类报纸发表一篇后来被各大中文网站纷纷转载的文章。

文章说，早前几个月传得沸沸扬扬的“佛山统一”计划即将成为定案，一位知情人士向本报透露：10 月中旬，佛山市委书记黄龙云在会见佛山各级新闻领导代表团的内部会议上表明，南海、顺德、高明、三水已经分别主动上交了关于撤市建区的报告。

文章评论道：在 2002 年全国各地都出现的区域中心城市兼并热

潮中，“大佛山计划”的实施仍属不同寻常。首先，一下子将下属所有县级市都改为区，其整合力度之大十分罕见，其次，此举将令整个珠三角都市圈的城市生态全盘改观。

文章还引述了中山大学珠三角研究中心郑天祥教授的观点：“佛山的内部整合，很明显是为了开发广东省西部地区。东部地区目前已经有三千多万人口，而西部只有一千多万。佛山市的内部整合将带动广东省整个西部地区的发展，进而吸引人才到广东省西部去创业，同时缓解了东部的人口压力，一举两得。”

佛山有关方面委托佛山大学朗智战略与管理研究所对该市近年来的发展状况进行了一项民意调查，结果显示，超过八成的市民对佛山建设广东第三大城市充满信心——这是佛山建设广东第三大城市最强大的民意基础。12 月 8 日，国务院正式批准佛山行政区划调整。12 月 19 日，佛山市人民政府召开新闻发布会，市长梁绍棠宣读国务院批复，佛山行政区划调整水落石出。《经济日报》发表文章认为：这种用做大经济区域的办法来化解存在于行政区划上的矛盾，不失为一种积极的策略。大佛山式的整合，为同类地区化解矛盾提供了一种思路。

黄龙云：做好简政放权工作

2003 年 1 月 2 日，新年的第一个工作日。黄龙云在当天召开的市委机关干部大会上说，应该有一个中期和近期的目标来检验区划调整的成功与否。

这个中期目标就是用 5 年左右的时间，看佛山的经济是否发展得更快，在全省经济发展中作出了重要贡献；城市的环境是否更好了，文明程度是否更高了；人民的生活水平是否更高了，包括科教文化等各方面是否得到了进一步提升。近期目标就是要看在区划调整后 1 年左右的时间里，广大群众和基层干部的积极性和工作热情是否更高涨了。因此，我们现在的工作就是要围绕调动基层的积极性，围绕服务群众来展开，多做一些调动基层积极性的工作。

黄龙云表示：佛山区划调整的特点是强强联合，各区仍然以发展为主旋律。发展需要整合资源，需要权力，需要管理的新思维，因此区划调整后许多权力不仅要向区里放，还要向镇一级放，而市一级主要是加强管理。

他强调，要把简政放权工作做好，做到位，形成市级和五个区级的良性互动，才能把佛山做大做强。

分分合合的佛山又走到了历史的关口上。

（原载《新快报》2003 年 1 月 30 日）

佛山整合成功是对中国的贡献

——著名策划人王志纲访谈话录

这些年，作为国内不少省市的战略顾问，王志纲几乎成了一个“空中飞人”，要找到他非常不易。作为在全国拥有重要影响的区域与城市运营专家，他一年四季都在全国各地奔波。羊年岁末的一天，他从成都飞广州，在广东外商活动中心进行了这个已经预约多次的访谈。

龙建刚：你对佛山发展，尤其是对佛山资源整合的进程一直保持高度关注，并发表了一些很有影响的谈话。今年1月8日，是佛山行政区划调整正式运行一周年的日子，政府、民间和媒体都在从不同角度总结佛山整合一年来的运行状态。这时候，很多读者非常期待你说点什么。

王志纲：我已经一年多没有去过佛山，有关佛山整合后的情况我大多是从媒体报道中看到的。刚才听了你的一番介绍，我突发奇想：如果我把佛山整合一年来所发生的事情弄成一个电视片，肯定是很精彩的。

佛山整合是一件大事，非常值得关注。因为佛山整合如果成功，小至珠三角、中至沿海地区、大到全中国都具有重要意义。为什么这样说呢？中国已经进行了25年的改革开放可以说是从广东发源的，珠江三角洲是中国市场经济的摇篮，是整个中国改革开放的前沿阵地，也是中国市场化、城市化发展探索过程中的排头兵。因此，作为其腹地，佛山所产生的问题和获得的经验、成果，包括它所面临的矛盾都是全中国的。

简政放权是激发经济活力的法宝

龙建刚：佛山整合之前，许多人都担心会出现权力上收现象。但佛山市委、市政府在区划调整后推出的一个措施就是简政放权：市政府主要负责全市规划的统筹协调，以及重大基础建设项目的审定，其他行政管理权限都下放到下一级政府，充分调动各方面积极性，提高全市整体综合竞争力。并以简政放权为切入点，推进政府管理职能、管理理念和管理方式的转变，合理界定市、区、镇三级政府的事权关系，建设理性政府。

王志纲：佛山这一招是非常明智的。正是“好雨知时节，当春乃发生”。历史的经验值得注意。广东的市场经济发展最早期的基本体现就是放权让利，只有放权让利，才能激活主体，而且不仅是县一级，还有镇一级，甚至是管理区一级。那时，放权让利已经成为主旋律，已到了神经末梢，到了细胞层面上。放权让利的目的是放手发动群众，壮大人民力量。正因为这样，才最终形成了珠江三角洲市场经济发展的“清明上河图”和一幅波澜壮阔的改革画卷。多少年来，在桑基鱼塘耕耘的农夫、市井中的小商小贩就是在这个背景下获得了非常广阔的发展空间，珠江三角洲地区也因此而成为中国最有活力、最斑斓多姿的地区。

佛山整合后如何更好地发展，其中一个关键就是看各区乃至各镇的发展活力是否得到保持和强化，而保持和强化各区、镇创新发展的活力，就肯定需要足够的权力资源配套。

获得了全国认可的广东“四小虎”有两个在佛山，就是顺德和南海。“四小虎”（顺德、南海、中山、东莞）的产生并非偶然，可谓集合了天时、地利、人和的因素，天时就是放权让利，地利就是以港为师，而人和就是珠三角，特别是佛山地区以南海、顺德为代表的古来有之的商业传统。

有一个现象值得认真探究：珠江三角洲在农业经济时代，特别是人民公社时代，即使是在农村，也分成两个地区：一个是大沙田地区，最典型的是东莞；一个是经济作物区，最典型的是顺德和南海。顺德和南海又分成几个板块，有的属于大沙田地区，有的属于经济作物区，而在大沙田地区和经济作物区之间的节点上则形成了孤岛效应，也就是经济孤岛，比如顺德的乐从、北滘、容桂以及南海的平洲、大沥等，在计划经济时期就扮演着偷偷摸摸、小商小贩的、小手工业的角色，而这些可以说是市场经济的遗传细胞。因此，在权限放开后，首先迸发出来的就是这些节点地区。于是从容桂镇、北滘镇敲敲打打的民间小作坊中诞生了科龙和美的，乐从、大沥发展成为具有重要影响的专业市场和物流中心。这些节点地区是珠江三角洲经济转型的排头兵，也构成了珠江三角洲经济发展的图谱。

东莞为何不能产生自己的独立品牌，不能产生自己的制造业？为什么会走出“三来一补”的经济发展模式，成为世界加工厂和生产车间？其原因就在于东莞向来是大沙田地区，那里盛产大耕家，但没有工业传统。但它有毗邻香港的地理位置，20 世纪 80 年代初期，伴随国际间竞争的日趋激烈，香港进行产业结构调整，把成千上万家工厂搬到珠江三角洲，尤其是珠江东岸的东莞，在“前店后厂”格局形成的同时，也激活了东莞的经济发展，从而出现了“东莞模式”。

如果没有当初放权让利、放手发动群众的举措，也许就没有珠江三角洲西岸和东岸两种截然不同的经济发展模式。放权可以激发活力，调动各方积极性。这个法宝现在仍然管用。

佛山整合是给广东争面子的事情

龙建刚：2002 年 3 月 15 日，佛山一夜之间就撤并了 28 个收费站，既方便了佛山市民的生活，又降低了佛山区域经济活动的成本，而且缩短了佛山五区之间的心理距离。舆论认为：此举将推动佛山新一轮经济发展，对外可以带来人流、物流，对内可以增加经济交流、合作、民间交往，有利于提升城市竞争力以及促进大佛山经济的融合和协调发展。

王志纲：撤销收费站实际是一种资源整合。而资源整合就是我要谈的第二个问题。刚才我们说珠三角经济发展的一个重要法宝是放权让利。但经过20多年发展后，放权的弊端已全部显露出来：村村点火、户户冒烟、诸侯经济、藩镇割据……在交通方面表现为关卡林立，各自为政，相互阻隔，一个小小的佛山，就有几十个收费站；在资源配置方面则表现为重复建设、资源浪费，这里建大学，那里也建大学。这种局面的形成，不能归罪于当地政府，而是由于管理体制出了问题。

放权让利作为当初调动生产力和积极性最有效的手段，现在却成为阻碍生产力发展的最大障碍。问题到了非解决不可的时候：第一是各自为政的结果是大家都走不动了，整个区域经济和城市竞争力受到了极大伤害；第二是城市化在中国已成为主旋律。一般来说，当一个国家或地区的城市化率达到30%的时候，就像飞机那样开始高速起飞，城市化率在30%到70%之间，是一个高速发展时期。到2002年，中国的城市化率已达到36.5%，而佛山的城市化率已经达到50%。城市化是与工业化相伴而生的孪生子，是工业化的必然产物。既然城市化发展已成为不可阻挡的潮流，成为中国社会发展中的主旋律，那么，就必然引出第三个问题：任何一个政府都必须纲举目张，这个“纲”就是城市化。因此，在城市化主旋律的平台上，大佛山的整合实属必然。也就是在这样的背景下，省委、省政府才做出了佛山整合的战略决策。

在佛山整合的第一年里，犹如高手出招、纵横捭阖，三下两下就整合出一个全新的局面，接下来就是放开膀子干革命的时候了。大佛山重组将最有效避免资源重复配置、资源耗散和资源浪费，从而强化、提升大佛山地区的城市竞争力，可谓是佛山的二次创业。原来是放权让利，现在是整合，权限分明，这是一盘棋的问题。虽然实行起来有很大难度，但一定能成功，因为这样的整合顺应了社会和时代的发展趋势。

我认为佛山整合是一件可以给广东争面子的事情，因为广东给人的印象是无为而治，弱势的政府。佛山的实践，是高效政府和高效市场的有效整合，政府经营环境，企业经营市场。佛山面临的问题其他地方也存在，同样是必须解决的问题，所以，佛山整合具有全国意义。从这个角度而言，佛山整合成功是对中国的一大贡献。

佛山和广州要形成优势互补关系

龙建刚：在珠江三角洲的城市群中，佛山与广州最靠近，而广州与佛山正是广府文化的核心区域。随着佛山整合的全面铺开，广佛经济圈越来越被广泛关注。很显然，佛山的发展离不开广州的辐射和带动，佛山也表示要主动接受广州的辐射和带动，并首先在交通上解决与广州的对接问题。你认为佛山与广州应该是一种什么样的关系呢？

王志纲：广州是华南地区政治、经济、文化中心，是珠江三角洲城市群的“老大哥”，佛山和广州关系怎么摆平，这的确是一个非常重要的问题。20 世纪 80 年代，顺德、南海崛起时，广州相对走衰，他们采取游击战、麻雀战的方式同广州“玩”，上演“李向阳进城”的好戏。现在广州重新崛起，以前那种“玩”法已经不行了。佛山做强做大，必须借助广州这个平台，充分利用“老大哥”的各种资源。

整合后的佛山要很好解决与广州交通一体化、市场一体化问题。比如广州是物流中心、科技中心、文化中心、交通枢纽中心，有广交会，有大港口、大机场，佛山可以充分利用，没有必要再去搞什么重复建设，造成不必要的资源耗散。

佛山未来的命运可能是成为广州的副城，两者之间应该是优势互补、互为表里、互相依存的关系。就像两口子过日子一样，广州是老公，佛山是老婆；广州是前厅，佛山是后院。广佛经济圈的整合首先是交通整合，第二是功能配置，第三是分工协作。在未来发展中，广州和佛山将与香港和深圳所构成的南翼共同托起珠三角，演唱“泛珠三角”交响曲。

佛山的城市定位要体现自己的独特个性

龙建刚：佛山整合以后的走向，或者说它的城市定位一直被人们谈论和关注。在2002年6月召开的佛山市第九次党代会上，时任市委书记黄龙云代表市委提出了佛山市未来发展的三大目标：产业强市、现代化大城市、文化名城。此前，谈及佛山的定位，几乎都是用“广东第三大城市”这个概念，而党代会提出三大目标后，佛山的城市定位和发展目标就明晰了。一个城市的定位，其实就是城市经营问题。最近几年，你的精力也主要集中于这方面，先后应邀到国内许多大中城市担任咨询策划，对城市经营问题肯定有很深的见解。

王志纲：佛山经过一年的整合，已经搭建出一个平台。比如一个大厨，猪杀了，毛也煺了，现在就是看做成红烧肉还是做成火锅的问题了。

最近一段时间，成都、上海、陕西等很多地方请我们去，有人问我们去干啥，人家说请我们是去“找魂”的，找城市之魂。而城市的魂就是一个城市的定位。这是很大的学问，不是那么简单的。现在我们的城市经营存在三个毛病：第一是以建筑规划的眼光来搞城市定位，什么生态城市、花园城市、海港城市，这实在很肤浅。生态和花园是一个城市题中应有之义，但绝不是一个城市的魂。第二是纯粹以城市的文化来给城市定位，什么粤剧之乡、武术之乡，等等。第三是从产业布局的角度来搞定位城市，比如陶都、家电之都。定位一个城市的魂必须把握一个最重要的原则，即个性化或曰差异化原则。

先举个例子：江西有一位农村姑娘被选为世界名模，该女子身高一米九十多，扁形脸、塌鼻梁、小眼睛，满脸的雀斑，按中国人的审美眼光，她应该属于很丑的那一类。可她为什么被选为世界名模，在巴黎火得不得了，被称为“东方之神”？许多人对此很不理解，一位法国人解释：因为她有个性，只要她一站出来，所有的人都会记住她。而其他东方美女，特别是那些“人造美女”，尽管个个漂亮，但人家就是记不住。而“另类”的她，就代表了一种美，所以人们容易记住她。城市也是一样需要有“另类”，突出自己的个性，让人能够记住。目前中国100万人口以上的城市接近100个，15年后中国100万人口以上的城市将达到300个，因此须突出自己的个性，让人一下子记住。佛山要做到“万绿丛中一点红”，一个最重要的前提是如何把自己的个性、权威性、排他性挖掘出来，让人家一眼就认出来。一旦挖掘出佛山的个性，就有了可识别性，而有了可识别性，第一可以用来招商引资，第二可以组织旅游，第三可以用来推广形象，第四可以凝聚民心，形成全民共识。

所以，城市定位的首要问题是如何把城市的魂体现出来。要做到这一点，需要有动态的、发散的、辩证的思维。佛山的定位，小要放到珠三角的城市带，中要放到粤港澳一体化城市群，大要从整个中国的城市圈中寻找自己独特的个性，凸现自己的排他性、权威性。因此，佛山要具有更加宏观的视野，千万不能停留在卡拉OK时代，自唱自娱，自我陶醉。

（原载《新快报》2003年5月10日）

气度决定高度

前不久，一个在佛山生活几年的韶关人在离开佛山去外地谋生之前，在网上发文感叹，他不知道佛山是一座该爱还是该恨的城市。

佛山的城市风度到底如何？这或许是一个纠缠不清的老话题了。说它大度，一定有人反对；说它小气，也肯定有人不服。记得刚到佛山工作不久，看到我的同事安文江老师在报纸上撰文指出：佛山跟广州相比少了大气，跟苏杭相比少了文气，和上海相比少了洋气，跟北京相比少了霸气，总而言之就是小气。我对这番高论最初并不以为然，一个在明清时期就名扬天下、改革开放时期又大放异彩的先锋城市，怎么可能小气呢？

但随后的疑点越来越多。记得几年前，我陪同中国人民大学一位专门研究党史的学者在佛山街头散步。走到铁军公园时，他久久注视着陈铁军的塑像对我说，陈铁军和周文雍刑场上的婚礼是共产党历史上并不多见的悲壮而浪漫的故事之一，它表明共产党人不仅追求崇高的理想，也向往美好的爱情。现在你们佛山却把她弄成一个“寡妇”，也太不人道了吧。

当初我以为这位学者是在开玩笑，后来仔细一想，又觉得他有几分道理。或许是觉得周文雍是江门人，娘家人不希望女婿抢去女儿的光芒；或许娘家人本来就只想管女儿的事情；或许是那时的佛山没有现在这么充足的银子……后来去了江门参观，钱包远不如佛山鼓胀的五邑竟然构筑了一座气势恢宏的周文雍、陈铁军烈士陵园，两名年轻伴侣相依相偎，美丽温馨。回到佛山，我突然发现陈铁军的塑像越来越像一尊凄美的“望夫石”了。

许多年过去，陈铁军塑像身后的佛山大道依旧车水马龙、人来人往，但这位佛山的英雄女儿总是等不来那双温暖而熟悉的手掌，抚慰一颗期待的心灵……

翻读佛山的报纸，不时出现外嫁女的新闻。一旦嫁出村子，她们就失去了应有的分红。多少年过去，她们一直在为自己的权益抗争，并最终成为一个备受关注的热点问题。尽管政府已经出手相助，但每一步都走得艰辛——阻力太大了。

孤独的陈铁军、抗争的外嫁女——导致这样的不幸，难道不是因为小气吗？

如果那是历史的旧事，现实又是怎样的景象呢？

佛山中医院网站有一行醒目的文字：小气容易得牙病。但佛山很多人不信这个邪。不是吗？看看佛山各大网站的 BBS 上，“捞头”“捞松”“捞佬”“捞妹”“山仔”几乎是经久不衰的热词。在一些人眼里，那些初来乍到的外省人，眼睛总是盯着佛山人的钱袋。于是他们一边捂紧钱包，一边摆出富家小姐的派头：走开！讨厌……

对外人如此，对自己人也毫不客气。顺德人和禅城人在网上对骂，南海网民火上浇油，总觉得战火燃烧得不那么过瘾。偶尔有几个三水、高明网民出来劝架，便立即遭到炮轰：穷鬼，这里没有你话事的份！那些号称神父的网民纷纷出来布道：没有人家聪明，为啥要学人家谢顶？

在自由的网上，那些鸡毛蒜皮的琐事、道听途说的新闻，常常让佛山网民趋之若鹜、唾沫横飞。一段男女学生谈情说爱的视频，有几十万人点击、上万人留言，而一棵玉兰树的倒下，却没有一声叹惜。佛山人务实本分，当然不是过错，但一旦太过于务实，往往会远离崇高。

网络舆情固然不能代表佛山的全部，但网民是佛山最年轻的群体，佛山的未来终究要靠他们来支撑。没有仰望星空的激情，哪来佛山城市的风度？

最新的例证正在发生。作为佛山一个辖区，顺德再度被赋予改革先锋大任，这无论于顺德于佛山都是莫大的荣幸。但我们看到的是，有人为获得地级市管理权限而山呼万岁，有人为权力被分割而痛苦万分。佛山似乎既缺少为顺德出谋划策的那份豪气，也鲜有从容冷静面对变局的那份骨气。从媒体到官员，似乎都在竭力避开这个被认为是敏感的话题。有人不仅担心权力的失去，也担心广佛同城之后会拉高佛山的房价……一个原本没有围墙的城市似乎正在围城。

历史上的佛山并没有这样小气，否则它不会享有天下“四聚”的美名。《佛山市志》赫然记载：清道光十八年（1838 年），全国有 18 个省和海外 22 个国家在佛山设立会馆、商馆。“四方商贾之至粤者，率以佛山为归。”

如若那时的市民也开口“捞佬”、闭口“捞妹”，佛山会有这样的光景吗？

佛山可以缺少霸气、洋气和文气，但不能没有大气。如果说性格决定命运，那么我们也可以说，气度决定高度。大气是一种修养，一种底蕴，一种境界。一个能够容人、容事、容仇、容怨的城市，才是我们深深热爱的佛山。因为她光明磊落，因为她如父如兄……

敢为人先、崇文务实、通济和谐——这是佛山历时几年、费尽思量总结出来的佛山精神。这样的文字应该成为佛山人灵魂深处的一次反思，既打捞历史的精髓，更给未来一个厚重的启示，而不仅仅是一座城市对历史的追思和缅怀。

魂兮归来！

（原载《南方日报》2009 年 8 月 31 日）

权力格局生变　佛山面临考验

省委、省政府的一纸批复，让顺德、让整个佛山再度置身于中国舆论乃至海外媒体的聚光灯下。在佛山，从官方到民间、从网络到市井，“顺德被赋予地级市管理权限”成为最火爆的话题，所引发的震荡，也许只有7年前的佛山区划调整才可以比肩，它所产生的影响也许只有历史才能作出评判。这场发生在农历乙丑年的权力格局之变，既是2009年佛山最大的新闻，也将对佛山的未来发展产生巨大的影响。可以断言，古老的佛山正在经受最新的历史考验。

考验之一：民间的误读怎么扭转?

分分合合，是佛山城市发展中一个非常突出的特点，区划的多变性也直接导致了民间探讨佛山命运的积极性和敏感性。尽管省委、省政府的批复只是表明顺德在某些方面获得更大的自主权和行动空间，但绝不意味着顺德从佛山“独立”出去，更不是对7年前佛山区划调整的修正或否定，但从民间的反应来看，这个批复已经或多或少地被误读了。因误读而引发的情绪反应也各不相同：有人抱怨政策的多变，有人欢呼决策的英明，有人哀叹佛山的坎坷，有人庆幸顺德的“苦尽甘来”……尤其值得注意的是，顺德的改革怎么干——这个本来最重要的问题却被民间忽略，而顺德的级别怎么变——这个不是问题的问题却被民众放大。如果政府和媒体不出面加以解释和厘清，势必造成更大的混乱。因为怨气、叹气、泄气和喜气、豪气的对立与纠缠，势必伤害到佛山好不容易形成的“元气”和“精气”，民间情绪的撕裂不仅会让顺德无所适从，也会把整个佛山折磨得痛苦不堪。

考验之二：佛山的发展势头是否能够保持？

客观评判，佛山这些年的发展局面确实鼓舞人心，经济发展又好又快，城市面貌日新月异。席卷全球的金融危机，也让佛山伤痕累累，即便如此，佛山依然逆势而上，GDP 增速位居珠三角第一。这其中当然离不开顺德的贡献，更离不开佛山五区整合而形成的合力。而今，在佛山地面上，已经形成两个具有地级市管理权限的地方政府——尽管这不是顺德和佛山“分家单干”，但彼此的权力怎么划分和界定，而界定之后会不会伤及佛山的合力，甚至演变成彼此之间的斗气和博弈，这当然令人关注。如果佛山的发展势头因此而遭到遏制或削弱，那无论是顺德、佛山，还是整个广东都承受不了这样的代价，因为佛山毕竟是全省第三大经济规模的城市。

尽管 10 年前顺德也被赋予地级市管理权限，但那时的顺德和佛山的关系是代管，顺德是以“顺德市”的头衔扛旗，而今的顺德是以“佛山市顺德区”的名义领命，其中的区别是显而易见的。在保持目前建制不变的情况下，顺德和佛山面对一道同样的命题——那就是尺度的把握和分寸的拿捏。此刻的佛山需要足够的智慧，需要高超的技巧，需要宏大的气魄来应对这场权力变局。

考验之三：广佛同城化的力量是否分化？

如果把顺德被赋予地级市管理权限放置在珠三角一体化和广佛同

城化的背景下来考量，我们又会发现另一个问题：广佛同城化的力量是否会出现分化？

广佛同城绝不是在饭桌上彼此称兄道弟，而是在谈判桌上博弈或妥协。广佛同城化的进展速度，取决于市场的力量，更取决于政府的力量。从交通对接到产业布局、从政策接轨到城市协作，两地政府都扮演着主导力量。顺德也和广州接壤，与广州的对接无疑也是顺德必做的课题。在行使地级市管理权限之后，佛山广佛同城化的推动力量是否出现分化？顺德和佛山能否保持合力一致对外？其中的话事权怎么分配？这自然值得关注。从佛山内部而言，通过几年的磨合，很多涉及民生的领域都初步实现了资源共享和同城便利，这些深受百姓欢迎的整合会不会出现波折？这更为佛山民众关心，如果连本市的事情都难以摆平，那广佛同城化的民间预期就会大打折扣。

考验之四：顺德能否再创辉煌？

现在的焦点都在顺德。人们关注的是：拥有地级市管理权限的顺德能干出什么样的业绩？顺德此番领取的任务不是当年的产权改革，而是更为复杂、更为艰巨，遇到的阻力也许更为巨大的行政管理体制改革，目标是要打造一个服务型政府、构建现代产业体系、建设公民社会。这样的尖端课题，绝非勇气和权力就能“搞掂”。正是因为考虑到任务的艰巨，顺德才在佛山区划调整 7 年之后，再度被赋予地级市管理权限，全部用心就在于让顺德在改革路上少一些约束、少一些羁绊、少一些顾虑。

拥有不同寻常的权力，是为了做不同寻常的事情。顺德能够交出一份让中国满意的答卷，不仅有赖于顺德力量的爆发，也有赖于佛山全市的支持。顺德在处理好内部的事务以外，必须处理好和省、市，以及周边兄弟区的关系。如果因为拥有历史的青睐就变得心高气傲，那势必变成没有朋友的孤独英雄。在珠三角一体化浪潮中，孤独的人是没有出路的，哪怕他曾经是一个英雄。

在历史的风雨征程中，佛山一次又一次面临着复杂的局面，也一次又一次化解了前进道路上的难题。同样，顺德也经历了一次又一次拷问，也一次又一次地创造了奇迹。我们有理由相信——顺德、佛山一定会续写历史的光荣。

（原载《南方日报》2009 年 10 月 2 日）

陈云贤亮剑，佛山限摩胜算几何？

在拥有130万辆摩托车的佛山，提出禁摩、限摩，就是捅了“马蜂窝”。无论在江湖还是庙堂，敢于公开触及这个话题的人不是没有，但一遭遇巨大的反击声浪，往往会变得沉默或退缩。正是在这样的背景下，佛山政府的限摩利剑迟迟不敢出手。

2010年5月21日，刚刚担任佛山市委书记11天的陈云贤再度亮剑：佛山限摩势在必行，时机已到。他要求市公安局尽快拿出限摩措施，提交市委、市政府拍板。应该说，这是一个勇敢的表态，也是一次果断的决策，但不少人依旧有一个挥之不去的悬念——佛山这次能搞掂吗？

佛山街头摩托滚滚的盛况已经持续了近30年。2004年，市政协委员黄世明、麦洁华首次提出在全市范围内禁摩，此后又有越来越多的代表和委员加入到禁摩派的行列，禁摩也第一次被纳入政府的议事日程。与此同时，反对禁摩的声音也空前强大，“为了一个共同的革命目标”，他们走到了一起。在互联网上，赞成派和反对派也历史性出场，阵营分明，剑拔弩张，硝烟弥漫。

政府开始小试牛刀，但立即遭到“抵抗”。2006年9月25日，佛山公安部门就岭南大道、季华路部分路段以及新城一路拟禁止摩托车通行征询意见，反对声音之大出乎意料，逼得政府只好收回成命，最后出台一道不痛不痒的规定：对摩托车上牌设限，实行“一户一摩”政策。2008年7月12日，政府相关部门透露：佛山将力争在5年内限制摩托车在中心城区行驶。佛山的口气变了——从禁摩变成限摩。2009 年 5 月 26 日，佛山市公安局局长杨建华在网民的追问下表态：佛山禁摩的目标是明确的，怎么禁、什么时候禁，现在还在搞调研。这番谨慎的言辞背后，让人感到佛山禁摩还是一条遥遥无期的路。

林元和担任佛山市委书记期间，也多次提出限摩问题，但尚未迈出实质性步伐。当时主管交通的邓伟根副市长曾经旗帜鲜明地主张限摩，结果在网络上引来骂声一片，遭到反对派的口诛笔伐。此后，佛山官员很少谈论这个话题了。

路途荆棘丛生，行者步履蹒跚。这样的苦楚虽然不是佛山独有，但也许只有佛山最痛。自 1985 年首都北京率先禁摩以来，全国目前已有 170 多个城市对摩托车颁布了“必杀令”。这不能不对佛山产生巨大震撼，但受到震撼的佛山依旧在痛苦的沼泽地中挣扎。

限摩难，禁摩更难。佛山痛在哪里？

——痛在摩托太多不好下手。130 万辆摩托、130 万名司机，以及每个司机背后的家庭成员，他们是反对派阵营中最坚定的同盟军。这个庞大群体所发出的声音和态度，政府不能不正视。

——痛在不忍心打破这么多人的饭碗。130 万辆摩托中，有不少是用来维持全家生计的，其中包括靠搭客维生的摩托仔和摩修摩配人员，他们中的大多数恰恰又是社会的弱者。禅城石湾街道党工委书记谭伟平曾经对媒体发出一番很有代表性的感言：禅城同济小学前面那条路上，多少修摩托车的，多少卖配件的，还有相关为摩托车服务的，禁摩，光这个群体大概有几万人吧，估计得骂死我们。这样的现实，政府不能不顾。

——痛在佛山的公交还不能满足市民的出行。行路难、等车难，这是佛山公交的老毛病，也是反对禁摩、限摩民众最充足的理由。有人发出警告：在公交没有发展起来时限摩，只会造成更大的社会矛盾。这样的话语政府不能不听。

摩托车问题之所以成为佛山一根非常敏感的神经和市民谈论的超级话题，不仅因为它涉及众多人的生计，也因为它给佛山社会带来了巨大的破坏力。首先它是交通问题、治安问题和环境问题。不说摩托造成的马路乱象，也不说摩托带来的环境污染，只说治安问题就足以让我们触目惊心：翻开报纸，几乎隔天就有飞抢的消息。而形形色色、层出不穷的摩托命案，更让我们确信：摩托已经成为佛山社会的一大公害，如果不严加整治，就是政府对社会的失职和犯罪。实际上，人们已经怨声载道了。佛山市政协的专题调研表明：有55%的市民认为摩托车对道路交通影响较大；有64%的市民认为摩托车对城市环境影响较大。这个调查数据不仅说明数量巨大的摩托车已经威胁着大多数人的利益，也为政府限摩、禁摩提供了广泛的民意基础。

摩托车给城市造成的伤害不仅在佛山一地。早几年的东莞街头，也是摩托滚滚，乱象横生，情形甚至比佛山还可怕。而禁摩之后的东莞已经华丽转身，变得井然有序，治安环境今非昔比。被佛山视为天下第一难的禁摩、限摩就这样被东莞顺顺利利地办成了。这是东莞禁摩派的果敢，还是东莞反对派的软弱？

事实上，东莞遇到的“抵抗”也非常大。在东莞行将禁摩的消息见诸报端后，从民间到网上都爆发出强烈的反对声浪，有人放话说要游行示威，有人警告东莞领导人注意人身安全……如此景象正与现在的佛山一样。但东莞最终还是顶住了，社会不仅没有大乱，反而波澜不惊，很快度过了阵痛期。

与东莞相比，佛山最缺的是那种敢于担当的勇气，也由此导致了限摩问题上的犹豫不决。在佛山，反对禁摩、限摩的声音很大，但赞成禁摩、限摩的声音更大。是冒着炮火前进，还是等待时机再说，这完全取决于政府的态度。

一路走来，佛山先后告别了小船时代、马车牛车时代、自行车时代，也必将告别摩托车时代。限摩是告别的开始。开创历史肯定会付出代价，是否敢于担当，就看陈云贤和他所领导的佛山市委、市政府了！

（原载《南方日报》2010年5月24日）

佛山有为　干部有位

佛山又出了一位高官。

7 月 29 日，佛山市委书记陈云贤被任命为广东省副省长。这是继黄龙云、林元和之后，第三个被提拔到省部级领导岗位的佛山市委书记。三任佛山市委书记连续升迁，不仅为佛山吏治史上所罕见，即使在整个广东政坛，这一现象也不多见。

佛山出官，俨然已成为传统。在黄龙云、林元和、陈云贤之前的 20 多年时间里，曾经在佛山担任要职的卢瑞华、梁广大、凌伯棠、黎子流、欧广源、陈用志、雷于蓝、李玉光等人，先后成为省级干部，如果再加上目前在广东各地担任党政主官的正厅级干部，比如杨浩明、林浩坤、刘海等人，佛山输出的省级、厅级干部无疑是一份长长的名单，其数量在广东名列前茅，其能量对广东产生重要影响。

佛山出高官，看起来有点偶然，但其实是一种必然。

作为一个地级市，佛山所统辖的区域不断变小，但佛山所做出的贡献不仅没有减少，反而越来越大、越来越多。这一显著特征，也构成了佛山盛产高官的背景。

在全国上百座大中城市中，佛山的综合实力排名第 12 位以内。而在全国第一经济大省广东，佛山的经济总量一直稳居第三。

从中国改革开放打响第一枪开始，佛山就一马当先，气势如虹。那时的佛山上演了“农村包围城市”的大戏，广东“四小虎”佛山有二，以“南海模式”和“顺德模式”为核心的佛山经济发展经验举国关注。那时，一批佛山官员被委以重任，有的被提升为副省长，而更多的被调到周边地区主政，比如南海县委书记梁广大主政珠海，顺德县委书记黎子流先主政江门，而后又主政广州。进入20世纪90年代之后，担任佛山市长的卢瑞华走上了广东省长的位置，成为佛山输出干部的标志性事件和标志性人物。

佛山输出干部的数量和势头强劲，一个重要原因在于“佛山经验”的草根性和可复制性。作为广东的一个地级市，佛山显得更广东、更岭南。由“草根经济”所构筑的经济大厦以及经济社会发展的路径和模式，佛山更能体现广东特色，也更能在广东各地复制。3800平方公里的佛山，是举世闻名的制造业重镇，星罗棋布的企业，造就了大大小小的老板群体。一个没有被充分正视的现象是，佛山官员调到哪里，佛山老板就把企业开到哪里。佛山老板对佛山官员的信任和“捧场”，不仅强化了佛山官员的能量和含量，也催生了佛山企业向外扩张的规模和速度。正是因为这样的特质，佛山官员才一直风生水起、阔步前进。仅仅在最近一年时间里，就有三位佛山干部分别去江门、茂名当市长，而今陈云贤被任命为副省长，无疑又是佛山输出干部的标志性事件和标志性人物。

中共中央政治局委员、时任广东省委书记汪洋称佛山是“大户人家”。但大户未必就一定出大官。佛山之所以又是大户，又出大官，除了“佛山经验”可复制性，还在于佛山政坛不仅有敢作敢为的执政之气，更有团结清廉的为官之风。

佛山之所以成为全国地级市的“大哥”，顺德、南海之所以成为全国县域经济的领头羊，不能不说是因为拥有一批敢于开拓进取、敢于喝“头啖汤”的干部。借债起飞、靓女先嫁、双轮驱动、大部制改革、文化统领发展、智慧佛山……这些在全省乃至全国都富有影响的发展思路背后，无一不凝聚着佛山官员的胆识、智慧和创造。更为可贵的是，这样的创新传统一直在佛山政坛上传递。它不是个人表演，而是群体行为。佛山本土出身的官员虽然文凭不高，但开疆拓土的能力极强。在这片资源短缺的南国水乡，他们练就了逢山开路、遇水架桥的功夫和本领，也形成了佛山官场的气场和磁场。欧广源、黎子流、陈用志就是因为接力赛般带出了一个了不起的顺德，而相继走上了省部级领导岗位。

是佛山的实力决定了佛山的地位。而佛山的地位又决定了上级派干部主政佛山时会慎之又慎，优中选优，这就形成了“能人治佛”的良性循环。黄龙云、林元和、陈云贤莫不如此。他们突出的个人能力一旦融入佛山这片充满活力的土地，所爆发出来的能量更能投射到更远的地方，他们的仕途也更能延伸到更高的位置。

佛山出官，一个必须承认的前提是佛山干部的团结和廉洁。佛山班子没有相互内耗的恶习，也没有贪污腐化的丑闻。功夫得到验证，作风经受考验。如果佛山也像别处一样大案频发，书记、市长成了贪官，那绝对不会有今天这种景象。原因很简单，哪怕一颗耗子屎，也会坏掉一锅汤。

佛山出官，是个人能力和群体合力的结果，亦是变压力为动力使然。当佛山官员先后登上更大舞台的时候，广东政坛的“佛山现象”也呼之欲出。佛山有为，干部有位。佛山奔腾不息，佛山干部一定不会在岭南止步。

（原载《南方日报》2011 年 8 月 1 日）

去承受风雨　去创造光荣

佛山五区领导班子调整已经水落石出，一支全新的队伍踏歌而来。他们是一股强劲而新鲜的血液，被如期注入佛山政治的血管里。审视这份长长的名单，我们没有发现黑马，也没有爆出冷门。藏龙卧虎的佛山之所以平静地接受他们，不是因为他们年轻，不是因为他们的文凭，而是他们过硬的能力和丰富的资历让公众相信——把虎虎生威的佛山五区交给他们打理，大家放心。

这些年的佛山真的让人惊讶。2008 年的金融危机，佛山经济逆势上扬，全线飘红；2009 年的环保风暴，众多企业关停或者外迁，但佛山的 GDP 依旧保持两位数增长。顺德大部制改革“石破天惊”；南海重拳治污脱胎换骨；禅城经济总量突破 1000 亿元大关；高明、三水步入历史上从未有过的黄金发展期；2010 年佛山更以 5700 多亿元的 GDP 挺进中国城市经济 11 强，与苏州、无锡一起，成为中国地级市的领头羊。如果不是因为拥有这样的功夫和实力，谁敢保证佛山会走出这么多市长？佛山两任书记又凭什么被提拔为省级干部？无论从纵向审视还是横向比较，佛山都足以笑傲江湖，甚至可以自恋一把。

此刻，我们要感谢政绩突出被委以重任而离开佛山的他们，更要感谢留在佛山继续拼搏的他们。身为一方统帅，巨大的压力让他们白发丛生，辛勤的付出让他们一言难尽，辉煌的变迁让他们问心无愧。他们移交出来的不是权力，而是一个生机盎然的三水、高明。告别区委书记、区长岗位，不是精彩的落幕，而是他们另一种壮丽的开始。

拥有这段岁月，历史会铭记他们。

此刻，我们要为转战疆场的勇士们祝福。区邦敏告别那间坐了14年的办公室，从蒸蒸日上的南海转而主政机遇和挑战并存的禅城；苏伟波从顺德到禅城刚刚半年就受命前往三水，在三江汇流之地高举产业和城市的大旗；身为禅城区委常委、石湾街道党工委书记的谭伟平出征高明，接受皂幕山的拷问和滚滚西江的洗礼。与区邦敏、苏伟波、谭伟平一起转战的还有刘东豪、陈英文诸君，他们激情如火，英气逼人，但等待他们破解的命题一点也不轻松。

此刻，我们要为继续执掌南海、顺德的邓伟根、梁维东诸君加油。南海、顺德是中国县域经济的明星，肩负着为广东打天下、为中国开新途之重任。唯有攻坚克难，方能捍卫改革尖兵的荣誉和尊严；唯有捷报频传，南海、顺德方能海阔天空。穿上这身战袍，就注定邓伟根、梁维东他们不能高枕无忧，只能枕戈待旦。

此刻，我们要为700万佛山人民鼓劲。他们是佛山的主人，决定佛山未来的走向和命运。不论男女，不分老少，不看户籍，在这座城市劳作，他们就是休戚与共的利益和命运共同体。他们不是佛山政坛风云的看客，而是所有佛山官员的考官。无论事业多么忙碌，不管家务多么繁重，他们都必须张开眼睛，盯紧官员们的一举一动。能者出场，他们不吝惜鲜花和掌声；庸者上阵，他们会勇敢地指责和拷问。一个懂得赞美、敢于批判的佛山，才能所向无敌，从胜利走向胜利。

佛山是一座善于创造奇迹的城市，秉承这份光荣，我们变得自尊；佛山是一个拥有很多缺陷的家园，心怀这份不满，我们变得自强；佛山是一片充满希望的热土，守望这份理想，我们变得自信。五指握拳，一定能推开明天的门扉；万众一心，我们就是一道绝美的风景。

佛山五区班子已经到位，没有接风，也没有饯行，我们一起和他们上路。去承受风雨，去创造光荣。我们告诉世界——这里就是佛山！

（原载《南方日报》2011年9月22日）

佛山城市革命龙年爆发

龙年佛山的第一个大会就是宣告城市升级三年行动计划全面启动。尽管类似的会议佛山已经开过多次，但以城市建设作为新年第一次大会的主题内容，在佛山执政史上，这还是第一次。这样的时间安排和议题设定，无疑在传递一个春天的消息：佛山城市革命在龙年爆发。

之所以说这是一场革命，是基于两个判断：第一，佛山走过的历史，是产业催生城市的历史。产业作为决定性力量，主导着佛山城市的布局和展开。而今情况正在发生重大变化：城市升级三年行动计划虽然以103个项目为支撑，但最惊心动魄之处是昭示了佛山的雄心——城市引领产业。在城市和产业的关系史上，前者历史性地成为主导和支配力量。第二，佛山城市竞争力正在从实力向魅力转型。城市升级计划的核心就是用非流动要素吸引流动要素，以完善的城市功能和优美的城市环境感召产业、资本和人才。佛山市委书记李贻伟有一个形象的比喻：一个遍地垃圾、污水横流的村子，小伙子是不敢带女友回家的，因为这样的环境会吓走佳人。来自顺德的消息说：美的集团每年都要招聘上千名大学生，但最终能留下来的只有四五百人。不是工资待遇不高，而是城市环境不好。不能安居，何以乐业？

常言道："名不响，则行不远。"佛山，不可谓不出名：明清时期，就是中国四大名镇之一；今日佛山，更是以陶瓷之都、家电王国、家具之乡名满天下，经济实力被媒体称为"富可敌省"。让佛山尴尬的是，产业佛山名震江湖，而城市佛山却中气不足。

佛山本来是一只开屏的孔雀，可她却把屁股面对观众。城里像欧洲，城郊像非洲。这属于典型的“禾秆盖珍珠”。看看禅城，几个主要入口的城市景观几乎可以用“惨不忍睹”来形容。如果一个外来人从谢边、张槎进入禅城，打死他也不相信这就是传说中的佛山。有人说，佛山是一个需要借助“画外音”的城市，因为仅仅靠市容市貌，佛山很可能被人蔑视，只有借助一大堆数据和语言解说，佛山才可能赢得敬重。这样的沟通成本，佛山不可能无休止地支付下去。

这些年，大批佛山干部鱼贯而出，前往江浙取经。而十几年前，却是江浙干部争先恐后南下学习。人家学我们的工业化，我们学人家的城市化。曾经在工业化进程中领先的佛山已经在城市化中落伍了——这样的城市之痛如果不能得到及时有效的治疗，佛山的产业升级就是一句空话。道理很简单：鸡窝是养不出凤凰的。

城市升级三年行动计划不是心血来潮的产物，而是痛定思痛之后的选择。它不是执政思路的改弦更张，而是对历史的修正和创新。佛山城市革命以“升级”的姿态展开，这本身就是对历史的尊重和接纳。

历史告诉我们：佛山发展的重大转折总是从城市开始的。30 年前的举债修路，不仅破解了佛山经济发展的瓶颈，也开启了佛山城市变迁的序幕；10 多年前的一环兴建，奠定了佛山大城市的格局。如果说当年的举债修路和一环建设是单兵突进，今天的城市升级就是系统提升，其中的复杂性和艰巨性虽然不能同日而语，但两者的精神气概和创新风范却是一脉相承的。

佛山城市升级三年行动计划的实施，正好与佛山创建全国文明城市的时间节点重叠。这不是偶然的巧合，而是刻意的安排。城市升级重在硬件建设，创建全国文明城市重在软件打造，“软硬兼施”的结果不是谋求一个称号，而是让市民实现一个梦想：诗意地栖息。亚里士多德说过：“人们之所以从乡村来到城市，是为了生活更好。”

没有必要把创建全国文明城市想象得那么高不可攀，珠三角大多数城市已经拿到了这个称号。别人做到的事情，佛山也应该做到。佛山需要时间，需要坚持，需要自信。抓住关键的三年，佛山就能抓住一个时代。佛山城市革命已经如期爆发，我们期待它来得更猛烈一些。

（原载《南方日报》2012 年 2 月 13 日）

期待悦伦让佛山更悦城

佛山最新一轮权力交接已于22日完成：李贻伟赴穗履新，三年前从广州调来佛山担任市长的刘悦伦接任市委书记，拟任佛山市长的鲁毅也已经履新。书记来自国家中心城市广州、市长来自国家经济中心城市深圳，这样的组合，佛山历史上从未有过。来自一线城市的他们，足以让佛山社会有更多的期许、更大的想象空间。有一点可以确信：正在进行中的佛山城市升级将获得更大的推力。

佛山要做的事情很多，城市升级无疑是其中最要紧的大事之一。这不仅是因为这个三年前启动的庞大工程已经到了紧要关头，也因为佛山另外一件大事——产业升级的实现必须依托城市升级这个平台和基础。城市是一个地方的面子，也是一个地方的里子。城市的形象不仅彰显一个地方的气质和力量，也塑造外界对一个地方的感受和印象，甚至还决定人才、资本的认同和流向。因为城市形象的背后，是政府的管理、市场的力量、社会的文明。

与国内很多同类城市相比，佛山总体不差，但与发达的佛山产业相比，城市明显滞后。这不仅影响佛山的口碑，也影响佛山发展的后劲。佛山离广州太近，在享受广佛一体化所衍生的便利和荣耀的同时，也承受因为比较而呈现出来的反差和失落。尽管位居中国第三大城市的广州也有自己的缺陷和短板，但它巨大的体量，以及一河两岸布局所塑造的亮点太多，让人一见钟情的兴奋点比比皆是。相比之下，佛山的中心城区太小，足以让别人高看一眼的地方不多。佛山大街小巷、乡间田园所散发出来的脉脉温情，既缺乏应有的包装和修饰，也鲜有让人欲罢不能的征服性力量，只好半推半就地沦为广州的补白和花边。

佛山靠近广州，这是佛山的优势，就城市形象而言，人们总习惯用广州和佛山比较，而不会选择邻近的江门、肇庆来找到感觉。这是佛山的压力，也是佛山不得不接受的宿命。

佛山不可能和广州比大，但一定要和广州比美。佛山一直心怀这样的梦想，也一直在做这样的努力，但步伐和进展却不是很大。原因固然很多，但有两点必须正视和检讨：其一，过分盛行眼见为实、耳听为虚的“现实主义”，制约了佛山对美好城市的想象和冲动，躲在被窝里数钱的美妙胜过追求城市形象所带来的尊严和荣耀。其二，小富即安的心理削弱了佛山做好城市的紧迫感和使命感，因为见怪不怪、习以为常的审美疲劳，虽有建设现代化大城市的共识，却缺少排除万难、只争朝夕的勇气和斗志。

佛山的城市巨变自黄龙云主政开始，他在佛山的任职时间不长，却点燃了城市的激情，也奠定了城市的框架。无论时间走得多远，仅凭一条史无前例的佛山一环，黄龙云就会被佛山人民感念和铭记。

佛山先后有过很多任书记和市长，他们要么从本土产生，要么从广州调来。梳理佛山城市走过的历史，我们可以发现一个现象：与本土产生的书记、市长相比，广州过来的书记、市长更注重城市形象的塑造。这个现象的发生，或许不是因为他们的水平更高、气魄更大或者资源更多，而是因为从广州过来，比较之后的发现让他们感触更深、决心更大、使命感更强。

2011 年 8 月，刘悦伦从广州天河区委书记升任佛山市长，初来乍到，他就直言不讳：“佛山城市形象不佳，我们要认这个账。”上任不久，他就快速推出了佛山城市升级三年行动计划。这是他送给佛山的“见面礼”，亦是佛山期待的“及时雨”，道理很简单：没有城市升级，产业升级是一句空话。

刘悦伦之所以众望所归地接任书记，在很大程度上是因为他在市长任上主导的城市升级做得很好，他所付出的巨大努力和所取得的突出成效有目共睹、有口皆碑。这样的政绩，也让他顺理成章地完成从市长到书记的转换。

作为中国市场经济发育最充分的地区之一，佛山经济出现大起大落的可能性不大。经过 30 多年的市场历练，佛山已经拥有一支能征善战的企业家队伍，怎么做好生意、如何做好企业，他们也已经积累足够的经验和自信，但怎么做好城市，佛山还真的需要一位合格的“带头大哥”，城市升级所引发的变迁，已经证明刘悦伦可以胜任这个角色。

佛山欠债太多，城市升级很难在三年内完成。佛山城市之美，有的可以媲美欧洲，有的还处在非洲水平，缩小这种差距，需要耐心和时间。以现有的力度和速度，佛山一定会迎来更大的巨变。通往“理想城市”的道路或许艰难而漫长，但佛山可以在不长的时间里告诉世界：一个以制造业安身立命的城市居然可以这样美好！

期待悦伦让佛山更悦城。

（原载《南方日报》2014 年 5 月 23 日）

区邦敏、梁维东是破解疑难杂症的高手吗

空缺两个多月的南海区委书记一职终于有了人选。而在消息公布之前，很少有人想到会由顺德区委书记梁维东填补这个空白；更加出人意料的是，担任常务副市长仅仅 4 个多月的区邦敏被派去执掌梁维东走后的顺德。这种佛山政治史上没有先例的“换防”引来高度关注，而更大的想象在于：佛山此番出乎意料的人事变动会取得出乎意料的效果吗?

顺德、南海主要领导的变动，从来都是引人注目的大新闻。这倒不是因为区委书记这个官帽有多么显赫，而是两地的经济体量和江湖地位很少有其他地方可以比肩。顺德、南海是改革开放的先行者，也是中国县域经济发展样本的提供者，更是佛山地位的守护者和捍卫者。它们以前是中国百强县的翘楚，而今是中国综合实力百强市辖区的冠军和亚军。2013 年佛山 7000 多亿元 GDP 中，有近 5000 亿元是由顺德、南海贡献的。可以这样说，掌握顺德、南海，就基本掌握了佛山经济的命门，而谁来掌管顺德、南海从来都是佛山乃至广东的大事。从更大的层面审视，顺德、南海的表现，甚至可以成为观察中国县域经济走势的风向标。

顺德、南海地位的特殊性，决定了这两个平台不是一般官员的练兵场，而是将军征战的疆场。没有身经百战的经验和定力，是很难掌控这个大盘的。

顺德、南海拥有今天超强的实力，是因为有一支能征善战的优秀

团队。作为这个团队的领军者，顺德、南海的主官也必须拥有过人能力和本领。

时任佛山市委书记刘悦伦对梁维东和区邦敏有很高的评价，说他们两人的突出特点是善于处理“疑难杂症”。这话绝非刘悦伦的客套，也应该是大多数佛山人的共识。环顾当下佛山政坛，梁维东、区邦敏是战绩显赫、声誉颇佳的两员大将，很像职场上那些善于攻坚克难的高级职业经理人。由他们两人分别执掌顺德、南海，虽出乎意料，却在情理之中，因为顺德、南海所面对的问题正好就是“疑难杂症”。

这里说的“疑难杂症”，绝不是说顺德、南海已经疾病缠身、步履蹒跚了。事实上，顺德、南海的发展态势依然很好，凭借原有的基础和惯性，日子也可以过得很滋润。即使原地不动，后面的追兵也很难在短时间内超越，但顺德、南海绝对不会做出这样的选择。它们早已接受并勇敢承担一个宿命，那就是为佛山打天下、为广东探路子、为中国开模具。身为中国县域经济的领头羊，顺德、南海享有很多荣耀，但更多的却是压力。新常态下的中国县域经济体到底该有怎样的新玩法、新经济？国内没有经验，国外没有师傅，一切要靠自己摸索。如果不能提供一个可以成立的答案，顺德、南海即使站着，也可能被口水淹没。

从顺德到南海的梁维东、从禅城到顺德的区邦敏，既是接受组织的安排，更是接受一次巨大的挑战。尽管他们两人都不约而同地称自己是“学生”，但他们已有的政绩说明他们足以当好一名“医生”。

梁维东是顺德近 10 年来任职时间最长的一位主官，因为曾经和刘海一道主持过顺德大部制改革，出任书记之后，又大力推动顺德的多项改革，媒体给他贴上了“改革书记”的标签。但梁维东的最大贡献也许不是改革，而是确立了顺德的方向和路径以城市升级引领转型发展。改革是为了发展，但发展如果没有方向，那所有的风都可能是逆风。从这个角度而言，找到方向比推进改革更为重要。从工业立区到城市升级，顺德在梁维东时代发生了转折。把握了大势，接下来的事就不那么难做了。

顺德是广东唯一的“省管县”，党委系统归佛山领导，政府系统由省里指挥。要在这种管理体制下应对自如、左右逢源，其中的分寸拿捏无疑是很难把握的。没有“十指弹琴”的功夫，肯定是做不到的。但梁维东很平稳地走好了这根“钢丝”。这也许算不上什么政绩，但却足以证明梁维东具有强大的统筹协调能力。

南海正需要这种能力。

三大片区的划分和建设，这是邓伟根给南海确立的路径和方向，相信梁维东在接力推进的同时，也会注入更多的顺德经验。三大片区之间怎么各具特色又能相互借力，既可以“一分为三”又可以“合三为一”，这是南海的命题。一个还没有引起足够重视的难题是佛山西站的定位，如果可以成为广州西行高铁的始发站，那佛山的局面会变得妙不可言，整个谋篇布局就可以纲举目张；如果佛山西站仅仅是一个过境站，那效果就完全不一样了。尽管南海的话语权非常有限，成事的难度也非同一般，但南海还是可以争取的，毕竟佛山西站是在南海的地头上。诸如此类的“疑难杂症”，就是梁维东发挥统筹协调能力的时候。

当历史进入特殊时期，就是在呼唤敢于横刀立马、杀开血路的英雄。区邦敏就是这样的铁血悍将。在南海区长的任上，他的突出表现有目共睹。临危受命接手禅城摊子，很快就收拾得妥妥当当。在成功熄灭佛山名镇风波引发怒火的同时，也重新点燃了禅城的希望之火。区邦敏希望南海把禅城当成南海的第八个镇街、希望顺德把禅城当成顺德的第十一个辖区，这种开放气度和姿态，赢得了格局和尊重。这是区邦敏的谦逊，也是区邦敏的高明。如果说南海岁月考验了区邦敏的执行力，那禅城岁月则证明了区邦敏的领导力。正因为有这样的历练，出任佛山市常务副市长之后的区邦敏，不是按惯例做财税的“管家”，而是受命处理环保会战、百村升级行动计划这样的“疑难杂症”。

区邦敏曾经说过一句话：做好一条路容易，做旺一条路很难。而今他面对的“疑难杂症”恰好是怎么把顺德做旺。梁维东已经用城市升级破题，顺德已经做强，但还做得不够旺。顺德做旺的标志是服务业比重大幅度攀升，顺德人买东西可以就地完成，而不是赶集一样去香港、广州。佛山新城和顺德新城曾经是梁维东肩上的两副重担，现在轮到区邦敏来扛了。

在佛山五区中，顺德相对自成一体，要创造更大的辉煌，必须有更大的开放。面积不大的顺德之所以出现两家千亿企业，就是得益于一个开放的市场。一个敢于在更大的视野和格局中审视自己、发现自己、定位自己、改造自己的顺德必将前途无量。

我们听到一种议论，说梁维东从顺德到南海有点“亏”了，经验丰富的区邦敏也没有必要再去顺德操练。这样的观点听起来似乎有点道理，却缺乏远见。这样的人事安排，立意不仅在于让两员大将去处理顺德、南海的“疑难杂症”，而且是为整个佛山在新常态下蹚出一条新路。区邦敏身上有南海密码，梁维东背后是顺德经验，可以乐观地预期，顺德、南海这两只佛山经济领头羊之间的互动融合，将随区邦敏、梁维东的到来而变得比任何时候都更加深入，所产生的能量和效果将让佛山的局面比任何时候都更加生动。如果顺德、南海“哥俩好”还没有进入高潮，现在该是充分条件和必要条件都具备的时候了。我们甚至可以想象，区邦敏、梁维东的工作变动，不是简单的轮岗，而是一个战略性的人事布局。顺德、南海的过往输出了模式和人才，这样的光荣和传奇是很有希望延续的。

正在大规模惩治腐败、大力度整肃官场风气的中国，必将迎来潜规则退场的中国。这样的中国，会让那些能治“疑难杂症”的高手有更多的机会出场，他们的光芒也很难有什么可以阻挡。尽管有时一切并非水到渠成、顺理成章，但我们这样祝福，也这样期待。

（原载《南方日报》2014 年 12 月 1 日）

用全球视野　为佛山问道

1

带着特殊的使命，我们展开了一次远行。世界这么大，究竟看了啥？

我们在世界制造业版图上精选出6个具有不同看点的国家：德国、美国、以色列、日本、瑞士、加拿大。地理佛山离他们很远，但工业佛山必须向他们靠近。如果说这几个国家是当今世界制造业强国中的“霸主”，那么，衡量工业佛山转型升级是否成功的标志，就是看能否与列强“分权”，形成有世界竞争力的产业体系。

这是佛山要做的事，更是佛山企业家要干的活。我们是观察者，也希望做行动者。我们报道佛山，也想为佛山问道。这一次，我们走得很远，但无论走得多远，我们始终把握一个原则和底线：代佛山看世界，从世界看佛山。

2

佛山经济发展有一条基本经验，那就是“拿来主义”。

20 世纪 80 年代初期，顺德北滘一家塑料厂的厂长去香港探亲，电视上播放的一条广告让他兴奋不已："柔柔的风，甜甜的梦"，画面是一台设计新颖、娇小玲珑的风扇。他马上去商店买了一台带回顺德，随即组织技术人员"五马分尸"、全面研究。没想到仿制出来的产品在市场上风生水起，企业也很快发达。这就是裕华风扇厂的来历，老板叫区鉴泉。在北滘，"区鉴泉"不是一个，而是一群。北滘制造的电风扇一度占据了全国市场的半壁江山，而北滘也成为名震江湖的风扇城。

20 世纪 80 年代末期，国内铝型材需求旺盛，南海大沥的一批商人从香港进口铝材大赚了一笔，大沥铝材市场由此兴起。众多大沥老板从销售转向生产，大沥也因此成为中国第一个铝型材专业镇，产量占全国的 40%，富甲一方。

20 世纪 90 年代初期，顺德桂洲羽绒厂厂长梁庆德到日本出差，在东京一个家电专卖店第一次看见一种叫微波炉的热销产品，认定"这个东西有做头"。尽管同行的纺织工程师认为是异想天开，但梁庆德坚持己见，做出了产品结构调整的决定。1993 年，10000 台试产的微波炉投放市场，两年后就成了中国微波炉制造业的霸主；2001 年，又以 1200 万台的产量成为全球最大的微波炉制造商。这就是著名的格兰仕。

一次次不经意的出差，改变了一家家企业的历史和命运。这三个故事，几乎就是佛山企业蝶变的代表和缩影。这样的故事，构成了佛山的传奇；这样的传奇，夯实了佛山的地位。

有人说，佛山有"中国最为完整的民营经济发展史"；也有人说，佛山是中国市场经济的最佳"道场"。

3

在业已走过的工业化进程中，佛山是个赢家。从鱼米之乡变成了工业大市，甚至可以代表中国民族品牌对话世界。佛山为形形色色的富豪榜贡献了众多货真价实的财经大佬。

一路走来，中国学界一直有“佛山模式”的讨论。戴上这顶“帽子”，佛山当然有自己的底气，但不会沾沾自喜、忘乎所以。与外界相比，佛山更知道自己的痛。佛山企业众多，产品也卖得不错，但核心技术的缺失已经成为佛山企业挥之不去的伤痛。这种局面不改，佛山会走得很累，也不会走得很远。

道理很简单：在世界经济的“食物链”上，谁掌握了核心技术，谁就占据了制高点；谁拥有创新型人才，谁就引领了未来。

民营经济是佛山的中流砥柱，佛山草根经济的表现就是观察中国民营经济的风向标和晴雨表。中央高度关注，广东更不用说。2005年，时任中央政治局委员、广东省委书记张德江就向出席全省“两会”的佛山代表团发出动员令：提高自主创新能力是一场事关广东前途命运的决战！汪洋主政广东期间，第一次到佛山调研就反复强调产业转型升级。胡春华接任广东省委书记不久就给佛山下达一个光荣而艰巨的任务：领衔打造珠江西岸先进装备制造产业带。这样的部署，无疑是对佛山的信任和期待。

从制造世界级产品到制造世界级装备，广东和中国都需要佛山率先实现这个跨越！

4

佛山坐拥2万亿元工业总产值，位居全国第五。巨大的成就背后是佛山人的心血和智慧，更是承接世界劳动密集型产业大转移的结果。佛山是“世界工厂”，核心技术却受制于人。这口气很难咽下去。

如果说佛山能制造世界级产品是全球产业“分工”使然，那么，一个拥有自主核心技术、可以制造世界级装备的佛山就是和世界制造业强国“分权”。从“分工”到“分权”，实质上就是从“拿来主义”

到“原创主义”。

这是一条艰难的路，它比以往走过的任何一条道路都难走。

佛山义无反顾。强大使命感的驱使，让佛山很快出台了工业转型升级攻坚战三年行动计划和中国制造2025——佛山行动方案。时任市委书记刘悦伦明确提出，佛山要做中国制造业一线城市、广东民营经济第一大市、珠江西岸装备制造业龙头城市。鲁毅接任佛山市委书记后，很快提出要把工匠精神作为佛山城市的精神家园，佛山的城市战略也提升为国家制造业创新中心，分“三步走”：到2020年，全面建成国家创新型城市，自主创新水平进入全国前列；到2025年，将培育形成一批具有较强国际竞争力的创新型企业和跨国大企业集团，制造业创新能力基本达到世界制造强国的中等水平；到2049年，率先建成国内一流制造业创新体系，制造业综合实力达到世界制造强国水平。

方向有了，路径在哪？鲁毅定下这样的路线图：推动“佛山制造+全球市场”向“世界科技+佛山制造+全球市场”迈进，在更大范围、更宽领域和更高层次上参与国际分工、合作与竞争，在开放中链接全球资源。

通俗的表达就是：端佛山的碗，吃世界的饭。

5

我们兵分四路，接力出发。

在地中海边的以色列，我们叩问“创新国度”的密码何在；在北美大陆，我们感受到两个工业强国“再工业化”的决心和意志、行动和成效；在德国和瑞士，我们明白什么是工匠精神、何谓精益求精，工业4.0的提出又为什么是德国；在一衣带水的日本，我们看到大和民族的骄傲与创造、追赶和坚守。

时间匆匆，我们始终保持专注；行程紧密，我们留意每一个细节。所到之处，我们总是替佛山发问，每一次采访，我们都在留意有什么让佛山对接的资源……我们不只想打开一扇窗口，更希望发现一条道路。

我们先后推出了很多组报道，丰富的营养引来了强烈的反响。我们努力做到一点：透过表象看真相，潜入深海找礁盘。

我们不在报道上止步，它仅仅是我们的起点。记者的敏感、学者的思考——我们这样做的目的，是想把纸媒这个行当向智库转型，提供事实，更提供观点，为佛山的决策提供可以信任的判断和思想。

比较才有发现。尽管我们所走的国家与中国国情很不一样，但制造业从大到强的逻辑和规律没有国界，犹如地球上所有的水都是相通的。

我们看到了潮流和趋势，看到了使命和紧迫，看到了佛山的勇气和担当。得知我们为佛山而来，所有人都为佛山的视野点赞。

从中国制造业重镇到国家制造业创新中心，必将是佛山历史惊心动魄的伟大跨越。山重水复，长路漫漫，或许到了最需要佛山功夫的时候。我们想起电影《黄飞鸿》的插曲：

傲气傲笑万重浪
热血热胜红日光
胆似铁打　骨似精钢
胸襟百千丈　眼光万里长
…………
让海天为我聚能量
去开天辟地　为我理想去闯
碧波高涨　又看碧空广阔浩气扬
既是男儿当自强

（原载《南方日报》2016 年 9 月 26 日）

让中国看到佛山的力量和信心

时值冬天，北国正在飘雪，南方处于低温。此刻，应该有一把火焰。

让我们关注佛山，关注这座制造业名城今天举行的民营企业家大会。佛山市委、市政府邀请近千位民营企业家到南海千灯湖畔广东金融高新区，当面宣布包括金融支持在内的40条政策“干货”。这样的会议传达一个强音：佛山旗帜鲜明、坚定不移地支持民营经济发展。

这不是可有可无的表态，而是事关重大的抉择。佛山在正确的时间用正确的方法做一件正确的事情。放眼全国，佛山都堪称示范和表率。这份诚意和温暖将超越佛山，传递到更远的地方。

在中国地理版图上，佛山只是一个面积不大的普通地级市。而在中国经济版图上，佛山的体量很大、分量很重。与国内其他经济重镇相比，佛山的特别意义在于：这是一座传统制造业大市，也是民营经济的大本营。观察中国民营经济的走向，佛山是最好的窗口。佛山今年迎来了多位部长的造访，其中由中央财办主任刘鹤所率领的调研组把佛山作为全国调研的第一站。与此同时，中国学界也在密集研究“佛山模式”，把佛山视为中国实体经济发展的缩影和样本。

30年前，中国政界和学界也不约而同地聚焦佛山，那时的佛山诞生了“南海模式”和“顺德模式”，大批“洗脚上田”的农民为产能不足的中国贡献了品种繁多、性能良好的“佛山制造”。时过境迁，产能不足的中国变成了产能过剩的中国，“佛山制造”也走过卖什么都赚钱的时代，转型升级的压力比什么时候都大。如果说 30 年前人们关注的是佛山经验，那么这一波的焦点在于观察佛山企业和佛山企业家的表现，佛山制造能否实现从数量到质量的转变。

在宏观经济形势不好的当下，佛山也面临着严峻的挑战。最大的问题正如佛山市委书记刘悦伦所言：不是技术问题，也不是项目问题，更不是资金问题，而是企业家的信心问题。

关键时刻，信心比黄金重要。有信心就有勇气，有信心就有力量。佛山之所以选择这个时候召开规模很大的民营企业家大会，绝不是刻意在时间上领先，而是佛山到了非做不可的时候。作为广东乃至全国传统制造业大市，佛山充当着中国从制造业大国到制造业强国的开路先锋。如果佛山企业家信心不足、举棋不定，佛山就无法履行使命，佛山的经济转型也会因为动力不足而错过机会。

关键时刻，政府的推动力量必不可少，作用巨大。当年的“南海模式”“顺德模式”也是强大的政府力量推动使然。这样的历史经验没有过期。

佛山民营企业家大会有一个明确的主题：坚定信心，抢抓机遇，政企携手共创民营经济发展新辉煌。这样的豪气来自佛山的底气。

经过 30 多年的历练和拼搏，佛山已有一支能征善战的企业家队伍，他们在创造财富的同时，也成了佛山最宝贵的财富。他们从血路中走来，没有什么可让他们害怕。激活这种精神，树立这份自信，佛山一定可以再次创造奇迹。

草根经济是佛山的最大特色和最大支撑，这样的特征让佛山成为一座名副其实的草根城市，拥有“野火烧不尽，春风吹又生”的韧性和顽强。更为重要的是，草根经济的最大优势就是扎根土地，不离不弃。他们不会赚了钱就跑、见困难就躲。唤醒这股力量，佛山就能迎来开花的春天。

形形色色的财富榜上有众多佛山企业家的名字，尽管企业家也是普通人，但在普通人眼里，他们是成功人士，是大众羡慕的对象甚至偶像。当挑战到来的时候，佛山民众也期盼企业家们走在迎接挑战的最前线。理由很简单，企业家群体有更多的资源、更多的经验去攻坚克难、去实现一座城市的梦想。如果因为积累的财富足够几代人享用就失去斗志，企业家就辱没了自己、辜负了一座城市的信任。

有人说：台风来了，猪都会飞。佛山企业家的成功和佛山财富神话的诞生来自中国改革开放的大势，得益于大国崛起的“风口”。进入新常态的今天，这股风并没有停下，只是这个“风口”属于那些敢于创新、敢于梦想的企业家。

在佛山召开民营企业家大会的时候，“国家制造业转型升级综合改革试点”也落点佛山。这个从未有过的“番号”最先授予佛山，既是一种信任，更是一份重托。拥有这把“宝剑”，佛山就可以制造“风口”。随之展开的各项改革有一个共同的指向：让猪飞起来！

沧海横流，方显英雄本色。经济越是困难的时刻，越需要有企业家精神的支撑。改革开放初期，佛山企业家在那么困难的情况下艰难地走了过来，当下的困难怎能阻挡得住他们前进的脚步。

严冬不肃杀，何以见阳春？佛山，又到了展示力量和信心的时候。

（原载《南方日报》2014 年 12 月 29 日）

刘悦伦为佛山留下怎样的“伦理”

1

挥手自兹去，萧萧班马鸣。请君试问东流水，别意与之谁短长？

2015 年 2 月 27 日，初春的佛山上演一场类似李白写过的告别：刘悦伦卸任佛山市委书记职务，作别这座城市和人民，返回省城广州。在宣布任免的干部大会上，刘悦伦讲得动情，会场弥漫着深情。20 多天以前，刘悦伦当选广东省人大常委会副主任，佛山就知道即将迎来一场送别，并为此做了足够的心理准备——铁打的营盘流水的兵。可当这个日子真正到来的时候，这座城市依然充满了不舍，甚至感觉有些突然、有些难以适应……

这样的情形佛山并不陌生，10 年前黄龙云告别佛山就曾经点燃一座城市的情感。人们感谢他的贡献、感佩他的格局、感念他的力量。时过境迁，大家仍在怀念黄龙云主政佛山那段激情燃烧的岁月：佛山五虎在他手上整合成龙，佛山一环在岭南大地上虎踞龙盘……

人过留名，雁过留声。今天的刘悦伦又以怎样的“伦理”感动整个佛山？

2

刘悦伦 54 岁从广州来到佛山，在很多人看来，这个年龄出任地级市市长显然有点晚。佛山难免有一份隐忧：这位履历丰富的“老将”还有没有激情和冲劲？人们始料未及的是，上任第 12 天，刘悦伦就提出了佛山城市升级三年行动计划。

这样的决策速度源于刘悦伦的经验和思考。他主政过代表广州历史的荔湾、寄托广州未来的萝岗、广州当下最繁荣的天河。这样的履历塑造他的认知：城市环境，关乎百姓幸福、关乎产业转型升级；要吸引高端人才、高端企业入驻，就必须有一流的城市环境。城市不升级，广佛难同城，产业转型升级更是一句空话。

城市升级三年行动计划是刘悦伦带给佛山的见面礼，也将佛山带入一个崭新的城市时代。也许这个时代迟早都会到来，但我们可以假设：如果不是刘悦伦主导，这个时代的到来或许要延缓一段时间。

一向低调的何享健公开对媒体发声：政府对企业最大的贡献，就是改善了城市环境，让企业吸引到更多的优秀人才。他是佛山最大企业的老板，也代表着最广泛的佛山民意。

盘点刘悦伦的佛山“伦理”，城市升级当立头功。四年时间，佛山日新月异。变化的不仅是城市的肌理和局部，而且是城市的格局和气象。放眼中国，佛山几乎是重新定义了制造业城市的环境和容颜。如果称之为一场革命，那是一点也不过分的。城市升级行动之所以深受佛山老百姓的欢迎和点赞，是因为这场城市革命让他们有了获得感和自豪感——他们可以底气十足地告诉世界：这是我们的佛山！

2014 年 5 月，刘悦伦从市长转任市委书记。职务变了，但他并没有将“城市升级”这副重担撂给接任的市长，而是以一抓到底的狠劲和韧性推进佛山史上最浩大的城市工程。何谓“踏石留印”、什么叫“抓铁有痕”，刘悦伦为佛山干部作出了很好的示范。他有一个梦想，希望10年之后，佛山的城市面貌能达到或接近欧洲和新加坡那样的水平。当最后一次以佛山市委书记身份带队巡查城市升级项目进展时，刘悦伦深情拜托：积小胜为大胜，久久为功。

3

刘悦伦祖籍湖南，有湘人那种豪爽刚烈的性格；他出生在广州，有广州人的厚道与随和。为人俨然亲朋好友，处事则是带头大哥。有做事的能力，有为官的智慧。

刘悦伦是佛山这10年来走出的第四位省部级干部，这不是佛山市委书记的必然，而是他们在佛山的作为使然。即将离开佛山的那天，刘悦伦动情相告：他特别感谢佛山的企业家们。

这份特别的道谢是他对佛山产业特别的钟情和特别的牵挂。细节和故事太多，这里只说一例：偶然得知王志纲工作室准备在广州筹办“草根大会”，他当即邀请全国各地的民营企业家们移师佛山，共襄盛举。他以这样的开头登台演讲：佛山是一座草根城市，当草根遇上草根，世界也醉了……

不是刘悦伦喜欢热闹，而是他在想方设法让佛山的草根企业家们结交更多的朋友、拥有更多的机会和可能；他期许更多的草根加盟，壮大佛山发展的决定性力量。

刘悦伦反复强调：不能模仿追随其他城市发展的路径，而要根据自身的特点，走出自己的一条路。佛山很多产值超千亿元的产业都是传统产业，不能随便淘汰；不能倒洗澡水的时候，也把孩子倒掉。人为将传统产业赶走，那是对佛山草根企业家最大的伤害。做到世界第一的“海天酱油”让刘悦伦确信：靠创新驱动、靠工匠精神，传统产业也可以凤凰涅槃，走向重生。

刘悦伦临别之际，佛山率广东之先召开规模盛大的民营企业家大会，鼓舞信心，激发斗志。企业和企业家是创新创业的源头，如果企业家没有信心，创新创业就缺乏动力源泉。北京也及时授予佛山“国家制造业转型升级综合改革试点”这块独一无二的牌子。拥有这把“尚方宝剑”，草根佛山可以奔跑在宽广的草原。作别佛山的刘悦伦将最深的感谢献给佛山的企业家们，其实也是在嘱咐他身后那些策马飞来的骑手：无论任何时候，都不能伤害草根；无论走到哪里，都要俯下身去亲近草根。草根经济才是佛山的灵与肉、根和魂！

4

刘悦伦担任过大学教师，受过严格的学者训练；他在英国攻读博士，有良好的国际视野。他的哲学专业背景让他的思维严谨而深邃，而他出口成章的语言表达能力，更让他的每一次出场都充满气场。每次到北京出席全国“两会”，刘悦伦几乎都要应邀在央视亮相，即使面对一流的教授、院士，他的表现也有过之而无不及，很给佛山长脸。

他不遗余力地推介佛山。尽管一座城市的形象并不取决于城市主官的形象和表现，但人们对城市主官的印象和评价会影响外界对这座城市的认知和判断。一位佛山官员如是感叹：刘悦伦招商引资，不是吹嘘佛山如何如何，而是靠精准的专业分析。一开口人家就能知道你是什么水平，决定了人家愿不愿意跟你打交道，这就是“正规军”和“游击队”的区别。

刘悦伦曾经在佛山市委全会上亮出观点：做事分三个境界，最高境界是干得漂亮，也说得好听；中等境界是干得漂亮，但不太会说；最低境界就是说得好听，但干得不漂亮。

佛山做得漂亮，有很多精彩的故事。如果能够精彩地讲述这个故事，即使众声喧哗，佛山的声音也不会被淹没。

刘悦伦做到了。这样的能力或许与刘悦伦的见识有关：在西方发达国家求学，他知道政府官员该用怎样的语言沟通社会和公众，让人听得懂、能接受。

我们已经走过“好酒不怕巷子深”的时代。诺贝尔经济学奖获得者赫伯特·西蒙深刻指出：随着信息的发展，有价值的不是信息，而是注意力。一个强大的佛山，既要有强大的实体经济，也要有足够的“注意力经济”。

跟上刘悦伦的节奏，别让这把火熄了。

5

佛山是个好地方。到佛山任职第一天，刘悦伦这样说；离开佛山的那一天，他还是这样说。

佛山未来何去？佛山如何更好？刘悦伦分别从产业发展、结构调整、区域发展、生态文明以及改革创新5个角度，提出了自己的定位和思考。他说佛山要争取成为中国制造业一线城市、广东民营经济第一大市、珠西先进装备制造业龙头城市。在城市升级三年行动计划面临收尾的时候，刘悦伦在西樵山下的听音湖畔，发出城市升级转向城市升值的动员令，佛山市委也随后作出建设文化导向型城市的决定。这样的承诺和部署，绝非仅仅表现为对历史文化的尊重和接纳、继承和提升，更不是打造一般意义上的文化名片，而是要让佛山成为一座“岭南风韵突出、城市形象鲜明”的城市，以文化之力，把佛山从“千城一面”中拯救出来，锻造一座“来了就不想离开的城市”。

这是刘悦伦心目中的佛山路线图，也是他留给这座城市的信任和祝福。

荀子说：锲而不舍，金石可镂。即使迈跬步，也可至千里。只要方向正确，每一步都在逼近目标。应该坚信一点：成功路上并不拥挤，因为坚持的人不是很多。佛山就是那不多中的一个。

（原载《南方日报》2016年2月29日）

有一种力量在塑造历史的走向

1

莽莽高原，万水千山。悠悠岭南，有容乃大。一条河流的出现，既是历史的开始，更是一条纽带的诞生。

当发源于云贵高原的西江翻山越岭一路南下，从珠江三角洲奔向大海的时候，贵州、广西、广东就有了天然的链接。因为这条河流，山水相连的粤桂黔自古就有了交流、交情和交易。

考古学发现：早在6000年前，南海西樵山的双肩石器就沿西江水系逆流而上，传播到桂北和黔西北地区。历史有清晰的记载：公元前144年，从贵州经广西到广东的贸易线已经形成。贵州、广西的木材、矿产南下贸易的时候，广东的食盐、手工制品也北上拓展市场。

在沟通粤桂黔的商道上，崛起众多热闹的会馆和繁华的市镇。明清时期，伟大的商业力量就催生和塑造了位居中国四大名镇之首的佛山。

恩格斯说："历史从哪里开始，思想的进程也应当从哪里开始。"奔流而来的江水，哺育了两岸的庄稼和人民，也催生了合作的精神和思想。

江河选择流向，人民选择方向。有一种愿望在塑造历史的走向。

2

百年前的中国，天空很暗。那时的中国，以河流的速度缓缓前行。夜晚，正是梦想的时候。

伟大的革命先行者孙中山先生在《建国方略》中表达宏愿：建设西南铁路系统，让广东与西南地区的物资实现互流互通。

先生写的是铁路，想的是华南联系西南的速度和力度。可否这样确认：这是“泛珠”区域合作思想的最早源头？

先生带着梦想离去，他所描绘的蓝图被后人写在大地上。先生或许没有想到的是：上午喝广州早茶，中午看桂林山水、高原风光，夜宿贵州吊脚楼上……如此穿越，竟然可以在5个小时内实现！

速度带来温度：贵广、南广高铁一票难求。

有数据显示：2015年春节长假，桂林共接待国内外游客55万人次，旅游人数仅次于首都北京，呈爆发式增长；2015年上半年，佛山旅行社组团到贵州的游客数量同比增长905%，接待贵州游客同比增长5902%！

没有南广、贵广高铁的开通，就绝对没有这样的井喷。

粤桂黔的手机用户突然发现，朋友圈里密集出现行者和吃货晒出的照片：珠江夜景、阳朔风光、爽爽贵阳、广州海鲜、桂林米粉，还有那诱人的酸汤鱼……

这是文化的展示，亦是文明的对话。

人们领略到一代伟人毛泽东的豪迈：坐地日行八万里，巡天遥看一千河。

是高铁的力量塑造了全新的体验和历史。

3

贵广、南广高铁的里程不算很长，但穿越的地带却是典型中国。

不到1000公里的行程中，有平原、丘陵、喀斯特和高原地貌，有一线、二线、三线、四线城市，有足以代表中国的都市文明、工业文明、农耕文明。

发达地区、欠发达地区。一个二元的中国在贵广、南广线上渐次展开。

岭南文化、百越文化、红色文化、民族文化、多彩贵州在高铁两边绽放。

这是一片特别的疆域。

高铁走过的地方，是汉族、壮族、苗族、侗族、布依族、瑶族、水族的聚居地，这几乎就是南方少数民族最主要的群体和分布。世世代代与贫困作战的他们亟须得到强有力的策应和援手。

这片土地不强，中国的步履就会蹒跚；这片疆域不富，中国的肌肉就不会强壮。

今日中国，如此多元、如此多彩的高铁，唯有贵广和南广。

今日中国，承担如此重任、面临如此挑战的高铁，也唯有贵广和南广。

贵广、南广高铁从开通之日就承载一个特殊的使命：以更快的速度缩小差距、消灭贫困！

正在破解区域发展不平衡难题的中国进入粤桂黔时间。

4

火车一响，黄金万两。

历史会铭记这个日子：2014 年 12 月 26 日。

贵广、南广高铁开通的当天，广东、贵州、广西三省区主要领导相聚贵阳。共同的期待和使命让粤桂黔紧密地站在一起。

贵州说：贵广高铁让地处深山的贵州进入了高铁时代，为在新的起点上深化与粤桂两省区的交流合作提供了历史性机遇。

广西说：贵广、南广高铁的开通，让南宁地处华南经济圈、西南经济圈、中国—东盟经济圈交会处的区位优势更为明显，必将对广西全方位开放合作产生强大的推动力。

广东说：把贵广、南广高铁经济带打造成为全国内陆开放发展的新高地、区域合作发展的示范带和面向泛珠、承接珠三角产业转移的先行区。

一花不是春，孤雁难成行。

共识产生共振。打造粤桂黔高铁经济带的号角从山城贵阳嘹亮地吹响。

粤桂黔高铁经济带以“一区三园”为战略布局，“一区”就是合作试验区，由广东园、广西园、贵州园为主体构成。这是泛珠三角区域合作的重大平台，也是国家“一带一路”战略的重要支点。

进入高铁时代的中国版图，第一次出现一条高铁经济带。粤桂黔喝了一道“头啖汤”。

粤桂黔不再是口袋里的马铃薯，而是休戚与共的命运共同体。

若中山先生有知，他会多么的高兴。

5

佛山是贵广、南广高铁的交会之地。佛山西站就在南海的地盘上。打造粤桂黔高铁经济带，佛山领命，南海先行。

2015 年初，佛山首提建设粤桂黔高铁经济带合作试验区广东园的构想，并随后上报规划方案，广东省政府于 8 月 25 日批准实施，前后仅仅用了半年时间。如此速度，让前来南海考察的贵州、广西官员和学者异口同声地说出两个字：震撼！

南海，康有为的家乡，总有一股塑造历史的念想和力量。

粤桂黔高铁经济带合作试验区广西园、贵州园的建设也在快马加鞭，各种资源和力量正在向高铁聚集。

珍珠就在那里，高铁将它们串起就是一条项链。珍珠与项链的价格差得很远。披上这条项链，粤桂黔将让中国震撼。

千里粤桂黔，高铁一线牵。奔向大时代，开创新纪元。

是山就要崛起，是水就要浩荡。粤桂黔在释放塑造历史的力量。能量一旦爆发，将奠定未来中国的新优势。

前路也许不会平坦，但不管多么险峻的高山，总是为不畏艰难的探索者留出一条攀登的路。

开弓没有回头箭。

高举开放、合作、共赢的旗帜，世界在倾听粤桂黔的合唱：

——向前！向前！向前！

（原载《南方日报》2015 年 9 月 22 日）

城市升值的核心是提升我们的文化

从城市升级到城市升值，这是佛山已经做出的选择和决定。

城市如何升级？佛山的三年努力似乎给出了一个不错的答案，也有了不错的效果；但城市如何升值？佛山还在思考。回答这个命题，也许比城市升级更为艰难，也更为重要。

从城市升级到城市升值，是硬件到软件的改造和提升，是物理性反应到化学性反应的过程和转换。我理解的佛山城市升值不是土地价值走高、不是佛山制造涨价，而是佛山城市精神的升级和改造，也就是文化的升级和改造。

俗话说，一方水土一方人。所谓“文化”，乃是“一方水土”的精神价值，并为“一方人”共同接受和遵循。

几年前，佛山有过一场“佛山精神”的讨论，在一家媒体进行的抽样调查中，大多数佛山市民的第一反应是“务实”。那时，刚刚从广州调任佛山市委书记的林元和也向媒体亮出自己的观点：“全国人都知道广东人务实，佛山人是‘更务实’。”如果把“务实”视为佛山城市文化精神的首席标签，佛山人是乐意接受的。

因为务实，佛山创造了很多传奇，书写了足以让人自豪的财富神话。佛山之所以成为举世瞩目的制造业重镇，务实文化的作用厥功至伟。

不是省会城市、不是重点投资地区，也没有特殊政策倾斜的佛山，仅凭“野蛮生长”的草根经济就可以“富可敌省”，成为让人羡慕的“大户人家”，最大的奥秘就是务实。毫无疑问，正是丰厚肥沃的务实文化，构成了诞生何享健、杨国强们的土壤和温床。而大批“土豪”的涌现，让喜欢以钱多钱少来量化“发达”、衡量成功与否的佛山民众找到榜样的同时，也不断夯实了佛山务实文化的根基。佛山财富大厦就是依托这样的根基矗立的。

肯定有人要问，这么好的文化还需要改造吗？答案是肯定的。

佛山有两个明晰的目标：一是成为珠江西岸先进装备制造业中心，二是成为创新型城市。实现这两大目标的过程必然是佛山制造走向佛山创造的过程，也是佛山城市升值最重要的标志性成果。如果没有相应的文化护航，佛山城市升值就没有足够的阳光雨露。

有人说，佛山的优点是实在，缺点是太实在。

眼见为实、落袋为安，这是佛山务实文化最显著的特点，“仰望星空”的遐想远远不如躲在被窝里数钱来得实在。在追逐财富的道路上，人们渴求的是眼力，而不是眼界，是执行力，而不是想象力。而走在创新的道路上，最大的考验已经转换为眼界和想象力了。

最近 10 多年来，我多次作为观察者随佛山企业家到江浙考察学习，也多次主持他们之间的论坛和联谊，有三个最突出的感受：第一，江浙企业家能说会道，佛山企业家不善言辞。身家千万的江浙老板看起来像商业领袖，而身家过亿的佛山老板看起来俨然刚刚洗脚上田的农民。第二，江浙老板将普通话夹杂英语，而佛山老板说普通话总是带粤语。第三，江浙老板喜欢讨论“心灵鸡汤”，而佛山老板更关心哪些汤壮阳。看起来这是语言的差异，本质上是文化的差异。

尽管这样的差异不是先进和落后的标准和尺度，但佛山文化中过分务实的一面在制约着佛山城市的想象力，进而也制约了佛山城市的创造力。

伟大的爱因斯坦说过：“想象力比知识更重要，因为知识是有限的，而想象力概括着世界的一切，推动着进步。”如果不是因为有强大的想象力，牛顿绝不可能从苹果落地发现万有引力。

佛山成为制造业重镇，已经把佛山务实文化最优秀的元素——执行力发挥到了极致，未来的先进装备制造业中心和创新型城市更依靠想象力带来的创造力。这样说并不是否定执行力，只是这时的执行力将体现为把想象出的东西变成实际可操作的、可以创造出来的东西的能力。

有一个现象值得我们深思：改革开放前30年，佛山涌现出一大批有影响的企业和企业家，那时，佛山企业家发出的声音全国都在倾听。进入改革开放第二个30年的时候，深圳出现了华为、腾讯，杭州诞生了阿里巴巴，而佛山可以拿得出手的创新型企业却凤毛麟角，企业家的影响也江河日下。

这样的危机已经在倒逼我们文化的改造。

之所以说改造“我们”的文化，而不是改造“佛山”的文化，是因为文化是人创造的，没有人的改造，就不会有佛山的创造。

南海已经做了很好的示范。他们以“南商再出发”理念来改造企业家、把“文化引领”作为纲举目张的区域发展战略。这样的文化情怀已经在改变和塑造一个创新改革的南海。值得整个佛山研究和借鉴的经验是：南海文化建设不是部门的，而是全区的，不是局部的，而是系统的，不是局长、科长的，而是书记、区长的。

法国作家雨果说过：“想象就是深度。科学到了最后阶段，便遇上了想象。”我们也可以说，佛山制造的最后阶段，便遇上了想象。佛山城市升值就是为此而来。有这样的共识，就会有这样的合力。

改造我们的文化，佛山才能冲出“历史的三峡”。

（原载《珠江时报》2014年9月28日）

文化部长为何盛赞佛山

1

2015年佛山迎来多位部长的造访，无论他们留给佛山怎样的称赞和肯定，都不能取代文化部长雒树刚佛山之行的意义。与其他主要关注“经济佛山”的部长相比，雒树刚之行的特别之处是发现了一个可圈可点的文化佛山。

雒树刚来佛山调研一天，他得出一个结论：佛山文化建设从理念到行动都有重大创新；他做出一个表态：文化部将与佛山建立更加紧密的联系，总结佛山经验，在全国推广；他提出一个希望：加大宣传力度，让中国认识文化佛山。

雒树刚是共和国的文化主官，是党内有名的理论家和“笔杆子”。他盛赞佛山的言语，当然是在眼见为实、深思熟虑之后说出的。

2

打动文化部长的是什么？是佛山文化的历史吗？

关于文化佛山，作家莫言有言：任何城市的人说他们出过历史文化名人，佛山人笑了，佛山有康有为；中国任何地方的人说他们出过武林高手，佛山人更是笑了，佛山有黄飞鸿。莫言还写有一副对联：吃粤菜，看粤剧，心系粤绣；念佛经，进佛堂，家住佛山。

这是莫言的幽默，也是历史的真实。

作为岭南文化的发源地之一，佛山的分量不轻：陶艺之乡、粤剧之乡、武术之乡、狮艺之乡、粤菜之乡、广纱之乡、岭南成药之乡、南方铸造之乡、民间艺术之乡……这些林林总总的名号前面，大多贯有“岭南”“南方”之类的定语，表明佛山的历史文化意义更多是区域性，而非全国性。

有一个事实可以佐证：1982 年国务院公布首批 24 个历史文化名城中没有佛山，1986 年公布第二批 38 个城市，佛山也没有上榜。直到 1994 年公布第三批 37 个城市时，人们才发现佛山的名字。和佛山一起入围的有代县、祁县、浚县、钟祥、邹城、琼山、新降……知道这些地方的人不是很多，了解其历史文化的人就更少了。一个经济的佛山把它们甩得很远，但一个文化的佛山却不得不与它们同列。在中国历史文化的版图上，佛山处于三线甚至四线城市之列。佛山也许“冤枉”，但佛山必须承受。

一个在明清时期就位列“中国四大名镇”和“天下四聚”之一的佛山，之所以不能享有相应的文化地位，重要的原因之一，就是佛山的经济光芒过于耀眼，它掩盖和屏蔽了一个文化的佛山。这样的历史，也理所当然地塑造了人们对佛山的认知：这是一个做生意而不是做文化的城市。佛山是经济的引领者，却是文化的跟随者。

西方学者早就达成一个共识：贮存文化、流传文化和创造文化，这是城市的三大基本使命。如果这个定义成立，我们可以断定，真正让文化部长心动的，不是“文化佛山”的存量，而是“文化佛山”的增量；不是佛山文化的传统，而是佛山文化的创新。

3

“文化佛山”贡献了怎样的创造？

当下的佛山，有人拿过梅花奖，有人的作品展闻名海外，民窑代表石湾公仔登上国家博物馆的大雅之堂，说粤语的佛山有一台正在风靡全国的话剧《康有为与梁启超》，讲的是普通话；佛山是中国第一个举办新年音乐会的地级市，20 多年从未间断；佛山的“南风讲坛”是中国地级市中历史最久、影响最大的公益文化讲座……小文化的佛山魅力四射，活力无限，但从全国视野而论，这些只是处于“少年中国”阶段，尚未抵达引领中国的境界和层次。

而大文化的佛山却熠熠生辉，光耀中国。

祖庙东华里片区是佛山明清建筑最集中的街区，从小文化出发，最适合做成“中看”的博物馆，但佛山做成了中看更中用的“岭南天地”大文化，用商业的方式释放文化的能量，而不是以文化来表达文化。这里最商业，也最文化、最岭南。

从一片废旧厂房脱胎换骨而来的佛山创意产业园兴旺得让人难以置信，发达的商业彻底激活了这个工业文化遗存。全国的创意产业园很多，但像佛山这么旺的很少。这是成功的商业创意，也是成功的文化创意。

佛山是一座老城，有很多旧城镇、旧厂房、旧村居。别的地方当成包袱，佛山却当成机会，率先创造了后来被全国推广的“三旧”改造模式。这个模式的核心就是文化植入，在产业文化化、文化产业化之间走出了一条独特的佛山道路。

“三旧”改造之后，佛山祭出了史上规模最大的城市升级和古村落活化行动，波澜壮阔的城乡改造过程，也是惊心动魄的文化创造过程，所瞄准的目标就是让城市升值。这样的升值，就是岭南文化价值的实现过程。

佛山新城、千灯湖、听音湖、梦里水乡……这些城市升级所催生的、可以和欧美发达国家媲美的城市景观，已经成为佛山文化的新地标。

“文化佛山”的创新不是无为而治，或是经济发展顺带的结果，而是文化自觉的力量使然。诸如“文化大市”“文化强市”这样的口号哪里都在喊，但佛山不是玩概念，而是通过“文化升级行动计划”一个一个项目去落实、去建构。把文化竞争力转化为真正有影响力的文化产品。这是佛山的秘诀所在。

“文化导向型城市”是佛山的主张，它细化为“创新创造活跃、岭南风韵突出、城乡服务均等、城市形象鲜明”四个界定。这是“文化佛山”从实践到理论的升华，也是佛山文化自觉的标志。佛山文化建设的另一个令人称道之处是跨界整合、跨界创新，推动文化与产业的融合、助力城市建设的提升、传播塑造城市的形象，佛山从小文化走向了大文化的宏阔格局。

作为举世闻名的制造业城市，佛山为中国工业城市的文化建设找到了一条路子；作为一座以民营经济为主的城市，佛山为中国找到了政府和市场的文化合力方式；作为一座历史文化名城，佛山找到了文化突围的方式和方法。这是佛山的价值，也是文化部长所惊喜的佛山。

4

成功总是有理由的。佛山从文化追随者变成文化领头雁，这样的转换是怎么发生的?

几年前，南海文化局长调任发改局长，禅城和南海的经贸局长转任文化局长，这些不同寻常的人事任命让舆论哗然。在人们的印象中，文化局并不是一个强力部门。佛山颠覆了这种认知，敢于让文化干部挑大梁、担重任，敢于让经济干部做文化、谋发展。这种用人制度的背后，就是佛山把文化建设与城市建设、文化产业与其他产业的发展紧密结合所做的努力。

在佛山，文化不是文化部门“一个人的战斗”，而是多部门、多兵种的协同。文化的背后是人。一个必须注意的现象是：经过 30 多年的奋斗，一个经济的佛山创造了很多奇迹，已经可以跻身为中国一线经济城市，这样的历练，造就了一批熟悉经济规律、懂得市场运作的干部。一旦走上文化局长的位置，他们就知道怎么把发展经济的思路和方法带入文化建设，有本事把软的做硬、把硬的做软。

“文化佛山”的创造，来源于经济领域屡试不爽的经验：立足本土，兼收并蓄，合理改造，为我所用。更重要的是，佛山的文化干部具备虚功实做、落地执行的本领。

文化很虚，但佛山做得很实，看得见，摸得着。文化佛山之所以被文化部长发现，重要原因之一是佛山做得好，也说得好。

“文化佛山”不是今天才有，但长期以来“只会生孩子，不会起名字”。佛山喜欢吃“盆菜”，味道很好，但很少有人说出所以然。这次文化部长到来，佛山端出了精心制作的“文化盆菜”，而且可以清楚地说出哪些是“鲍鱼”、哪些是“配菜”，以及为什么这样组合。

千万别小看这种变化，它可是掌握文化话语权的标志。好酒不怕巷子深的时代已经过去，光做不说，做得好说不好，就很难让人发现你的存在。

佛山变了。

“文化佛山”是一个庞大的存在，当所有的“抓手”都找到位置之后，有一台吊车起吊，“文化佛山”的轮廓就清晰可见。

文化部长就是在这样的时刻到来。中国发现了另一个佛山。

（原载《南方日报》2015 年 12 月 16 日）

用工匠精神武装出一个强大的佛山

1

2016 年 6 月 21 日。夏至。

这一天，佛山以最高规格命名和表彰 30 位大城工匠，视之为佛山制造的灵魂和脊梁。政府赋予这样的荣誉和礼赞，佛山历史上是第一次；这一天，佛山郑重宣告：将工匠精神作为全市人民共同的精神家园。如此旗帜鲜明的价值主张，在全国城市中也是第一个。

这是一种精神、一种态度、一种信仰、一种力量。佛山开了一个好头，做了一个表率。佛山值得我们鼓掌。它是一座制造业名城的担当，也是一座历史文化名城的情怀。

爱因斯坦说过：不是所有有价值的都能被计算，也不是所有能计算的都有价值。当工匠精神不再是一句应景的口号，而是内化为一座城市的心跳和脉动，其价值和威力是无法估量的。

工匠精神，佛山先行。这既是历史的启示，更是今天的抉择。

2

人类历史的很多奇迹是由伟大的工匠们创造的。

公元前5世纪，古希腊伟大的历史学家希罗多德做出一个论断：埃及金字塔是由30万奴隶所建造。2000年后，到埃及游览的瑞士钟表匠布克发出石破天惊的质疑：金字塔这么浩大的工程，被建造得那么精细，各个环节被衔接得天衣无缝，建造者必定是一批怀有虔诚之心的自由人。一群被囚禁的奴隶，怎么有心情让金字塔的巨石之间连一片小小的刀片都插不进去？400年后的2003年，埃及最高文物委员会揭开历史的真相：通过对600处墓葬的发掘考证，金字塔是由当地具有自由身份的农民和手工业者建造的。

金字塔是工匠精神的结晶。百年老店也是工匠精神的产物。世界制造业强国的诞生无一不是以工匠精神为母体和温床。

8000万人口的德国，有2300多个世界名牌，著名经济学家罗多夫做出解释：工匠精神是德国制造业过去一百年成功的钥匙。西门子公司总裁说得更具体：靠的是我们德国人的工作态度，对每个生产技术细节的重视。

日本有3146家寿命超过200年的企业，数量居全球之最，因为日本有太多敢于“一条路走到黑”的能工巧匠。日本制造畅销世界，得益于上世纪60年代实施“质量救国”战略。

瑞士钟表长盛不衰，成为一个国家坚不可摧的支柱产业，靠的就是那些一代接一代“死心塌地”的钟表匠。

意大利有那么多奢侈品、豪华游艇、超级跑车、数控机床、高端厨具，那是基于一种底气：意大利是世界上人均拥有工匠数量最多的国家。

当今世界，实施“再工业化”的美国，提出“工业4.0”的德国，布局制造业2025的中国，这些宏大战略的背后，无一不是呼唤工匠精神的强势归来。

殊途同归。环球同此凉热。

3

佛山不缺工匠的历史，佛山的历史流淌着工匠精神的血液。

中国社会从农业时代步入近代工业时代的道路上，佛山走在了创造历史的前列：陈启沅创办了中国第一家缫丝厂，邹伯奇发明了中国第一台相机，詹天佑是中国第一条自主设计施工的铁路的设计者，佛山的巧明火柴厂终结了中国没有国产火柴的历史，佛山制造的大炮镇守古老帝国的万里海疆……

明清时期，以制造业鼎盛而闻名的“中国四大名镇”中，有的已经衰落、有的已经蜕化，唯有佛山旗帜不倒，完成了从制造业名镇到制造业名城的跨越、从中国走向世界的飞跃。

这一伟大的历史，也是佛山工匠们接力创造的。

大多数中国人都认同这两句话：有家必有佛山制造，有华人的地方必有海天酱油。中国之大，但享有这种自豪的城市真的不多。

4

几年前，顺德从民间征集并以政府名义发布广告语：顺德制造，中国骄傲。

顺德可以骄傲吗？佛山可以骄傲吗？不！远方依然很远，道路依旧漫长。

财经作家吴晓波一篇关于中国人涌入日本买马桶的文章刺痛中国，也让以生产陶瓷洁具出名的佛山脸上无光，很多人在网络上发问：佛山人干吗去了？

如果周末到顺德港看看，就会发现那些从轮船上下来的顺德人，大包小包，全是从香港买回来的进口货。如果有那么一天，人们从四面八方争先恐后地涌向顺德，像寻找顺德美食一样狂扫顺德制造，那才是真正的中国骄傲。

在中国制造业城市中，佛山不太一样。家电、家具、陶瓷、铝型材、食品……佛山的优势产业都是制造和人最近的产品。如果不能满足人们对产品质量追求的显著上升、对品牌价值诉求的爆发式增长，佛山制造的太阳很快就会落山的。

佛山制造算是走出去了，但目前到达的区域大多是追求价廉物美的穷地方，欧美那样的高端消费市场还鲜有佛山制造的脚印，甚至还没有打开一个缺口。世界财富每天都在增长，但无论美元、欧元、日元，口袋里的钱永远都是挑剔的。货比三家，白人、黑人、黄种人都一样。什么都好卖的日子结束了，没有独门暗器，何以决胜江湖？

以民营经济为主、以人居产业为主的佛山，肩负两个巨大的使命：证明中国草根经济的伟大，托起中国人居产业的尊严。

这是佛山产业转型升级的背景。如果注定是一场艰苦卓绝的战役，那么，工匠精神就是关乎成败的决定性力量。

5

制造业正处于一个艰难时刻，佛山也不例外。

辛苦的劳作、萎缩的利润，让不少企业家茫然无措，甚至萌生去意；已经接棒或准备接棒的新一代企业家似乎更热衷那些可以赚快钱的行当，更喜欢玩资本的游戏；众多中小企业在“多元化”的旗帜下，渐渐偏离了自己擅长的主业。这种现象如果持续发生，那就意味着我们这座城市的工匠在一天天减少、工匠精神在一点点流失。

佛山需要淡定和执着、需要继承和创新。挑战和诱惑越多，工匠精神就越重要。在这个心猿意马、心浮气躁的年代，工匠精神的守望和信仰比什么时候都迫切。佛山把城市的最高荣誉授予“大城工匠”，就是要激发出像马丁·路德那样的血性：“即使我知道明天世界将要毁灭，我今天依然种下我的葡萄树。”

一个时代有一个时代的歌喉，一个时代有一个时代的工匠。那些身怀绝技、曾经被推崇和敬仰的木匠、瓦匠、铁匠、石匠、鞋匠……已经从历史的舞台上淡出或者谢幕，取而代之的是车间、流水线、机器人作业，但无论技术发展到什么水平，人总是最核心的生产要素。一些行业消失了，但精益求精的工匠精神永远不会过时，也永远不会被淘汰。无论人类怎么聪明，只有沉得下心、坐得住“冷板凳”的人，才可能做出匠心独运、经得起时间和历史检验的作品。

真正的匠人不一定都是成功者，但成功者一定有工匠精神。

6

毛泽东说：人是要有一点精神的。城市也是这样。佛山的目标是成为中国制造业一线城市，没有工匠不行，没有工匠精神更不行。

工匠精神是一种职业技能，也是一种精神品质。敬业、专注、创新是最核心的三个要素。制造业是佛山经济的根基和命脉，佛山要有票子和面子，首先必须让大城工匠成为最体面的群体，让他们拥有崇高的社会地位与来自全社会的尊重和敬意。没有这样的土壤，长不出“工匠精神”的庄稼；没有这样的胸怀，也就没有资格拥抱天下的工匠。

当佛山把工匠精神作为城市精神家园之日，就是佛山进入全民动员之时：用工匠精神武装出一个强大的佛山。当工匠精神不是停留在嘴上，而是浸入骨髓时，佛山就有了不可战胜的力量。

敢为人先、崇文务实、通济和谐——这是几年前提炼出来的佛山人精神，这样的概括和表述，现在是不是也要变一变？

（原载《南方日报》2016 年 6 月 22 日）

棋手鲁毅，要在佛山下一盘大棋

1

不是所有的眼睛都能看清前方的道路。

当佛山发展又处于微妙时刻，不少人陷入“不知道下一步往哪里走”的战略迷茫之际，市委书记鲁毅快速出招：全力打造国家制造业创新中心。佛山分三步走实现这个目标：2020 年确立中国制造业一线城市地位；2025 年，制造业创新能力达到世界制造强国的中等水平；2049 年，也就是新中国成立 100 年的时候，佛山制造业综合实力达到世界制造强国水平。

33 年的跨度，差不多是两代人的接力。这是一盘很大的棋。

据说早年的鲁毅很喜欢下围棋，且有业余三段的棋力。金庸说围棋是严谨的思想锻炼。尽管鲁毅已经多年不下，但棋理是不会丢的。那么，他在佛山的布局和落子，是不是“妙着”和“妙棋”？

我给熟悉的几位著名专家学者打了一通电话，反应出乎意料。

长期关注佛山民营企业发展的中国科学院原常务副院长、资深院士王佛松很干脆：佛山当然有这个资格和条件。

这个资格和条件是什么？一直在帮助佛山民营企业转型升级的王志纲工作室战略研究院执行院长任国刚说：佛山有雄厚的产业基础，

完全具备成为国家制造业创新中心的可能。

经济外交家龙永图很是兴奋。他说：制造业是立国之本，大国竞争，说到底是制造业水平的竞争。佛山有这样的抱负和担当，是一座很了不起的城市。他直接用英文说：The price of greatness is responsibility。我听懂了，这是英国首相丘吉尔的名言：伟大的代价是责任。

2

龙永图的话让我想起丘吉尔另外一句名言：改变没有错，如果方向正确的话。

在中国制造业的棋盘上，佛山最初的体量不大、分量不重，真正的“打入”还不到40年时间。几乎没有人想到，一群“洗脚上田”的农民居然下出这样的“厚势”、居然可以在这么短的时间里把“鱼米之乡”的佛山抬到中国第五大制造业城市的位置。

大企业顶天立地，小企业铺天盖地。佛山制造业有今天这个模样，得益于佛山企业家的执着和佛山历任主官们的坚定。无论风起何方潮涌何处，佛山都没有动摇做实体经济的信念；不管谁来当书记、市长，他们都没有偏离制造业的跑道。各自的打法也许不同，但方向从来没有变过。

远的不说，看佛山最近三任市委书记的表态就可见一斑。

2012年，时任佛山市委书记李贻伟说：佛山之所以能够成为我国实力较强的经济城市，最重要的原因，就是把实体经济当作佛山的命脉。他的目标是用5年时间成为广东最大的制造业城市。

刘悦伦执掌佛山的时候，正值各种新热点、新产业、新概念风起云涌之际，不少人给他建议：佛山未来要大力发展服务业，服务业要超过制造业。他的回答是：实体经济特别是制造业是佛山的根，这个根基必须打牢。

刘悦伦最让人记住的是城市升级，而城市升级最重要的指向之一，就是让佛山制造业发展有更好的城市环境。离开佛山之前，他嘱托鲁毅的第一件大事就是：佛山要成为中国制造业一线城市。

我们处于什么方向不要紧，要紧的是我们正向什么方向移动。

鲁毅在佛山布局“国家制造业创新中心”，既是接棒和传承，更是发展和创新。佛山的普遍反应是：劲往哪里使，钱往哪里投？这个问题解决了。

3

创新不是发明。经济学家约瑟夫·熊彼特有一个著名界定：发明是技术上的重大突破，而创新是新技术、新知识的大规模商业应用。佛山打造“国家制造业创新中心”不是要搞大规模的发明，而是在新技术、新知识的大规模应用上做到全国最好，起码是最好之一。鲁毅的“棋路”是：佛山成为“国家制造业创新中心”的过程，就是推动“佛山制造 + 全球市场”向“世界科技 + 佛山制造 + 全球市场”的实现过程。

历史表明：对人类经济和世界格局影响最大的往往是创新，而不是发明。历史上的中国有很多发明，却很少有过创新，并为此付出惨重的代价：156 年前，一支几千人的“洋枪队”居然把几亿人口的大清帝国打得溃不成军，而英法联军的重器就是用中国人发明的火药制成的洋枪洋炮。

没有产业化的发明是不可能创造财富的。中国的四大发明一直为我们所称颂，但四大发明却没有一样对现代社会产生深刻的影响。

鲁迅沉痛地写道：外国用火药制造子弹御敌，中国却用它做爆竹敬神；外国用罗盘针航海，中国却用它看风水；外国用鸦片医病，中国却拿来当饭吃。

创新的威力既在战场上，更在商场上。

凭借工匠们的工艺创新，并不出产木材的顺德龙江用 30 年时间成了“中国家具第一镇”：1800 多个家具厂，年销售 90 多亿元。

离龙江不过几十公里的南海狮山，维尚家具制造有限公司依托互联网技术实现“大规模定制”模式，短短几年时间就做到 30 个亿，一家企业就相当于龙江的三分之一。这样的创新，已经让顺德冒汗：如果南海有三家这样的家具厂，“中国家具第一镇”龙江就有可能沦陷，风光无限的“十里家具城”也会变得冷落和萧条。

同样，规模庞大的佛山制造业如果没有持续不断的创新，就会被标兵甩远、被追兵超越。这样的忧患倒逼佛山行动——如果说产业转型升级是要确保佛山制造业的优势和厚势，那么，打造“国家制造业创新中心”就是要把佛山制造业的优势转化为胜势。

现在刚好棋到中盘，最是考验棋力的时候。佛山既要“做眼”，又要“腾挪”；既要“大飞”，又要“治孤”……

挑战是很大的。

4

鲁毅经常在各种场合表扬美的和它的领导者方洪波，还专门组织一个包括佛山干部和企业家在内的千人课堂，请来方洪波上课。鲁毅如此定义：美的集团是佛山企业学习的典范，是佛山的骄傲，方洪波董事长是佛山企业家的杰出代表。鲁毅如此号召：佛山党政干部和广大企业家要向美的集团学习、向方洪波学习。

一家企业、一位企业家以如此高强度方式介入一座城市的政治生活，这在佛山历史上是第一次。原因只有一个：佛山打造“国家制造业创新中心”所需要的精神气质，比如工匠精神、创新激情、开放胸怀、世界眼光等等，在美的都可以找到。

这家千亿级家电巨头的总部在顺德一个小镇，却在全球组建了 11 个研发中心，有了在全世界范围配置资源的能力和格局。

美的并购德国库卡，不管最终结果如何，美的已经让世界惊讶。

美的是一个巨大的存在，就连竞争对手也喜欢拿美的说事。格力空调董明珠每一次轰动媒体的出场，话题几乎都是从美的开始。莎士比亚说过：直到再也找不到对手，才收藏起自己的宝剑。董明珠能不能等到那一天，恐怕只有天知道。

美的如此让世界在乎，佛山怎么可以不在乎美的。

美的给佛山的最大启示在于：佛山的创新不是佛山人自己的创新，而是用世界的资源和力量武装自己，端自己的碗，夹世界的菜。它所对应的就是围棋三要素：建立根据地，坚持出头，保持联系。

有人担忧：一个没有研究型大学的城市很难成为创新中心，比如美国硅谷依托斯坦福大学，以色列硅谷靠的是以色列工学院，而佛山科学技术学院要达到“高水平”，肯定是猴年马月的事了。

深圳是一个很好的参照：这座没有世界一流大学的城市也在打造世界一流科技创新中心。深圳的底气来自它拥有华为、中兴、腾讯这样的世界级企业，它们的足迹已经遍布世界。

佛山是一座没有围墙的城市，与移民城市深圳相比，佛山最有可能犯的错误也许就是“排外”。广东民间喜欢把外地人称为“捞仔”“捞妹”，佛山社会应该明白：没有外来力量的介入和投奔，仅凭一己之力，佛山不可能“捞”出一个可以自豪的未来。

鲁毅说：“佛山比以往任何时候都更加渴望创新，比以往任何时候都更加需要激发制造业的强大创新力量。”有必要加上一句：佛山比以往任何时候都更加需要美的式的企业群出现。

5

围棋高手，就是善于处理棋盘上的各种关系。

同样，佛山打造“国家制造业创新中心”的关键是要处理好政府与市场，尤其是政府与企业家的关系。鲁毅要求佛山各级领导干部要学会运用“看不见的手”和“看得见的手”，成为善于驾驭市场和政府关系的行家里手，推动“有效市场”与“有效政府”有机统一。

佛山是有过深刻教训的。

健力宝和科龙曾经是佛山两家最有名的企业，当年健力宝创始人李经纬、科龙创始人潘宁的知名度远在美的创始人何享健之上，但结局却是天壤之别：美的蒸蒸日上，健力宝今不如昔，科龙干脆成为历史。

如果重新复盘，我们就可以发现，科龙和健力宝的大败局都源于政府和企业家的扭曲关系，彼此都看不顺眼，控制与反控制此起彼伏、“围剿”与“反围剿”轮番上演，其结果是害了企业，害了企业家自己，政府也痛彻心扉。

痛定思痛，佛山从悲剧中含泪启程，开启了一系列释放市场力量的改革壮举，在改变佛山的同时，也为全国提供了弥足珍贵的经验。正是出于对佛山的信任，国家发改委才将“国家制造业转型升级综合改革试点”定在佛山，而且独此一家。佛山如何下好这盘大棋，全国都在看。

日本超一流棋手大竹英雄说过：围棋应充满创造性的喜悦。美的集团也有一句豪言：形成冠军思想，培养赢的习惯。

佛山，应该有这样的霸气。

（原载《南方日报》2016 年 8 月 1 日）

第二辑

观点佛山

让南海顺德的竞争来得更猛烈一些

1

佛山乐见的好事又发生了！

南海区党政班子和镇街主官昨天全体出动，浩浩荡荡前往顺德北部片区考察学习。如此规模、如此规格、如此姿态，南海历史上从未有过。南海全体出动，顺德倾情迎候。这可不是佛山两个同门兄弟一般意义上的礼尚往来，而是全国百强区排行榜上老大老二高手过招之前的出场仪式。当然，南海不是去“踢馆”，顺德也不是构筑战壕。双方的手握得很紧，彼此都是灿烂的笑容，但热烈的拥抱绝不意味着“太熟了，不好下手”。

南海顺德是佛山战车上两台性能最好的发动机，功率超大，不会熄火。它们之间的竞争与合作，既是佛山最精彩的故事，也是佛山最宝贵的内生竞争力。缺少这个支撑，佛山传奇就不会让人激动，甚至没有高潮。

南海顺德可谓旗鼓相当、棋逢对手。二者文化底蕴不相上下，经济发展齐头并进，社会影响等量齐观，功夫本领各有千秋。影视中，南海武术巨星黄飞鸿呼啸而来，威风八面，打遍天下无敌手；顺德功夫小子李小龙横空出世，只要神腿一扫，那些高大生猛、胸口长毛的洋人不是半死就是半瘫，看得很是过瘾。

而今，“黄飞鸿”“李小龙”激情相遇，南海顺德拔剑迎风，佛山绝对有一场期待已久的好戏。大幕已经揭开，我们必须为壮士喝彩！

2

你来我往，这是南海顺德的常态；知己知彼，这是南海顺德的共性。南海这次虚怀若谷、表现积极，顺德的发展势头让他们坐不住了。主动登门，这是南海的气魄，也是南海的自信。

区邦敏主政顺德已接近两年，主攻方向确定，布局基本完毕，队伍举旗出征；4 月 28 日，佛山市委书记鲁毅首次提出：鼓励南海顺德内部竞争，差异化发展。4 月 29 日，黄志豪出任南海区委书记。在他忙着调研、谋划方略、挑选猛将的时候，顺德接连出招，一浪高过一浪。黄志豪奔跑进入战壕，带领南海发起冲锋。

南海看起来比较文静，但梦想与欲望和顺德一样强烈。从队伍状态而言，包袱没有顺德重，麻烦没有顺德多，心态也不像顺德那么复杂。从条件而论，南海地处广佛核心，早有地铁连接广州，从北到南无缝对接广州的辐射。南海有更加开放的心胸，也尝到了开放的甜头。制造业重镇狮山早有“多国部队”抢滩登陆，一汽大众南海基地拥有全球最先进的生产线，能量惊人。位于千灯湖畔的广东金融高新区和位于狮山的佛山高新区核心园有模有样、逐渐形成气候。反观位于顺德北部的中德工业服务区，很多房子还是空的。

南海也不是没有问题，最大的挑战在于如何以方向鼓舞士气，以战略激发斗志，以明确的布局和路径消解干部队伍中的观望心态，焕发龙狮争霸的勇敢与活力。

顺德是一个优点非常突出、爆发力十分强大的巨人，一旦有了明确的战略方向，它就会一往无前，不可阻挡。这样的态势现在已经出现。

与南海相比，顺德企业的体量更大，资源整合能力更强。以美的为代表的顺德骨干企业跨国并购，进入从产品输出到资本输出的高速路。当顺德企业的产品、资本和技术已经产生外溢效应的时候，顺德政府也在强力调整，提升服务企业走出去的水平和能力。这一步走得好，顺德力量就会全面激活。看不到这个趋势，找不到应对之策，南海与顺德的距离就会拉得更大。

一个必须考虑的因素是，顺德的舵手是从南海出去的，南海的那一套打法已经没有秘密。广州地铁7号线的谋划、北部战略的确立，以及北部片区管理委员会的组建，顺德这些大动作背后，都有南海经验移植的影子。

南海与顺德竞争，从战略到战术都需要做出调整，而且必须尽快完成。顺德的德性就是不会停下来等人。

南海就是在这个节骨眼上深入顺德“虎穴”的。能否得到“虎子”？我们有足够的理由相信南海的智慧和悟性。

3

南海顺德从来都是兄弟。

中国海外华侨很多，但像南海顺德这样合作共建“南顺会馆”的老乡群体不多，出去闯荡的南海人、顺德人总是肩并肩、手挽手站在一起。哪怕自立门户、分灶吃饭，彼此的祠堂都相隔不远。北京的南海会馆、顺德会馆都设在宣武门一带，这样的选址就是为了相互照应，有喜一起分享，有难一起分担。

科举考试时代的中国，广东9名状元，5名在佛山，其中大部分在南顺。这个数字和才子辈出的江南相比也许算不上什么，但对南海顺德而言已经惊天动地。这里从来就不是文化中心，祖祖辈辈的绝活不是舞文弄墨，而是养鱼种桑。古代中国的帝都变来变去，但设在哪里都离南海顺德很远，让讲粤语的农耕子弟山长水远赴京赶考，难度可想而知。即便如此，他们也非常争气，顺德出了区适子，据说影响若干代中国人的《三字经》就是他写的。南海更不得了，一个康有为就把中国近代史搞得天翻地覆。

顺德有个名叫梁敦彦的人物，是中国最早一批留学美国的幼童之一，英语说得比很多美国人还标准。他回国做大官的时候，得知清政府打算请外国专家设计兴建京张铁路，马上举荐他的耶鲁大学同学、南海“学霸”詹天佑。这位南海天才没让大家失望，成了中国的铁路之父。如果不是因为这位顺德伯乐，詹天佑难有名垂青史的机会，南海也就少了一份骄傲。

南海人这么靠谱，梁敦彦也起了私心，他把自己的女儿嫁给詹天佑的儿子，顺德南海成了亲家。梁詹联姻，不仅是两家人的喜事，也宣告南海顺德门当户对。

20 世纪 80 年代初期，南海顺德又一起“洗脚上田”，开始工业革命，为国家探索摆脱贫困的方式和道路。那时的中国还非常保守，但南海县委书记梁广大就敢敲锣打鼓，旗帜鲜明给“万元户”贺富；顺德县委书记黎子流顶着压力不封杀“鱼骨天线”，让顺德老百姓收看香港电视。开放思想和冒险精神，让鱼米之乡风生水起、改天换地，双双成为广东“四小虎”之一，为改革开放的中国贡献了“南海模式”和“顺德模式”。

兄弟同心，其利断金。南海顺德就是这么任性。

4

南海顺德都是中国的明星。“既生瑜，何生亮”的情结可能没有，但相互竞争和攀比是一直存在的，大家嘴上不说，但彼此心知肚明。

南海一度很火，几次上《人民日报》头条，顺德有点着急，冒出一句狠话：“顺德出票子，南海出报纸。”顺德自我表扬的同时，也顺便挖苦南海一把。

南海不辩不怒，埋头做自己的千灯湖，顺德一看又急了，马上挖一个比千灯湖更大的桂畔海。看见顺德产权改革名满中国，南海另辟蹊径，率先搞起了信息化，被请进中南海介绍经验。南海在狮山建了漂亮的大学城，顺德紧追不放，发动全球老乡力量，创办顺德大学，后来叫顺德职业技术学院。几轮鏖战，双方打了个平手。

2002 年佛山整合，南海顺德撤市设区。面对巨大变局，被割掉南庄镇的南海虽然不爽，但没有像镇街建制还保持完整的顺德反应那么强烈。2003 年 8 月，南海华光诈骗 30 亿元国家资金大案爆发，中纪委组织 200 人的专案组进驻南海彻查，一批南海干部落马，南海的政治形象坠入谷底。颜面扫地的南海不再吭声，老老实实埋头发展自己的经济。佛山一环的兴建，让南海大地枯木逢春，资本猛进，地价猛涨，南海日子过得越来越滋润。彼时的顺德曾寻求成为地级市的可能，发现此路不通、希望渺茫，顺德一度变得纠结而沉闷。顺德打盹，南海一边“偷笑”，一边招商引资，大项目源源不断涌进位于狮山的佛山高新区。“半梦半醒”的顺德也有动作，在大良伦教之间打造南方智谷，但几年下来成果并不显著。

2014 年 11 月 28 日，双方主帅交换场地。从南海出去的区邦敏启动“顺德战车”，打出“开放顺德”的旗帜；从顺德过来的梁维东驾驶“南海坦克”，亮出“品质南海”的利剑。黄志豪接棒之后提出“品牌南海”，油门踩得更狠，南海全面提速。

南海顺德渔歌互答，此起彼伏。这样的景象，就是佛山最需要的。

5

一方水土一方人。

民间有南海佬、顺德公之说，建筑上也有“顺德祠堂南海庙”的差异。

顺德祠堂富丽堂皇，彰显家族荣耀；南海庙宇平安祥和，祈求人丁兴旺。如此文化性格，自觉不自觉地影响南海顺德的发展路径选择：南海放手发动群众，激活所有发展主体的积极性，八仙过海各显神通，形成“满天星”经济生态；顺德是明晰产权、整合资源，催生千亿级航母企业。

南海和顺德都是中国改革开放的闯将，都是输出经验的地方。相互盯得很紧，形成佛山区域内的双龙头竞争。彼此知根知底，谁都不敢松懈，谁都必须警觉，谁都谋求原创。

鲁毅鼓励南海顺德在佛山内部竞争，不是图轰轰烈烈的热闹，而是遵从普遍规律，践行历史逻辑。学者早就说过，历史早已证明：竞争是社会发展的动力，高尚的竞争是一切卓越才能的源泉。

打虎亲兄弟，上阵父子兵。汽车市场上，兄弟车型已是司空见惯，同品牌双车型战略早已经被大众玩得驾轻就熟。

从农业社会到工业社会，西方发达国家需要 50 年甚至更长时间才能完成，中国只用 30 年就成功过渡。最重要的法宝、最巨大的推力之一，就是中国地方政府之间的兄弟竞争。中国发展的速度是世界最快的，中国地方政府之间的竞争也是全世界最激烈的。

没有广州深圳兄弟之间的竞争，广东哪有可能出现两个中国一线城市；没有京沪、成渝、沈大这样的竞争，没有长三角和珠三角这样的角逐，中国经济又怎么可能有今天的生机。

一匹马如果没有另一匹马紧紧追赶，就不会疾驰飞奔。

南海全速前进，顺德快马加鞭。南海以这么大的阵容、这么诚恳的态度学习顺德，其实也是顺德的压力。唯有做得更好，顺德大哥才对得起跟在后面猛追的南海兄弟。

6

竞争理论大师、哈佛大学教授迈克尔·波特说，一个国家和地区的竞争优势分四个阶段：要素推动阶段、投资推动阶段、创新推动阶段、财富推动阶段。以此考量，南海顺德之间的兄弟竞争处于从投资推动到创新推动阶段，这样的同步前进，如果处理不好，也有可能导致“狼烟滚滚”的互殴。

作为兄弟竞争的裁判，鲁毅和佛山需要明察秋毫，既要发挥竞争带来的好处，也要谨防竞争带来的弊端，比如重复建设、恶性竞争、地方保护主义。南海顺德已经是经验丰富的兄弟和对手，相信它们也会小心翼翼地规避潜在的风险和错误。

南海顺德已经出场，高明三水也会摩拳擦掌，跃跃欲试。禅城不可能做旁观者，它必须眼观六路，耳听八方，取兄弟所长，补自己所短。禅城没有大作为，会被兄弟看不起，佛山的凝聚力和向心力就会出大问题。从这个角度而言，禅城的担子很重、要做的事情很多，绝对没有偷懒的空间和权利。

南海顺德的同城德比，不是两个火枪手的对决，不会有火星撞地球的惨烈。它们是用各自最擅长的强项为佛山打天下，为广东开新途，为中国探新路。保持这种局面和势头，佛山就可以大步流星，不用为明天的“奶酪”发愁。

海阔凭鱼跃，万类霜天竞自由。让南海顺德的兄弟竞争来得更猛烈一些吧。

（原载《南方日报》2016 年 7 月 20 日）

从林毅夫、张维迎之争看佛山竞争力

北大初夏，朗润园花红柳绿，庭院深深。一个规模超过百人、以顺德家电企业掌门人为主体的“北京大学总裁高级研修班”一开班就高潮迭起：上午是林毅夫出场，下午是张维迎登台。两名大名鼎鼎的学者既是当今中国最顶级的经济学家，也是众所周知的论战对手。他们不同的视角和观点尽管被媒体轮番“爆炒”，但有机会在同一间教室听他们各抒己见的人确实不多。当然，顺德家电行业的老板之所以选择北京大学国家发展研究院作为研修地，不是因为这里是北大，而是因为这里是中国最顶级的学院和智库，拥有包括林毅夫、周其仁、宋国青、易纲、海闻、汪丁丁等一批影响力巨大的经济学家，具有可以影响中南海的学术力量。

简短的开班仪式上，北大国发院现任院长、同样也是经济学家的姚洋自豪地说：“在全中国找不到另外一个地方，会聚了如此多的著名经济学家。”20年来，这群几乎清一色接受过系统的西方经济和社会发展理论教育的学者，始终在做同一件事：用自己的思想去影响中国的政策制定者们——无论是政府官员，还是企业管理者——希望以此能最终影响到遥远的每个人。“我去过不少大学培训学习，但这样的教授阵容是第一次见。”海信科龙电器股份有限公司副总裁贾少谦难掩自己的兴奋。

曾经担任世界银行首席经济学家兼高级副行长的林毅夫，给人最深刻的印象是谦虚和严谨。登上讲台，他就直奔主题：怎么看待目前中国经济的下滑？林毅夫认为不足为奇，也不必惊慌，此乃国际周期现象。金砖四国中的印度、巴西等新兴市场经济体也在下降，且下滑幅度远超中国。与此同时，亚洲“四小龙”中的新加坡、韩国这类高收入发达经济体也出现下滑，幅度也比中国要大。针对海外媒体沸沸扬扬的“中国经济崩溃论”，林毅夫乐观地认为，有效市场+有为政府，中国保持8%左右的增长至少可以维持20年。面对美国的围堵，只要中国冷静应对，不要失控，和平崛起是可期的。

至于有人怀疑经济下滑是体制机制所致，林毅夫的回应也同样直接：中国改革开放已走过了35年，过去年均经济增长9.8%，这不是发生在一个小国家，而是发生在一个13亿人口的大国，这是人类经济史上不曾有过的情景。“如果道路不正确，瞎猫碰死耗子只能碰到一次，一年高增长、两年高增长都可能，而连续35年是稳定高速增长，如果这条道路不是正确的道路，我不知道什么叫正确的道路。”

林毅夫在掌声中告退之后，张维迎接着在掌声中亮相。直言不讳是他最显著的特点，也为此引发众多麻烦和争议。面对研修班的学员，他依然是一贯惊人的坦率：“我和林毅夫的观点不一样，我认为中国无法逃避一场危机，有可能一两年内就会发生。在我看来，经济体制和政治体制已经成为制约中国经济社会发展的两大障碍，主要表现在国有部门太强大、政府管得太多、金融不自由、私有产权得不到保护、司法不独立、权力没有关进笼子里，以及腐败和寻租严重等诸多方面。”他认为一个可以吵架、可以辩论的社会才能释放怨气，当今社会表面上一团和气，但心里却想捅刀子。有钱的人怕、没钱的人骂，大家都不舒服。未来十年是中国改革的唯一窗口期，过了这个村，就没有那家店。改革必须与危机赛跑，企业家必须做好脱胎换骨的准备。

和林毅夫一样，张维迎也谈到创新。他认为企业家的创新，就是不断推出新产品、创造新的市场，如果企业家跟着政府的产业政策走，不可能有真正的创新。因为产业政策是建立在一个假设之上——政府官员比企业家更有能力判断未来，但历史的经验是，政府可以帮助企业家，但无法代替企业家，而事实也已经证明，产业政策是失败的。张维迎认为，市场的背后是企业家，企业家精神被扭曲就不会有真正的市场经济，从这个意义上讲，中国经济增长的新动力，就是解放和释放企业家精神。

而在林毅夫眼里，要不要自主创新，要看中国在世界处于什么位置、与发达国家的产业差距和技术差距有多大。当今发达国家主要靠新发明、新产品来维持经济增长。创新需要付出高昂的成本，发展中国家没有必要抢先去做发达国家必须做的事情。在很多领域，中国仍然要靠引进、购买、模仿西方发达国家的创新成果，以此作为产业升级的技术来源，形成后发优势。但在家电领域，情况已经完全不一样：经过30多年的发展，以广东为代表的家电技术已经领先全球，未来不能靠引进，只能靠创新。而创新的实现，既需要有效的市场，也需要有为的政府。发挥市场的决定性作用，绝不是排斥政府的作用。在基础技术、平台技术方面，尤其需要大力发挥政府的作用，加大投入，支持产业行业发展。

两位大师级学者的观点，激起总裁班学员的思考。他们感佩海纳百川、有容乃大的北大精神，更追问佛山家电行业转型升级的路径和方向。

“家电行业是顺德第一产业，要继续领先发展，更多依赖自主创新。”顺德产业服务创新中心常务副总裁刘奎的观点得到格兰仕副总裁赵为民的认同，但赵为民同时强调，创新和转型升级并不一定要走高端路线，关键是需求在哪里，我们就往哪里去。技术的竞争还是在成本，怎么样做出比较优势。林毅夫提到的非洲、东南亚这两个新兴市场，格兰仕已经在那里拓展。

佛山市天地行房地产营销策划有限公司董事长李国尧想得更远。他说：“顺德家电已经接近世界先进水平，如果现在政府还不引导好，协会还不规划好，负起责任，过了五年十年，可能真的会失去机会。如果未来的家电制造业基地不在中国了，那我们还掌握什么？是掌握工业设计、掌握渠道、掌握研发还是什么？总得留下点东西来。”

“北滘最大企业美的集团之所以投资35亿元建中央研究院，就是因为自己已经意识到，如果不在科技创新方面加大力度，就会失去市场竞争力。”政府怎么配合？这是学员之一且身为中国家电制造业重镇——北滘镇党委书记的冼阳福思考的重点。在他看来，政府以前是制定政策，对科技人员在税收、住房等方面提供福利，现在不提倡这种方式了，政府最终是要把环境营造好，包含城市环境、政务环境等等，来满足企业的基本需求。“只有这样，人才才来得了，留得住。”

家电制造是佛山作为制造业城市最重要的支撑平台，也是佛山城市竞争力的核心所在。如果说佛山制造成功的背后是因为拥有一批具有国际视野和社会责任的优秀企业家，那么，这批企业家成长的背后无疑是市场和政府的作用。佛山发展的路上始终伴随着政府不断改革的力量，而改革的指向始终在于解放市场力量和释放企业家精神。从佛山的经验出发，我们发现林毅夫与张维迎并非水火不容，他们的争议只是他们放大和强化各自的观点而已。古往今来，有影响的学者都有自己“深刻的片面”，企业家不是观点的仲裁者，而是营养的吸收者。林毅夫、张维迎之争，对佛山企业家和佛山政府而言，最大的启示和收获也许在于——看清中国的势，做好自己的事。

（原载《南方日报》2014年6月16日）

佛山的改革在于释放市场的正能量

中共十八届三中全会最重要的成果之一，就是把市场的力量提升到前所未有的高度。“市场”从当年的“基础性作用”到现在的“决定性作用”——这一历史性的转折背后，既是中国共产党人深刻的历史发现，更是执政党面向未来的勇敢选择。中国共产党也由此向世界宣示，从“战场”走向“市场”，这是从革命党到执政党转型的重大标志。考察佛山所走过的历史，我们或许更能明察中国道路为什么要选择“市场”。

佛山有句古话：出处不如聚处。所谓“聚处”，说的就是“市场”。明清时期的佛山之所以成为中国“四大名镇”之首和“天下四聚”之一，就是因为践行并演绎了这一商业思想。尽管历史的航道充满变故和沧桑，但“市场”的基因一直在心灵深处潜伏。而始于35年前的改革开放浪潮，并不是特区的佛山屡屡为走向现代化的中国贡献经验和样本，顺德南海成为引领中国县域经济发展的标兵。如果没有内因被激活，任何外因的作用都难以创造这样的辉煌。而这个“内因”就是佛山人的市场意识和商业禀赋。南海的“六个轮子一起转”其实就是全民走向市场的俗称和代码。鲜有大型企业支撑的南海之所以能够笑傲江湖，最大的法宝就是“人民战争”，一百多万南海人中就有十四万工商“个体户”，这个比例至今没有一个地方取代和超越。学界早已达成一个共识：南海是中国市场经济发育的样本。而顺德之所以“可怕”，在于顺德以“可怕”的远见和胆识，率先完成了对乡镇企业的改造，把“游击队”变成“正规军”，尔后又以“靓女先嫁”为番号上演了举国关注的产业改革大戏。这两个连续动作，也基本奠定了顺德从“找市长”到“找市场”的历史性转型。

有人说顺德是中国体制改革的摇篮，这话其实可以推及整个佛山。而佛山所有的改革，其目标指向其实就是在厘清政府的边界、释放市场的力量。佛山的幸运在于，几乎所有走向市场的重大改革都得到了坚定的支持和策应。其中以顺德最为典型。尽管顺德改革的效果还没有完全显现和释放，一些改革举措甚至存在不小的争议，但走向市场的改革一定会让顺德赢得更多的机会和光芒，顺德的前途也不会有太多的悬念。在过去的20多年间，顺德的头上一直顶着“改革试验区”的帽子，享有特殊的资源、使命和荣誉，也创造了无愧于“试验区”的辉煌业绩。如果说顺德是“试验区”改革的标兵，那么，与顺德比邻的南海则是“非试验区”改革的典范。从政经分离到行政审批、从社区公共服务到网络监督、从文化引领到高新区园镇互动……在很多领域，一个个改革与发展的南海标准正在为佛山乃至广东担当起改革突围的样本。人们不曾留意的是，南海近年来所有重大改革都是“自选动作”，因为没有充分的赋权，南海的改革充满艰难也充满风险。但无论多大的艰难和风险，也阻挡不了南海探索的脚步。走向市场的道路绝非一马平川，先行者的使命和血性就是要攻坚克难，而改革的自觉与担当，乃是佛山最大的精神财富。唯其如此，佛山才如此生动，如此夺目。

在中国众多城市中，佛山专业镇、专业市场的数量和质量有口皆碑，这其实是对佛山市场本领的肯定和嘉奖。佛山的改革在于捍卫市场，更在于创造市场。不生产家具的顺德乐从成了世界知名的家具集散地，原本没有一家银行的南海千灯湖被打造成国家级金融高新区。在最近的九年里，佛山民间资本参与公共事业建设的总额超过2000亿元。今年10月，佛山民间金融街也在南海横空出世。如果不具备强大的“无中生有”的市场能力，佛山绝不可能创造这样的局面。

走南闯北的佛山企业家们或许感慨最深，出门在外，他们最怀念佛山的营商环境。佛山相对透明的规则和秩序让他们难以适应异乡的地气，在佛山可以通过“市场”搞定的事情，在另外的地方也许必须通过“官场”，而“官场”的气候又总是变化无常。

在佛山，“强势政府”一词很少在官方文件中出现，不少学者也把“无为而治”视为佛山发展的一条经验。这其实是一种误读。在佛山释放市场力量的背后，始终充盈着政府的力量，只是这种力量的彰显更多地表现为“做势”，而不是“做市”。政府的强势在于敢于自我革命、自我限权，把政府不该管、管不好的事情交给社会、交给市场；政府的权威在于维护市场的公平和公正，以“有为”和“有限”的政府创造一个“无限”的市场。如果没有这样的强势政府，南海顺德的改革就不可能这样坚决和传承。每一次改革都是在逼近市场，而逼近市场就是逼近希望、逼近梦想。

市场并非万能，但没有市场是万万不能的。市场有好坏之分，市场正能量的释放取决于驾驭市场的智慧和能力，而佛山的改革就是在持续释放这样的本领。佛山的改革也让人萌生一个念想：在将“市场”视为“决定性作用”的今天，广东新一轮改革是否也应该从继续高举市场经济改革旗帜出发？

（原载《南方日报》2013 年 11 月 20 日）

佛山大型机场梦要靠广州给力

已经有一个小型机场的佛山正在为大型机场的梦想而行动，只是行动的主角不止佛山一个，而是周边的几个兄弟一起上阵。上周四，佛山市委书记李贻伟在微博访谈中透露：佛山将联合五市（江门、中山、肇庆、云浮、阳江）向省政府提出申请，希望在佛山高明兴建大型机场，借此带动粤西的发展。有媒体近日报道：佛山已就此赴北京与国家民航局沟通，并启动了新机场选址咨询研究。

佛山一直有兴建大型机场的梦想，但真正促使佛山行动的却是云浮。云浮原本谋划自己兴建一个机场，但因诸多原因所限，条件并不成熟，于是想到临近的佛山高明区。这既因为高明所处的区位，亦因佛山拥有的财力。云浮的动议很快得到肇庆、江门、中山、阳江的响应，并一致希望佛山牵头，大家都很清楚：有合力才有战斗力。

原本悄然进行的事情被媒体公开了，而消息来源正是云浮市委书记黄强。2013 年 8 月 28 日，一家报纸在显著位置报道：云浮已专门向省里建议在佛山高明择地建设大型机场，并直接抛出了“广州第二机场”的定位。而此时的广州，也正在谋划第二机场的大事。可是，仅仅两天之后，广东各大媒体就爆出一条重磅新闻：广州第二机场确定落户南沙。在民众看来，这条消息不仅是对“云浮动议”的回应，而且表明广州第二机场的选址已经尘埃落定。但事实并不是这样，它仅仅是南沙提交的一个未来规划而已，而且也根本没有表明那一定就是广州第二机场。

从理论上说，佛山兴建大型机场和广州兴建第二机场原本不是一回事，但从实际操作而言，两者不能不产生交集和竞争。因为从整体布局上考虑，无论是广东还是国家层面，如果批准广州在南沙兴建第二机场，就不会有佛山再兴建一座大型机场的可能，反过来也一样。

广州需不需要建第二机场？答案是肯定的，最大的争议是建在哪里。从广州角度而言，在南沙兴建第二机场，不仅能激活南沙的局面，而且南北两大机场的互动会让广州更具活力，从而强化和提升国家中心城市的地位。但正如多位广州学者所言，从空中资源来看，南沙根本放不下一个机场，如果它的跑道是南北走向，将和深圳机场的起落航线重叠；如果走东西向，又和香港机场“打架”。如果广州执意要在南沙落子，势必遭到来自香港和深圳方面的阻击，而拥有最后决策权的部门和机构也很难同意这样的方案。

如果把广州第二机场西移高明，既可为广州解忧，也与佛山、肇庆、江门、云浮、中山、阳江等地的大型机场梦契合。从地图上看，辽阔的粤西就是少了这么一座机场，这个空白一直在期待来自广州的溢出效应。选择高明承担广州第二机场的功能，不仅仅因为高明位于肇庆、江门、云浮三市的中间，方便多地市民出行，更多的好处是可以带动粤西的发展，破解广东区域发展不平衡的困局。在机场问题上，广州大哥已经是一个不折不扣的“肥佬”，而它的西边却站着几个嗷嗷待哺的小兄弟。佛山、江门、肇庆、云浮、中山、阳江等地已经在“机场”上形成合力，能否梦想成真，广州是否给力就显得非常关键。

尽管广州第二机场的决策权不掌握在广州手里，但若有广州的支持，事情肯定会格外好办，至少不会让上面为难。佛山、江门、肇庆、中山、云浮、阳江达成共识，并向省政府提出申请之后，也必须尽快与广州沟通，甚至可以展开相应的利益分配制度设计。

大型机场历来是一块“肥肉”，无论对地方政府还是基层百姓，要放弃这样的利益肯定不是一件容易做到的事情。我们理解广州的难处，我们更相信广州的胸怀。因为我们曾经见识过广州的艰难与放弃。

2005年，中国和科威特政府签署谅解备忘录，拟在广州南沙建立合资大型石化项目，2006年6月，国家发改委批准了这个总投资50亿美元、堪称中国当时最大的中外合资项目。为了竞争这一项目，广州可谓全线出击，光花在南沙基础设施建设上的钱就多达几百亿元。眼看广州就要“开餐”了，可这只“煮熟的鸭子”最后居然从南沙飞去了湛江。尽管付出了巨大的心力和财力，但广州最终还是平静地接受了这个现实。也许有很多无奈，但平静的背后我们依然可以感受到广州的心胸和气度。

或许广州已有在南沙兴建第二机场的构想，但一切仅仅是“生米”，远远不是“熟饭”，放弃在南沙兴建第二机场不会比当年放弃大型石化项目更难。南沙的发展已经上升到国家战略，即使没有大型机场，南沙的明天也依然可以飞翔。如果说日渐成型的广佛一体还缺少一个标志性工程，那就让动议中的广州第二机场来填补这个空白。希望广州“大哥”总是与“大气”同行。

必须指出，机场建设既涉及地方，也涉及军队。广东省一级政府应该与军方共同研究和规划珠三角机场尤其是军民共用机场的布局。无论广州第二机场最终建在哪里，这件事情都必须先做。青岛、厦门已有成功的案例，值得广东借鉴和学习。

广州第二机场西移高明，既要广州给力，更要省政府牵头协调和强力推进。珠三角的交通设施之所以落后于长三角，不能不说是统筹协调能力缺乏所致。尽管利益的协调不是那么容易，但同属一省的珠三角，其协调难度绝对不会超过几省市并存的长三角。长三角能办成的事情，珠三角为什么不可以办到？

广州第二机场建在哪里？最大的考验就是广东自己。当断则断，不断则乱。广东不能再犹豫了。

（原载《南方日报》2013年10月18日）

一环收费：让我们心平气和地接受它

免费通行将近8年的佛山一环将进入收费时代。尽管收费的时间节点和高速化改造方案还没有最后确定，但佛山提交的收费申请已经走完了必需的行政审批程序，广东省政府的批文意味着佛山一环的“免费午餐”进入倒计时状态，收费已经没有悬念，更不可逆转。

在中国城市中，收费的环城路不少，但目前尚未收费的佛山一环所受的关注最多、争议最大，原因大致有三：其一，佛山一环是目前我国最长的免费高速，也是全国首条从规划开始政府就承诺免费通行的城市高速；其二，佛山一环是佛山区划调整的标志性成果之一，除了交通功能之外，它还被赋予复杂的政治意味；其三，从收费到免费，民众皆大欢喜，而从免费到收费，几乎不会有人鼓掌——这是道路交通的规律和宿命，佛山一环不可能例外。

佛山一环收费，民间有赞有弹，最狠的言辞莫过于佛山是“狭隘的地方保护主义”“开历史倒车”“逆历史潮流而动”云云。值得注意的是，在沸沸扬扬的议论声浪中，身处漩涡之中的佛山人显得格外泰然与平和。这不仅仅因为佛山一环未来还将继续对佛山市籍车辆实行免费通行，更重要的是，佛山人对佛山所面临的难处和难题有更多的理解和体谅，他们比外人更知道什么叫“载不动，许多愁”。

佛山一环之所以有收费的动议，首先是因为债务问题。如实相告，这或许是佛山获得更多理解的第一步。

无论从交通角度还是从政治层面审视，兴建一环都是佛山发展史上一个可以载入史册的英明决定。如果没有一环，佛山大地上的“珍珠”就无法串成一条“项链”，一盘散沙的佛山也无法聚沙成塔，佛山整合所凝聚的力量也将缺少一个释放和爆发的支点。也正是基于这个考量，财政并不宽裕的佛山才攻坚克难，举债兴建了佛山一环。

在一环上驾车，那份感觉很爽，但巨大的还债压力也必须承担。修建佛山一环所借的130亿元，在佛山市政府现有的400亿元政府债务中占据了绝对的大头，7年过去，本息相加已经超过200亿元。从去年开始，佛山已经进入还债高峰，每年40亿—60亿元的还贷，对佛山而言绝对是一个巨大的压力。或许有人会说“早知今日，何必当初”？但答案恰恰相反，如果当年不修，现在来修一环没有三四百亿元绝对拿不下来。当然，更多的人会说：佛山不是“大户人家”吗？这点钱算什么？那么，让我们看看佛山的“家底”到底如何——

2013年佛山财政总收入是1400亿元，上缴中央800多亿元，上缴省200多亿元，在市里自留的400亿元中，五区占去80%，市政府只有20%，也就是80亿元左右。如果要拿出一半来还债，那佛山庞大的民生开支不仅无法兑现，办大事的能力和空间也将严重受限。

此外，佛山一环的维护也需要高昂的成本，最保守的估算每年也在亿元以上。在佛山一环没有收费的情况下，所有的开支都要佛山财政掏腰包。如果你是佛山的书记、市长，面对巨大的还贷压力，除了动用迫不得已的“收费”手段之外，还能想出更好的办法吗？这样换位思考一下，大家也许能理解佛山的无奈，体谅佛山这个艰难的决定。

走过近8年，佛山一环已经从通畅变得拥堵，在东部路段，更是堵得惨不忍睹。看看一环周边的几条高速，最繁忙的广佛高速每天的车流量也不过5.8万车次，而目前佛山一环东线每天高达20万车次！其中大多数是载重的大卡车。严重的拥堵不仅引来怨声载道，也让一环的运输效率每况愈下。原因只有一个——佛山一环是免费的。按照广东正在实施的交通规划，未来将有广明、广佛肇、佛江、佛清从、佛珠5条高速公路将借道佛山一环，如果继续免费，佛山一环必定瘫痪。要让佛山承担这个后果，显然是不公平的。当然，这5条高速也可以避开佛山一环，但最经济、最合理的办法就是利用佛山一环。也正是基于这个大局，广东省政府才最终同意佛山一环纳入广东省高速公路联网收费系统。

佛山一环从免费到收费，不是“出尔反尔”，更不是“雁过拔毛”，而是因时因地之变的必然选择。尽管决策的过程很艰难、很痛苦，但现实需要佛山勇敢去面对、去解决、去承担。一环免费近8年，佛山有了一个不错的名声，但如果为保住这个名声而不惜代价死挺，佛山人大概也不会答应。务实是岭南文化的精髓，因为敢于面对真实，佛山才走到了今天。

至于说佛山一环收费，会影响周边客人来佛山买房的热情，佛山不必在意这样的议论，与广州的房价相比，佛山的优势不会因为一环的收费而消失。如果收费的一环，真的可以让佛山的房价下跌，那也不是什么坏消息。需要佛山民众体谅的是，一环收费之后，已经习惯没有关卡、出入非常便捷的司机会觉得有点麻烦，但与佛山所承担的债务压力和一环的拥堵相比，我们完全可以心平气和地接受。有这个“基本盘”的支撑，收费的一环一定可以波澜不惊。我们或许应该有一首歌那样的坦然和淡定——

风雨中，这点痛，算什么……

（原载《南方日报》2014年5月12日）

佛山 PK 无锡　谁比谁更牛？

中国社会科学院近日发布《城市竞争力蓝皮书》，2014 年综合经济竞争力指数排名前十的城市依次是：深圳、香港、上海、台北、广州、天津、苏州、北京、澳门、无锡。舆论的兴奋点有二：其一是深圳首次超越香港跃居综合经济竞争力榜首；其二是无锡取代佛山进入综合经济竞争力十强。

佛山去年排名第九，今年退后两位，位居第十一。我请教此份竞争力报告的操盘手、中国社会科学院城市与竞争力研究中心主任倪鹏飞博士：怎么看待无锡、佛山的进退？他微信回复："变化不太大，都是短期波动，不必太在意解读。佛山的发展一直都是比较强劲的。"

佛山与无锡的 PK，向来是媒体和学界的嗜好。因为这两座城市的可比性太强了：从"帽子"而言，一个是"岭南明珠"，一个是"太湖明珠"。谁比谁更亮？谈论热点话题的背后其实就是珠三角与长三角之争。从历史审视，佛山和无锡都是中国民族工业的发源地。佛山享有"天下四聚"之荣耀，无锡素有"小上海"之美誉。从当下而论，其经济规模、产业结构、发展取向有太多的共性和交集。官方公布的数据显示：2014 年佛山、无锡 GDP 分别排行全国第 16 和 12 名，尽管排位上佛山居后，但差距微乎其微。更为重要的是，佛山、无锡都是靠草根经济吃饭，堪称中国民营经济的两个大本营。

佛山与无锡于 1987 年结为姊妹城，双方来往、交流频繁。这样的互动既是朋友联络感情，也是对手"刺探军情"——彼此都很在意中国城市排行榜上的排名，也多次为中国地级市“老大”的交椅展开或明或暗的比拼。比如2010年无锡成为国家创新型城市示范市，佛山也随后向外界公布其创建国家创新型城市的规划；比如无锡提出以互联网支撑产业从转型到升级的过程，佛山也同时提出以“互联网+”作为制造业可持续发展的药方，并筹办中国互联网+博览会；比如看到佛山城市升级行动带来的城市变迁，无锡也坐不住了，使劲琢磨如何提升城市环境。无锡很赞同佛山的理念：城市升级是城市升值的必要条件。

无锡人有很强的优越感，从它的一些地名别称就可见一斑：崇安公园号称华夏第一园，南禅寺号称江南最胜丛林，惠山号称天下第一山，江南大学号称江南第一学府，一个灵山大佛脚下就打出四个第一：华夏第一壁、神州第一鼎、天下第一掌、江南第一钟。相比之下，佛山显得低调。

最近几年，我多次到无锡考察，发现无锡开发的商业地产项目中，也随处可见这些“第一”：新世界号称全球最大纺织服装批发总站，东方国际皮革城号称中国最大的皮革市场，五洲建材装饰城也标榜自己是中国最大装饰材料市场。平心而论，这些号称“第一”的项目其实不一定能和佛山的罗浮宫、家居博览城相比。佛山是广东第三大城市，无锡也是江苏老三。佛山在广州、深圳面前心态谦虚，但无锡在看待南京、苏州时则总有不少优越感。无锡人的骄傲在于，他们是在很少政策扶持的背景下靠自己的力量异军突起。这份光荣其实佛山也有。

无锡人很愿意推销无锡。每次见到无锡的朋友，他们喜欢这样介绍：“我们无锡土豪太多了，光千万富豪就有14200人。”我问数据从何而来，朋友说是《福布斯》2014年公布的。我随后一查：2014年佛山千万富豪的数量有2.2万个，比无锡多出7800个！一位在无锡经营电器的顺德老板告诉我，从经商环境而言，无锡比不过佛山。从数字上看，佛山民间存款远超无锡，私人轿车拥有量也非无锡可比。在《福布斯》发布的2014中国内地最佳商业城市100强排行榜上，无锡排第4位，佛山第14位，差距不小。但我始终相信，一个生产富豪的地方，其商业环境不可能会让人沮丧。从这点而言，佛山人也该有无锡人那份自信。

佛山与无锡，赢得未来的关键取决于草根企业如何脱胎换骨。

一般而言，一个城市的活力，有四个构成要素：一是要有企业家群体；二是要有人才群体；三是要有产业工人群体；四是要有资本群体。佛山 PK 无锡，劣势在于人才群体。作为闻名中国的“院士之乡”，无锡的科技文化力量远远强过佛山。参观无锡民居，家家都有书房；反观佛山，家再大，也鲜见书房，即使方寸斗室，也有拜财神的地方。

佛山、无锡都步入了创新驱动的历史时刻，人才因素成为引领地区发展的核心力量。无锡推出“东方硅谷”的构想，佛山也在大胆创新。佛山与无锡的 PK，现在还分不出高下。

（原载《南方日报》2015年5月20日）

草根有欲望　中国有希望

1

为了一个共同的目标，他们又走到一起来了。

2015 年 3 月 28 日。佛山南海，花红柳绿，阳光出奇的好。1000 多位来自全国各地的民营企业老板聚集南海千灯湖广东金融高新区。这些草根老板之所以往南向海，是想在最先迎来春天的南方收获春天的消息。

这是他们共同的约定，而共同约定的背后是共同的财富欲望。

很多年前，草根老板们就发出一声追问：中国可有一个属于草根的达沃斯论坛?

这样的诉求和关切，让王志纲工作室不得不做出回应：从 2013 年开始，每年举办一届草根春天大会，既要给草根解惑，更要给草根一个可以交流、交易、交情的场合，这个场合必须是体面的，有尊严、有营养。

第一届、第二届都在上海举办。依托华东，辐射全国。尽管历史不长，但影响巨大，已然成为一个品牌。这事或许只有王志纲工作室才能做到。若问秘诀何在，答案其实简单：其一，无论中国官办和民办的咨询机构数量有多少，王志纲工作室或许是最接地气的一个，20

年时间积累的上千个案例中，绝大多数是为民营企业找魂的。如此丰富的江湖经验，很难找到第二家咨询机构可以比肩。其二，无论中国可以称为策划家的人有多少，“全国上班、全球出差”的王志纲，或许是和草根老板打交道最多的一个，草根老板如何从“蝌蚪”变成“青蛙”，王志纲是经验最丰富的一个。中国很多首富的背后都有王志纲的影子。如此财富推手，中国也很难找到第二个。

有人把王志纲称为“草根教父”，也有人视之为率领草根走出古埃及的“摩西”。这样的比喻也许有些过头，但王志纲一呼百应的江湖地位是明摆着的。这是草根的礼遇，也是王志纲的能力。有了这个基础和前提，王志纲工作室所操办的草根大会没有不成功的道理。

2

草根大会从华东来到广东、从黄浦江来到珠江、从上海来到南海，这是偶然，也是必然。

那是一个不得不说的午宴。

2015 年 1 月 23 日，佛山市委书记刘悦伦邀请正在南海考察的王志纲一起午餐。刚一见面，刘悦伦就快人快语：“王老师不光关注南海，而是大佛山。您走的地方多，光是比较的角度就不一样，而且您是导师、师傅，来研究我们的问题，接地气。我们的缺点是局限性，您把其他地方的好东西与我们这里结合。帮南海、帮顺德，也要帮我、帮佛山出谋划策。”

王志纲也同样直来直去：“我关注佛山 30 多年，这件事情我太有兴趣了，如果我来做，我会调动我全中国的精英来做。”

席间，王志纲透露一个信息：3 月 28 日将在广东举办 2015 草根春天大会。说者无意，听者有心。刘悦伦当即发出邀请：放在佛山来开，我们全力支持！

其实，2015 草根春天大会已经确定在广州举行，地点在白云国际会议中心，会场也已经预订好了。让王志纲犯难的是：这不是一个人的热情，而是一座草根城市的盛情。

从佛山返回北京，王志纲几经思考做出决定：草根大会来广东，肯定首选佛山，否则将是最大的遗憾。一个无法拒绝的理由是：佛山乃草根经济最旺盛最发达的地区。

佛山的地盘很小，但佛山的家底很厚。工业产值广东第二、全国第五。虽然只是一个地级市，但在媒体眼里，佛山“富可敌省”；一位国家领导人谈起佛山，也说是“大户人家”。在博鳌亚洲论坛2013年年会上，时任佛山市委书记李贻伟应邀发言时说：“民营经济就是我们的衣食父母，我们平常叫政府的奶妈，靠她来养我们。”

此言一出，举国哗然。次日的报纸标题出现两个粗黑的大字：奶妈。喊草根为“奶妈”，佛山是第一个。这绝非吸引眼球，只是实话实说而已。

在中国经济版图上，佛山不是一个地名，而是草根经济的地标。

“当草根遇上草根，世界也醉了。”刘悦伦用这句网络流行语开始他的2015草根春天大会演讲时，会场爆发出热烈的掌声。这是草根老板献给草根城市的敬意。

2014年8月27日，英国公布一项调查：全球诞生富豪最多的城市中，佛山名列全球第14位。在场的草根非常关注一个问题：佛山的草根为何这么容易成长为大树？刘悦伦给出的答案是：包容开放、自由成长的市场环境，适合草根生根开花、孕育成长为大树的肥沃土壤。

南海是草根经济的大本营，100个南海人中就有14个草根老板，南海有3万多家民营企业，它们为南海贡献了70%的税收和85%的就业岗位。这个比例不仅高居佛山之首，在全国也很难找到第二个。可以说，举世瞩目的南海传奇就是南海草根经济的传奇。2015草根春天大会在南海举行，也是向世界表达：无论中国民营经济走得多远，都不会忘记从哪里出发。

至于怎么捍卫“南海之春”，时任佛山市委常委、南海区委书记梁维东在演讲中做出坚定的承诺：让南海成为创新创业者的乐园。这个乐园将从五个维度呈现——良好的创业文化氛围、优质的金融科技服务、优美的自然生态环境、完善的城市功能配套、公平公正的司法保障。

从刘悦伦到梁维东，他们的演讲为2015草根春天大会亮出了一套通往春天的“佛山功夫”：政府要善于保护草根的财富欲望。

有欲望，才会有希望。保护欲望，就是保护希望。

3

对话佛山——这是2015草根春天大会特别设置的一场重头戏。此乃王志纲的提议。

30年前，身为新华社记者的王志纲也在南方的热土上发出追问：为什么如今在中国960万平方公里的土地上，偏偏是珠江三角洲这个并不是中国工业规模最大的地区，能够迅速崛起在经济的舞台上？

在“广货北伐”的声浪中，王志纲从北方来到南方，他追根溯源，最终发现了“可怕的顺德人”，发现了讷于言而敏于行的顺德草根老板群体，从而引发全国对草根佛山的高度关注。

我要发财——这是草根佛山最真真切切的欲望表达。

佛山禅城，每年元宵节都要上演一场盛大的民俗活动——行通济，几十万市民从一条不足百米的桥上走过，每一位行人都手握一把生菜。在粤语中，生菜是“生财”的谐音。如此万人空巷、毫不掩饰地宣泄财富欲望的场面，只有佛山才有。吃发菜、敬财神、种发财树，几乎是佛山市民的共通仪式。这样的欲望土壤，肯定盛产财富的庄稼。

从明清时期的中国“四大名镇”之首，到今日中国的制造业名城，佛山走过的历史，就是草根财富欲望不断爆发、不断释放的历史。财富欲望的奇观，谱写了佛山经济的传奇。

时光荏苒，那些书写传奇的财富大佬正在老去，那些财富的孩子即将接过父辈的旗帜，佛山正在面临历史性的双重考验：财富大佬能否在新常态下找到新的玩法？财富的孩子是否还有父辈们那股强烈的财富欲望，小富即安的文化心理会不会抑制一代人的创新和冒险？

在王志纲眼里，佛山草根财富欲望的实现很大程度上有“以港为师”和“实业聚财”的路径依赖，属于学习模仿型经济。走到创新创造型经济的今天，佛山还会是一个赢家吗？

教训不是没有。20世纪90年代，顺德美的集团率先试水资本市场，成为中国第一家上市的乡镇企业。随后又有几家顺德企业成功上市，数量高居中国县域经济之首。而今20年过去，江苏江阴后来居上，其上市企业数量远远超过顺德。在资本市场上，敢为人先的顺德可谓起了个大早，赶了个晚集。

包括顺德在内的佛山，各大银行存款高居不下，说明佛山有钱的同时，也说明有钱的佛山草根还没有找到自己的投资方向。

如此现象，不止佛山一地。从这个角度而言，对话佛山，也是对话中国。

2015草根春天大会的高潮是王志纲的演讲，向死而生——这是王志纲的题目，也是他送给中国草根的指点和告诫。这话听起来让人脊背发凉，但仔细一想又豁然开朗：如果中国草根都有向死而生的欲望，中国将不同凡响！

当众多草根即将启程前往南海接受王志纲开示的时候，代表西方主流精英文化的罗德学者也第一次组团访问中国，他们指名道姓要访问代表“东方式智慧”的民间智库创始人王志纲。2015年3月25日，王志纲在他的成都望蜀书院与罗德学者们进行了一场精彩的对话。他们的第一个问题就是中国能否跨越“中等收入陷阱”，王志纲明确地给出答案：中国跨越“中等收入陷阱”的概率是70%。理由是“国运”使然：在过去几千年历史中，中国有70%的时间是全世界最发达国家，只是近百年来才陷入低谷，现在只是回到它之前繁荣的轨道上。

都说“台风来了，猪都会飞”。中国复兴，势不可当。国运如此，台风不会突然停下，草根没有理由悲观。

当然了，要奋斗就会有牺牲。有毛病就要去医院。可别忘记，草根佛山也是一个名扬世界的中成药乡。气血不足、脾肾阳虚、跌打损伤，在佛山可以找到药方。

向死而生。使我痛苦者必使我强大。春天从南方开始，春天从南海出发。

今天多点宽容　明天还你精彩

一个面积不算很大的产业园区，居然成为官方和民间持续热议的焦点。这样的现象在佛山历史上似乎还是第一次出现。佛山创意产业园到底是创意还是忽悠——我们介入这个话题，不是为一个园区正名，更不是为城市的口水风波增添一点唾沫，而是这个话题背后，不仅涉及对新生事物的理性评价，亦关乎一座城市的价值判断。

佛山创意产业园仅仅走过5年历史，在佛山众多园区中，它应该属于出生最晚的一批，但不能不说它是人气最旺的一个：曾经的旧工厂被装点一新，昔日的凋敝被如今的车水马龙、人流如织所取代，无论白天和夜晚，那里都散发出一股活力和味道。如此景象，在佛山其他园区是很难看到的。即使是一个没有商业头脑的人都可以得出一个靠谱的判断：这是一个成功的项目。但一个奇怪的现象是，当众多中小企业争相入驻佛山创意产业园的时候，关于这个园区的争论也如潮水般一浪高过一浪，而所有的争议都聚焦在一个共同的指向：这是创意产业园吗？

创意产业有广义和狭义之分。广义的创意产业指文化创意产业，狭义的创意产业乃是指运用创造性智慧进行研究、开发、生产、交易的各种行业和环节的总和。同样，创意产业园也可以分为两类：一类是创意产业的园，一类是创意的产业园。佛山创意产业园属于后者。

大凡说到创意产业园，人们就会想到北京的798、上海的8号桥，那里云集着众多文化、设计、会展、广告等创意企业和创意人才，这些业态和人才的聚集，不仅塑造了人们对创意产业的认知，也无形中定义了中国创意产业园的性质和呈现方式，似乎只有北京、上海的园区，才是真正的创意产业园区，否则就是挂羊头卖狗肉，或者是走样的。关于佛山创意产业园的争论就是由此而来。

北京、上海有充足的人才资源和文化资源及强大的创意产业链，这样的国际化大都市要打造几个符合人们认知的创意产业园应该不是什么难事，但佛山目前还不具备这样的基础和这样的可能。如果罔顾佛山实际而贸然克隆北京、上海的路数，热情势必导致悲情，先锋可能成为先烈。

佛山是一座制造业城市，企业众多，但它们大多处于价值链低端，从制造到创造，需要创意来驱动，服务来助推。创意产业肯定是佛山的方向和呼唤，但佛山的现实决定了佛山的选择：先做产业创意化，再求创意产业化；先做好创意的产业园，再谋求创意产业的园。佛山创意产业园就是按照这样的逻辑推进的。这样的判断和选择，本身就是创意的结果。

人们之所以把佛山创意产业园当成忽悠，一个最重要的理由是餐馆太多。其实这是一个误会。在入园的 500 多家企业和 500 多家陶艺、古玩店铺中，做餐饮的也就 30 多家，这个比例完全可以接受。这么多人在园区工作、生活，这么多人去园区考察、游览，如果连找个吃饭的地方都困难，怎么可能聚集人气？再说佛山创意产业园完全是一个民营园区，从园区改造到服务营运，都需要支付巨大的成本，如果没有相当数量的企业入驻、没有相当的租金收入，园区就根本运作不下去。30 多家餐馆，不可能改变佛山创意产业园的属性，因为餐饮只是它的配套，而不是它的主业。佛山创意产业园“走样”之说经不起推敲，它是不明真相者想象出来的“真相”。

佛山创意产业园的目标是做中国最好的园区运营商，为二、三线城市发展创意产业寻找路径和模式。这样的理想，也决定了佛山创意产业园的核心价值不在景观和外形的创意，而在于商业模式的创意，在无形资产的经营。园区经济正在成为中国经济的主要载体，中国也需要有杰出的园区运营商。谁率先在这个领域探索出适合中国国情、可以在全国复制的商业模式，谁就可能成为最大的赢家。新加坡工业园的成功，其实就是商业模式的成功。依托这个模式，新加坡在全球范围内缔造了超过新加坡国土面积几十倍的产业帝国。佛山是一个很好的试验场，佛山创意产业园的商业模式一旦建立，中国一定会听到一个精彩的佛山故事。尽管路途艰难，但如果没有梦想，肯定没有未来。佛山应该为这样的雄心鼓掌。

佛山创意产业园是一个巨大的存在，也存在巨大的争议。因为它目前还是一个不完美的存在。需要给它一点时间、给它一些宽容。我们知道：罗马不是一天建成的。我们相信：阳光总在风雨后。

（原载《南方日报》2012年8月8日）

佛山需要一所好大学

城市和大学，是彼此的荣耀和见证。城市是大学的载体，大学是城市的名片。佛山缺的不是大学，缺的是一所好大学。现在是呼唤佛山办出一所好大学的时候了。

佛山为什么需要有一所好大学？第一当然是经济社会发展的需要。佛山是举世闻名的制造业城市，经济发展需要庞大的人才队伍来支撑和保障。既要引进“过江龙”，更要培养“地头蛇”。而繁殖“地头蛇”的最好基地就是本地的好大学。佛山经济之所以有今天的江湖地位，不在于引进了多少大企业，而在于本土的“地头蛇”实在太强大了。佛山这个经验应该复制到高等教育上。第二是提升城市竞争力的需要。几年前，佛山有“岭南文化名城”的城市定位，如今又有“智慧佛山”概念的提出。如果没有一所好大学，何以“名城”？何来“智慧”？在中国地级市中，佛山的经济实力和苏州、无锡旗鼓相当，但佛山与苏州、无锡的重大差距之一就是缺少一所好大学。从城市竞争力角度而言，佛山最突出的短板之一也是缺少一所好大学。第三是佛山的历史文脉需要。毛主席曾经说过：历史的经验值得注意。佛山的历史经验就是做实业、办教育。佛山之所以成为近代中国民族资本主义的发源地之一，教育厥功至伟。佛山自古就是两广的人文之邦，人杰地灵、文风鼎盛。大思想家康有为的出现，使佛山文化成为推动近代中国文化发展的主要策源地之一。佛山如此深厚的历史文化底蕴，也规定了佛山需要有一所好大学，否则对不起光荣的历史。

那么，佛山是否有能力办一所好大学？答案是肯定的。首先是佛山有这个实力。作为一个经济总量在全国排名前 15 位以内的城市，佛山当然能够为建设一所好大学提供充分的财政支持。其次是佛山有一支数量庞大、实力雄厚的企业家队伍，他们愿意出钱出力在家乡的土地上建一所好大学，因为他们很希望有更多的“子弟兵”源源不断地加盟到企业中。第三是佛山有 80 多万海外乡亲，他们算得上是中国海外侨胞中最富有的群体之一，捐资办学是他们爱国爱乡的表达和诉求。家乡有一所好大学，他们更感光荣。只要做到“里应外合”，佛山一定可以办大事。

近日，三水乐平镇政府最近以 23 万年薪从江苏招聘一位优秀教师来当小学校长。经济不算宽裕的三水乐平政府可以这样做，堂堂佛山难道不可以花更多的钱来引进一批好教授、名教授，打造一所好大学？尽管有钱也不能保证有一所好大学，但没有钱绝对办不了一所好大学。

佛山愿不愿意办一所好大学呢？答案也是肯定的。佛山在教育上是愿意花钱的。2010 年佛山市政府对教育的投入就将达到 100 亿元。身为佛山当家的陈云贤书记重视教育，身为佛山管家的李贻伟市长也同样重视教育。在刚刚闭幕的广东省教育工作会上，李贻伟市长对媒体表示：教育很急，等不起了。该投入的时候不能犹豫，动手要快！

我理解李贻伟说的“教育很急、动手要快”，这不仅是指基础教育，当然包括高等级教育。基础教育很重要，但大学是把一个人打造成为合格劳动者的最后，也是最关键的一道工序。佛山几年前就是广东的教育强市，现在是打造皇冠上的明珠——建设一所好大学的时候了。

既然佛山有这个需要、有这个实力，也有这个意愿，那么谁可以成为佛山的好大学？换句话说：在佛山现有的大学中，政府最应该把哪一所建设成好大学？毫无疑问就是佛山科学技术学院。理由非常简单：第一，全国现有 1300 多所本科院校中，哪所大学佛山学生最多？

肯定是佛山科学技术学院。从这个角度而言，把佛山科学技术学院办成好大学，不仅是佛山的教育发展命题，也是佛山的民生命题。第二，在佛山工作生活的大学毕业生中，哪所大学的最多？也是佛山科学技术学院。母校不能成为一所好大学，他们脸上无光，寝食难安。第三，佛山有建设“总部经济”的雄心，而佛山科学技术学院是佛山现有本科院校中唯一一所总部在佛山的大学，管理上是省市共管、以市管为主。因此，它是真正意义上佛山自己的本科院校。自己的大学办不好，佛山的底气就不足。第四，佛山科学技术学院的招生对象以本地生源为主。相比之下，他们基础比较差、信心不足，更需要有一所好大学把他们点石成金。文明佛山，必须有一所好大学来厚待她的年轻人。一所好大学，就是一座城市最好的广告，它会感召千千万万的外地学子奔向这座城市。学成之后，他们之中很多人会留在佛山，贡献佛山。即使他们远走高飞，心中也一定存留对佛山的爱与怀念。而一个被人爱、被人怀念的城市，必定是一个伟大的城市。

建设一所好大学——佛山不能再犹豫了。

（原载《南方日报》2010 年 9 月 13 日）

能解决佛山问题的大学肯定是一流的

诗人说：黑夜给了我黑色的眼睛，我却用它寻找光明。事情往往就是这样：面对一道突如其来的亮光，一群长期躲在暗处的人会出现瞬间的炫目。10月10日的佛山就出现这样的情形。

那天，佛山市政府礼堂坐满了一所大学的师生，他们中的大多数第一次见到所在城市的市委书记、市长以及来自省城的教育厅厅长，当然也是第一次走进这个礼堂。如此礼遇，是因为佛山科学技术学院被赋予比灯光更夺目的使命：超常规建设高水平理工大学。发言者不乏激情与豪迈，但台上台下的气氛显得有些凝重。每个人都很清楚，礼堂之外的佛山目光虽然不乏信任，但更多的却是质疑：可能吗？

是的。这所佛山人自己的本科大学曾经让很多人失望，在官方和民间的大学排行榜上，佛山科学技术学院的排名总是不那么争气。不说在全国、全省，就是在佛山一年一度的科学技术奖中，要找到佛山科学技术学院的名字也很费劲。那么多文科教授，似乎没有写出有影响的著述。与佛山在全国的地位相比，佛山科学技术学院的分量的确太轻了。

非常幸运的是，这所大学是在佛山。佛山的需求和能力、视野和布局让她迎来了改变命运的机会，最大的悬念是：60亿元砸下去能否在十年之后砸出一所在全国理工院校中排名前50位的大学？

或许条条大路通罗马，但最近的路只有一条：能解决佛山问题的大学肯定是一流的。

这条道路之前不是没有想到，但却没有做到。原因很多，但重要的一条可能就是：整个学校的目光盯住了“科学技术学院”，却有意无意地忽略了最前面的两个字——佛山。几乎所有的老师都忙着写论文、找课题、评职称，却触摸不到佛山深处那跳动的神经。他们在佛山生活，却对这座城市的泪与笑、痛苦与狂喜表现出惊人的麻木。他们仰望头上的天空，很少打量脚下的土地。他们或许知道佛山的体量，但未必理解佛山的分量，也因此失去走进佛山、把握佛山的力量。

从哪里倒下就从哪里爬起。有佛山这棵大树，他们没有理由悲观。发现佛山，是佛山科学技术学院走向高水平理工大学的第一步。

佛山地盘不大，级别不高，但天下不敢小佛山。中国地级以上城市300多个，但佛山的经济实力却名列前茅，高达2万亿元的工业总产值更是在全国大中城市中排名第五。光顺德、南海的经济规模就超过国内几个省份。放眼全球，佛山堪称世界级的制造业城市，佛山制造享有世界性影响；纵观全国，很多佛山产品左右着中国市场，佛山拥有大批低调而可怕的行业“隐形冠军”。更为重要的是，它们皆为草根，它们就在佛山，出门就能遇见。环顾中国，有这种先天条件的理工大学屈指可数。不接上这种地气的地方大学，肯定是自废武功，也没有前途。

佛山正面临前所未有的挑战。这个经济巨人承担了一个巨大的国家使命：领衔打造珠江西岸先进装备制造业产业带，实现从制造产品到制造装备的转型。逻辑非常清晰：当今世界的经济强国，无一不是装备制造业强国，中国崛起也不会例外。从这个角度而言，佛山领命出征，不是为佛山自己，而是为广东开新路、为中国打天下。这是一场波澜壮阔的工业革命，目标是推动佛山从“汗水经济”走向“智慧经济”，从“人海战术”迈向“精确打击”，但佛山没有可以复制的路径和版本，一切全靠自己探索。可以这么定性：能帮佛山解决难题的大学，就是一所能帮中国解决难题的大学。这样的大学怎么可能不是一流的？

佛山制造走到今天，得益于“星期六工程师”这条经验，很多知识分子到佛山企业“炒更”，他们发财，佛山发展。但这样的经验已经不可持续，因为时代背景已经完全不同。30 年前的佛山是“以港为师”，很多老板的成功秘诀就是从香港买来产品进行模仿，然后拿起“洋枪洋炮”开始北伐，产品匮乏而落后的中国市场很快被佛山制造拿下。走过30 年，一个属于“模仿经济”的时代已经落幕，取而代之的是“创新经济”。曾经担任“经济北伐”主力的佛山产业遭遇史上未有的转型升级压力，佛山必须自己开模具。

不错，压力就是动力，但创新的动力从来都是靠智力来牵引。深知自身“短板”的佛山无数次“三顾茅庐”，也如愿以偿地引来国内外享有盛名的智力支持机构。但佛山也很快发现，光有“过江龙”、没有“地头蛇”参与的大戏是唱不下去的，打铁全靠本身硬。一个只靠“输血”而不能“造血”的城市，时时刻刻都面临危险。

佛山科学技术学院就是在这个背景下出场的。尽管有些忐忑，但依然勇敢面对，花了 100 多个日子画出路线图、确定时间表。这不是一所大学的承诺，而是一座城市的抉择。前方有突破的空间，却没有退缩的余地。一旦食言，60 亿元的水漂佛山可以承受，而信任的流失却没有办法挽回。

这是一场输不起也不能输的战斗，从战略到战术都必须全神贯注。

佛山科学技术学院已经解决“向哪里去”，现在最大的问题是“如何去”。从不算入流的大学进入高水平理工大学行列，留给佛山科学技术学院的时间并不充裕，他们必须创造奇迹。

这样的奇迹不是没有先例。不远处的香港科技大学十几年就跻身世界百强大学行列，稍远的印度倾力打造出享誉世界的印度理工学院，更远的以色列工学院更是威风八面的世界名校。这些让人尊敬的理工大学，其创办历史几乎和佛山科学技术学院相当，有的更短。它们是世界豪门，而佛山科学技术学院的定位是中国著名、广东一流。这个目标应该是靠谱的。

高水平理工大学的标准很多，但佛山科学技术学院没有必要面面俱到。特点来自亮点，而亮点来自有没有能力解决佛山产业的痛点。在斗室里攻克“哥德巴赫猜想”的陈景润当然伟大，但佛山更需要能从地底下发现石油的李四光。

不要说不可能，没有什么不可能。这是美国电影《教父》中的台词。从遥远走到今天，佛山创造过许多奇迹，把很多不可能变成可能，但高等教育领域还没有激动人心的事情发生。从现在开始，让我们用一座城市的力量填补这个空白吧。

（原载《南方日报》2015 年 10 月 13 日）

China 功夫：向世界表达中国

从珠江到长江，从珠三角到长三角，China 功夫首次在大上海亮相。这个形神兼备，集地域化和国际化、传统和现代于一身的多媒体创意公仔，不仅承载着南国陶都佛山的文化情怀，也饱含着陶瓷中国的光荣与梦想。它翻山越岭，一路风尘，这本身就是中国陶瓷筚路蓝缕、震荡时空的历史隐喻。作为佛山参展上海世博会的展品，China 功夫梦想向中国表达佛山，向世界表达中国。

佛山是中国陶瓷的发源地之一，也是当今世界最大的陶瓷产区。陶瓷不仅是佛山制造的鼻祖，也是佛山文化的象征。说起陶瓷，佛山有无法掩饰的喜悦——因为它创造了城市的财富和骄傲；面对陶瓷，佛山也有深入骨髓的痛楚——因为它给环境带来了污染和破坏。佛山以前所未有的力度赶走污染，也在以众志成城的姿态捍卫陶都。这是一场惊心动魄的转型，更是一次浴火重生的决断。煎熬与挣扎、果敢与坚韧、痛苦和狂喜、矛盾和冲突交替折磨着这座岭南名城的心智，也考验着古老佛山的功夫。

佛山公仔扬名世界。作为这个艺术品牌的夸张和变形，China 功夫代表一座城市的宣告：变革，挡不住！

变革需要智慧，更需要功夫。所幸的是，佛山不缺功夫。这座以陶瓷闻名的城市也是中国功夫最著名的原产地之一。黄飞鸿、李小龙、叶问……众多从佛山诞生的武林高手凭借一身好功夫闯荡江湖的时候，也奠定了佛山功夫的威名。在英语世界中，中国武术被直接翻译成 Kungfu（功夫），李小龙当立头功。如果没有李小龙那身性感的肌肉、神奇的拳脚，西方人对中国人的认识也许会长期停留在抽鸦片、留长辫的历史记忆之中。

佛山功夫并不仅体现在拳打脚踢，在思想领域的佛山功夫也同样影响深远。从家乡佛山呼啸北上的康有为，就是凭借过硬的思想功夫掀起了中国历史一场波澜壮阔的滔天巨浪。尽管历史没有给他成功的机会，但他勇于变革的思想功夫至今还在东方的天空下回荡。

陶瓷和佛山有缘。功夫和佛山有缘。这样的佛山，就是 China 功夫诞生的母体。

China 是陶瓷的英文名称，也是中国的英语称谓。陶瓷和中国以同一个单词出现，这也许是文化的偶然，但更像是历史的命定。

难道不是吗？

世博会走过了 150 年，终于走到了古老的中国。这不是上帝的青睐，而是中国崛起必然会有的机会。可以断言，如果没有中国长达几十年的苦练，中国的世博之梦仍将是一场漫长的苦恋。

世博会第一次走进中国，以陶瓷文化为主题的案例第一次参展。这样的时刻，让我们心潮澎湃，思绪万千——这难道不是一场 China 的伟大庆典吗？

西方有一句名言：一切源于世博会。世界伟人毛泽东也有一句名言：历史的经验值得注意。

现代强国的出现，往往以举办奥运会、世博会为标志。1851 年的英国、1893 年的美国以及 20 世纪 60 年代的日本，无一不是通过这样的方式宣告自己的强国地位。现在终于轮到中国了。

中国崛起不是偷偷摸摸地长大，而是在历史的擂台赛上万众瞩目地亮相。世界在关注它的肌肉和功夫，包括它的气度和表情、境界和风范。

China 功夫就是为此而来。它来自佛山，却梦想向世界表达中国：功夫挡不住，China 挡不住！

（原载《南方日报》2010 年 8 月 9 日）

佛山：从文化到文明

从明清时期的“四大名镇”之一，到当今世界的“制造业重镇”，佛山所扮演的角色不断变化，但佛山的本色和血脉从未改变。浓厚的商业文化底蕴不仅塑造了佛山的历史，也影响着佛山的未来。商业文化是佛山的密码，也是佛山向文明出发的起点。

佛山的地盘很小，但佛山的实力很强。佛山以民营经济发达闻名，一个地级市拥有30个专业镇，并催生53个中国名牌，众多的专业市场不仅辐射中国，也影响世界。实力雄厚的专业镇，不仅支撑了佛山经济的大厦，也使得佛山城市格局以组团形式呈现。这种普遍繁荣的城市格局，也带来多点博弈、中心城区的凝聚力和影响力相对弱化的痛感。

佛山是一座充满改革精神的城市。佛山的改革一直有一条主线，那就是权力下放，不断扩大区、镇两级的权力空间。在这样的城市格局和权力布局下，要形成同一节奏、迈向同一目标，显然是难度不小的挑战。也正是从这样的现实出发，才有了以市级为引领、以区级为平台、以镇街为主战场的创建全国文明城市的“佛山方式”：五区同创、城乡联动。龙狮和龙舟是佛山长盛不衰、享誉世界的民间文化，它的精彩和秘诀就在于选手之间的协调性，而这样的默契，就是“佛山方式”得以实现的文化保证。

佛山最盛大的民俗活动是“行通济”，活动中最抢手的是生菜，因为生菜与“生财”谐音。“行通济”的民众都要带一把生菜回家，名曰“引财归家”。佛山拥有太多的财富冲动，几乎席卷全民的创富行动催生了佛山“草根经济”的灿烂风景，也形成了“眼见为实”“落袋为安”的心理定式。而务实、低调的文化性格，也常常让佛山人对“荣誉”和“称号”不那么热衷。所以吃苦耐劳的佛山人不缺财富，却缺少包装：一间凌乱的作坊也许是一个制造名牌的工厂，一位不修边幅的行人可能就是一位家财万贯的大佬。但过分随意的“朴实无华”一旦蔓延扩散，成为一种群体行为，必然弱化市民对城市形象的念想与呵护。

作为佛山创建全国文明城市的两大支点，“城市升级三年行动计划”在于刷新城市界面、塑造一流的城市环境，而“微文明”的推出，就在于从细微处出发，以温暖而生动的细节，彰显一座城市厚实的底蕴、绅士的风度、阳光的情怀……

创建全国文明城市，不在于什么时候出发，而在于以怎样的方式出场。文明没有终点，佛山还在路上。

（原载中共中央宣传部《时事报告》杂志2012年第6期）

佛山打响 “石湾保卫战”

1

念念不忘，必有回响。

一年前的阳春三月，时任佛山市委书记刘悦伦提出，禅城石湾西片区要成为佛山第二个岭南天地；时任佛山市长鲁毅在《政府工作报告》中下达任务：要将石湾打造成为国家级文化产业园区。经过长达一年半的谋划，禅城终于在果满枝头的秋日响亮宣告：“中国陶谷”建设全面启动。期待已久的“石湾保卫战”终于打响。

“中国陶谷”的核心区尽管只有2.6平方公里，却蕴藏着巨大的惊世能量，冠之“中国”二字完全够格，当之无愧。它不是禅城的自我提拔，而是禅城的自我发现。我们看到一种情怀，回荡在青春禅城的胸膛；我们看到一面旗帜，飘扬在古老石湾的上空。

“中国陶谷，佛山石湾”——这句底气十足的推介语从“南国陶都”腾空而起的那一刻，我突然想起多年前流行的那首歌：禅城，不做大哥好多年了……

2

也是一年前的春天，我发表题为《佛山有必要打一场“石湾保卫战”》的文章，引起佛山主要领导的高度关注，并成为很多人热议的话题。有人说：石湾好好的，需要保卫吗？

我也一次次反问：石湾真的是好好的吗？

2014 年 12 月，我参加佛山城市升级航拍，当直升机从番禺进入佛山空域，渐次展开的百滘、花卉世界、千灯湖、东平水道、佛山新城、季华路，让人赏心悦目，为之震撼。继续西飞，前方的景观陡然变化：越过佛山创意产业园之后，眼前出现一片低矮、杂乱甚至破败的建筑群，俨然硝烟散去、满目疮痍的战场。有两栋新修的高楼怪兽一般插在南风古灶的边上，非常刺眼，怎么看都是败笔。这个片区就是老石湾，我在心里嘀咕：老石湾真的太老了……

石湾曾经光彩照人，集万千宠爱于一身，神州大地传颂着“石湾瓦，甲天下”的美名。而今的石湾外表却“晚景凄凉”，看起来就像没人照顾的孤寡老人。我和摄影师在直升机上议论：老石湾不振，禅城的西进战略就缺少一个支点。道理很简单，电线短路了，西边两个“灯泡”——智慧新城和南庄能亮吗？

怎么给老石湾美容，这是禅城绕不过去的问题。佛山城市升级，不能忘记了老石湾。

3

在中国，被称为陶瓷之都的地方不少，它们“活”得怎样？我想去看看。

第一站是江苏宜兴，一座因陶而兴、因陶而名的城市。提起宜兴，人们就想到被炒得发烫的紫砂壶。尽管紫砂壶的产值在宜兴经济盘子中所占的比例不大，贡献的税收不多，但那里的人们非常呵护这个行业，珍爱这张城市名片。一把小小的紫砂壶，集书画、诗文、篆刻、雕塑于一体，融入世的实用功能与出世的潇洒淡泊于一身。透过一把紫砂壶，就可以触摸那里的文风鼎盛：一个小小的县级市，居然走出25位院士、近百位大学校长、上万名教授。

众多介绍宜兴的书刊都有一句话：中国陶都，陶醉中国。被叫得最响的广告是：世界上只有一把紫砂壶，她的名字叫宜兴。

第二站是江西景德镇。中国唯一的陶瓷大学就在那里，本科专业46个，13个硕士点，2个博士点，在校生2万人。身为瓷都，这座城市的定位高举高打：展示中国文化的名片、讲述中国故事的平台、传递中国声音的窗口；这座城市的战略干脆利索：复兴千年古镇、重塑世界瓷都。景德镇市委、市政府大门长年挂着一幅醒目的标语：打造一座与世界对话的城市。

盛产陶瓷的佛山有一句让人记住的话吗？没有！

翻来翻去，还是那句老话："石湾瓦，甲天下。"那时的"瓦"不是指今天的瓷砖，而是过去的瓦缸。当年郑和下西洋的船队，就是用石湾瓦缸装水，或者当礼品送外国人的。

以不变应万变或许也是高招，但一张旧船票很难登上明天的客船。

4

佛山陶瓷是很牛的。

景德镇、德化、潮州——当今中国三大瓷都的陶瓷经济总量相加起来也远远不及佛山的陶瓷经济总量。佛山是全球最大的建筑陶瓷产区和品牌聚集区，差不多占世界陶瓷产量的半壁江山。全国任何一个建材市场，佛山陶瓷无处不在，业界人士天才般想到一个成语来形容佛山陶瓷的江湖地位：白色恐怖！

伟大始于石湾。

佛山陶瓷的第一把火是从石湾点燃的，石湾是“佛山陶瓷的黄埔军校”。尽管留在石湾的陶瓷企业已经不多，但石湾作为佛山陶瓷“祖庙”和“圣地”的历史是大家公认的。无论走出去的企业多大，老板多发达，回到石湾，就犹如“老革命”回延安，看南风古灶就像看见宝塔山。

历史有窑冶一体之说，凡是窑火兴旺的地方，一般也是冶铸业发达的地方。石湾窑不仅烧出了“南国陶都”，也烧出了“南国铁都”。明清时期，两个最传统行业达到顶峰，佛山也借此成为闻名全国的四大名镇和四大聚之一。

石湾窑是民窑而不是官窑，产品是与日常生活息息相关的日用陶瓷。这样的特点直接影响了佛山经济的形态和历史——当今佛山经济之所以呈现以民营经济为主、以实体经济为主、以人居制造业为主，源头就在这里。

一炉窑火，塑造一座城市的经济走向。这样的石湾“模具”，地球上难找。如此深厚的石湾文化底蕴如果不被激活，那绝对是天大的浪费。

5

几年前，中国社会科学院学部委员、大学者杨义慕名来到佛山，想深入追踪佛山的历史身份、品位和文化DNA，但走进书店和图书馆，却难以找到有丰富文化底蕴的读物。杨义在文章中如是写道：“崇文”的佛山，究竟隐藏在繁华都市的何方？“喧嚣”的佛山，可曾还有一个人文净土？我困惑着，也寻觅着。

有人说佛山的优点是实在，缺点是太实在，也有人说佛山只会生孩子，不会起名字。但高人说话一般不这么直接，只是点到为止。比如2015年12月，国家文化部长、大理论家雒树刚来佛山调研，边看边为文化佛山点赞。临走时，他交给佛山一个任务：加大宣传力度，让中国认识文化佛山。

我理解部长的意思是：经济佛山威名远扬，文化佛山却鲜有人知，这么深厚的文化底蕴，却不会讲述文化佛山故事。想想也是，黄飞鸿、叶问、李小龙是佛山的，但他们的故事却没有一个是佛山人讲出来的，如果不是因为有香港的影视，估计连黄飞鸿的家乡人都不知道“无影脚”有多么厉害。

石湾就很典型，从古到今，只顾埋头卖陶，不会仰望星空。南风古灶不会遮遮掩掩、羞羞答答，大门敞开，一眼看穿，没有一点神秘感，真是相见不如怀念。

南国陶都的石湾，谁能记得有什么好玩的？一位朋友在石湾看了一圈，最后丢下一句话：石湾，怎么连“啃老”都不会？

6

“中国陶谷”是石湾文化自觉的“触底反弹”：世界陶瓷创新中心、国家级文化产业园区——这样的愿景让人兴奋。改写中国陶瓷工业历史、重塑世界陶瓷产业版图的石湾，就应该有勇气夺取这样的话语权和“制空权”。

“中国陶谷”既是盘活石湾众多旧厂房的切入点，也是佛山建设国家制造业创新中心的支点，亦是佛山回答文化部长雒树刚之问的发力点。如果以“中国陶谷”为起点，来打造一个特色小镇，石湾或许将成为全国瞩目的亮点。条件是具备的，就看石湾敢不敢想、敢不敢干。

毛泽东说过：“我们的任务是过河，但是没有桥或没有船就不能过。不解决桥或船的问题，过河就是一句空话。”通向“中国陶谷”的桥和船是民间资本和企业力量。禅城吹响号角的时候，我们也看到各种社会力量已经在石湾聚集。“过河”已经开始，石湾和禅城必须有足够的恒心和定力，确保一张蓝图绘到底，珍惜和保护企业家和社会资本的积极性尤为重要，要敢于担当、说话算数。政府做好势，企业就容易做市、成事。

石湾的变化将是很快的。正在紧锣密鼓的石湾古镇牌楼、中国瓷砖博物馆、丰宁寺、宝峰塔、莲峰书院等项目一旦完工，惊喜就将随即出现，即将通往石湾的地铁将打开一个不同凡响的石湾。抓住这个战机，禅城就可以抓住一个时代。贻误战机或火力不足，禅城的局面可能很不乐观：不是自残，就是被别人搞残。

压力就是动力，围观就是力量。“中国陶谷”让我们知道禅城想干什么，剩下的悬念就看禅城干得如何了。

（原载《南方日报》2016 年 9 月 23 日）

第三辑

龙说五虎

我们何时到佛山名镇喝咖啡

打造“佛山清明上河图”——这是禅城区委书记刘宏葆就职后打响的第一炮。在随后的半年时间里，这个包装概念不断更新，从最初的“佛山清明上河图”到“佛山古镇”，最近又变为“佛山名镇”。据说这个定名不会再变了。

说起“名镇”，我们就会想起一千多年前的佛山，中国“四大名镇”之一的封号让佛山历史走进了一个光荣与尊严同在的辉煌时刻。那时的佛山不仅拥有中国一流的手工业、一流的黄金水道，还有一流的人文环境，无论是正史和野史，佛山都被公认为“气标两广的人文之邦”。正是因为这段历史，原本只是南海一个小镇的佛山才得以华丽转身，成为大佛山地区的首邑，成为中国南方一座光芒四射的历史文化名城。

而当年中国“四大名镇”之一的佛山，就是今日禅城的前身。几年前，一家有影响的媒体曾经试图举办中国四大名镇论坛，结果除了佛山之外，没有其他名镇响应。不是缺少勇气，而是没有底气——河南的朱仙镇早已经沦落为朱仙村；江西的景德镇面目全非，仅仅留下名镇的蛛丝马迹；而汉口镇在高楼大厦的轮番切割下，已经显得支离破碎，留下了永远无法弥补的遗憾。尽管佛山也变了，但古镇的轮廓还在，汾江两岸 43 个历史文保单位还在。但它们薄如蝉翼、危如累卵、气若游丝……留给佛山的时间已经不多了！

从汶川援建归来的刘宏葆主政禅城，即刻吹响了佛山名镇的集结号。这其中无疑有水磨经验的成分——在那片被大地震摧毁的土地上，他率领一支战斗力超常的军团日夜奋战，为灾难中挺立的中国奉献了一个不同凡响的水磨，为古老的羌族铸造了惊心动魄的文化圣域。刘宏葆在茫茫的川西高原上留下一道夺目的文化羌红，披着哈达归来的他担当起重建佛山古镇的使命。

禅城区委书记这个职位，或许不是给刘宏葆的嘉奖，但绝对是他续写水磨神话、实现文化抱负的机会和平台。

禅城要做的事情很多，但作为佛山的首邑，它首先必须是一座让人心仪、让人动容的城市。在禅城要完成的答卷中，城市的建设和管理是其中分量最重的部分。但挑战不在这里。禅城究竟要成为一座什么样的城市？是中国城市中普通一座还是独特的“那一座”？这是刘宏葆面临的最核心、最艰难的任务。而佛山名镇项目的出台，既是他开出的处方，也是他对历史和时代的承诺。

佛山名镇之战已经揭幕，它从修复文物保护单位、重建历史文化街区开始，其战略指向是广佛历史文化城市会客厅和现代产业发展、历史人文荟萃、万商云集的现代清明上河图。佛山名镇面积为8848亩，这数字刚好与旧传珠穆朗玛峰的高度相同。而刘宏葆的宏愿也正是要把佛山名镇打造成为中国古镇复兴的巅峰之作。

我们理解的复兴，绝不是明清佛山的翻版，而是以历史建筑为载体，重塑一座城市的商脉和文脉、气质和风度。它不同于灾后重建，而是谋求文化回归。我们其实并不在乎佛山名镇的面积多大、是否成为中国古镇复兴的巅峰之作。我们梦想有那么一天：禅城的空气弥漫着咖啡的味道。这样的味道会告诉每一位来者：这就是禅城，这就是佛山。

事实上，佛山名镇在刘宏葆执掌禅城之前就已经破题。祖庙东华里片区的改造就打出了一句激动人心的口号：让说广东话的人都来这里寻根。祖庙东华里的开发商随后又信誓旦旦地发出邀请：广州亚运会期间，请到岭南天地喝咖啡。这样的蓝图迄今还没有兑现，祖庙东华里片区既没有人寻根，也没有咖啡买，只是有人在那里买房子。

当然有人在那里喝上了咖啡，但只有少数几个官员。2010 年 11 月 18 日，瑞安老板请一拨佛山官员喝咖啡时，刘宏葆就是其中一员。有人追问岭南天地何时建成，开发商反复声称不差钱，其余笑而不答……

何时到佛山名镇喝咖啡？现在又该我们向刘宏葆发问了。

在刚刚召开的禅城区委全会上，刘宏葆以“等不起”“慢不得”“坐不住”来要求他的团队。他亮出了佛山名镇工程的时间表：2011 年 3 月所有改造项目全面动工，8 月份完成 80% 建设任务。

这样的速度，让我们激动，也让我们担忧。

佛山名镇工程浩大，绝不是一般意义上的“穿衣戴帽”。尽管我们渴望早日喝到佛山名镇的咖啡，但也深知心急吃不了热豆腐。与盼望咖啡味道相比，我们更盼望佛山名镇精致而不粗糙、深刻而不华丽、厚重而不轻浮、迷人而不妖艳……佛山名镇要经得起历史的检验，需要领军者深邃从容、执着无畏。最新的消息说，佛山市委、市政府已经表明态度：对禅城考核的第一标准不是 GDP，而是城市的建设和管理。拥有这把“尚方宝剑”，禅城完全可以更加从容、更加专注。

禅城之急，也许有来自东平新城崛起带来的挑战。我们姑且不说东平新城什么时候才能崛起，即使到了那个时候，禅城老城区所积淀的底气、文气和人气，也不是东平新城能够带走的。人们对一座旧城的忠诚和厚爱，绝不是一座现代化新城能够摧毁的。禅城应有这个自信。只要禅城弥漫着咖啡的味道，它一定会温暖着人心，人们一定会不离不弃。

我们何时到佛山名镇喝咖啡？请刘宏葆书记酌定。

（原载《南方日报》2011 年 1 月 17 日）

政府公信力不可因佛山名镇烂尾而烂尾

佛山有很多敏感的话题，佛山名镇是其中最纠结的一个；佛山有很多需要检讨和反思的事情，佛山名镇是其中最当紧的一个。从轰轰烈烈上马到凄凄惨惨收场，佛山名镇工程仅仅在一年时间里就走完了从诞生到死亡的旅程。这种过山车一般的经历和痛苦，禅城上下似乎都不愿意提及，甚至在刻意回避，这项工程的流产，也导致了政府公信力的流失。

佛山名镇的施工现场曾经挖出一枚日军留下的手雷，警方成功排险。但佛山名镇这枚“手雷”却没有得到妥善处理，最终还是引爆了。它不仅炸掉了数以亿计的资金，也炸出了几个见钱眼开的蛀虫。一个曾经在水磨灾后重建中立下功勋的佛山团队，他们辛辛苦苦积累的英名因为佛山名镇的烂尾而荡然无存。因为成功推进祖庙东华里改造工程而声名鹊起的禅城政府，也因佛山名镇的烂尾而受到广泛质疑。

为佛山名镇付出代价的人很多，但政府无疑是最大的输家。有人说，佛山名镇是禅城历史上最大的悲剧。这话也许过于夸张，但佛山名镇给禅城所带来的伤害是毋庸置疑的。愈合这道伤口，莫说禅城，就是整个佛山都需要不短的时间。

佛山名镇烂尾，谁能对此负责？发出这样的诘问，不是追究什么人的责任，也绝非制造一场媒体审判，而是希望这个深刻的教训得到正视。政府丢失面子固然难堪，但如果因为难堪就避而不谈，那显然不是一种负责任的态度。政府如果把回避作为一种善后手段，不仅是一种无能的表现，也将导致错误再次重演的可能。

佛山旧城要不要改造？佛山名镇有没有价值？答案当然是肯定的。旧城改造既是对历史的捍卫，更是对历史的提升。一个有追求的政府，必定是一个敢于在历史中创造历史的政府。在佛山名镇之前，禅城上演了佛山历史上最大的旧城改造工程——祖庙东华里片区，其拆迁户数量之大、涉及资金之巨、棘手问题之多，都堪称佛山前所未有。有人如此评论：敢操作这个项目的人要么是天才，要么是疯子。但禅城就是把这个事情做成了，而且做得漂亮、做得惊心动魄。尽管岭南新天地目前只是小荷才露尖尖角，但这个项目的成功已经没有太大的悬念，它需要的只是时间而已。正是因为拥有这个让人心动的成功案例，佛山名镇工程才让人更加期待。没有人怀疑禅城的决心和能力、勇气和智慧，只是看禅城怎么更上一层楼而已。但接下来所发生的一切让人觉得不太对劲。

首先是时间的仓促性：禅城新书记刚刚上任，就立马推出了佛山名镇创意，并要求第一期工程要在半年内闪亮登场。这么短的时间要做这么大的事情，禅城有没有这个能力、是否做好了这个准备？其次是做事的严谨性：作为禅城区头号工程，这个项目名称变来变去，先是叫佛山初地，继而叫岭南福地，后来又改为清明上河图，不久又变成佛山古镇，反复折腾之后，才定名为佛山名镇。尽管名字的折腾并不是什么大不了的事情，但多少暴露了工程决策本身的随意性。这种不严谨性也导致了工程能否善始善终的不确定性。

时间的仓促和做事的作风并非佛山名镇的致命伤，这个工程落到今天的境地，是形象工程和政绩工程使然，亦是明哲保身的官场文化使然。

佛山名镇固然是一个典型的“一把手”工程，是当时禅城区委书记提出并主导的，但最终决策是在禅城区党政联席会上通过的。参加会议的众多官员中，不可能没有不同意见，但只有一个人敢于提出自己的担忧。可悲的是，他的质疑和担忧并没有得到其他同僚的响应。

他的孤单无助，不是因为他的话没有道理，而是他的同僚清楚地知道权力在谁手上。一些班子成员表面上表态支持佛山名镇，但心里却清楚地知道这个工程多是扯淡的。他们之所以不敢说真话，是因为在道理和权力之间，他们只能选择投靠权力。而在权力面前，道义、良知和责任都变得渺小，甚至微不足道。正是这样的官场文化，最后导致了悲剧的发生。

佛山名镇烂尾，可以不秋后算账，但必须对这样的官场文化作出深刻的反思。如果任由这样的文化在官场上盛行，还有很多工程会像佛山名镇一样烂尾。佛山名镇的悲剧不是哪个人导致的，问题出在机制和体制。这样的问题，不是禅城独有，而是中国的普遍存在。

佛山名镇已经不可避免地烂尾了，改造虽然还在进行，但本质上已经沦为一个不得不为的“擦屁股工程”。禅城要做的不是遮遮掩掩，而是坦诚面对。人民有足够的心胸原谅一个知错即改的政府。如果政府公信力因佛山名镇烂尾而烂尾，那必将制造一个比佛山名镇更大的悲剧。禅城已经交了一笔昂贵的学费，她没有理由不变得聪明。

（原载《羊城晚报》2012 年 8 月 1 日）

佛山走在季华路上

如果必须有一条道路来表达一座城市的气魄和力量，佛山该选择哪里？现在答案已经出来，那就是季华路。中央商务带的最终定位，无疑是在向世界宣告：佛山这条经济“壮汉”要披上一条璀璨夺目的“金腰带”。

作出这样的选择，既是顺势而为，也是形势所迫。

佛山是一个组团城市，不同区各自拥有自己的亮点，但在佛山所有城市主干道中，季华路可谓一枝独秀，它里程最长、道路景观最美、资源配套最好、产业形态最多、商业价值最高、产城融合最强、发展潜力最大。中央商务带的定位，不是无中生有、凭空捏造，而是历史与现实的赋予。祖庙路是历史的，佛山新城和千灯湖是未来的，只有季华路是现在的。环顾佛山，季华路还找不到替补。赋予季华路中央商务带的定位，是佛山顺势而为，在正确的时间做正确的事情。

佛山最早叫季华乡，历史上的佛山曾经是“四大名镇”之首，拥有“四大聚”的美誉。在近代中国，同时拥有这两个殊荣的城市唯独佛山一地。有经济史学者考证，所谓“镇”是指制造业，而“聚”是指商业。这说明那时的佛山，既是制造业的“出处”，也是商业的“聚处”。如果说今日佛山庞大的制造业有效地捍卫着“四大名镇”的光荣，那么，镇守佛山“四大聚”美誉的那一块区域又在哪里？回答这一问题，佛山还没有足够的底气。

季华路中央商务带正为此而来。它要传承一种历史，更要创造一种光荣。

南庄的污染赶走了，张槎的低端产业也走了，但新的产业还没有填上去。“笼”已经腾出，会有什么样的鸟飞进去？回答这个拷问，佛山必须讲好季华路的故事。不活化这根动脉，资本的血液就难以输送到那片亟待输血的土地。季华路在禅城境内，往东是南海桂城，往西是南海西樵，它因此也成为南海东西对话最便捷的通道。南海可以借道，更可以借势。中央商务带的打造，会让西樵观音“显灵”、让听音湖泛波，也将为禅南一体埋下战略性伏笔——这是未来佛山肯定要下的一盘大棋。

城市升级，是佛山正在做的一件大事。佛山要发生历史性的城市变迁，在很大程度上取决于城市升级的力度和速度。季华路在其中担当的角色和使命非常特殊，如果没有这个亮点，满天星斗的佛山，可惜就少了一轮明月；如果没有这个情节，波澜壮阔的佛山城市升级大戏有可能缺少一个高潮。

季华路中央商务带的定位，打消了这样的疑虑。来自资本市场的反应已经证明了这一点。近期出让的南浦村地块卖了一个好价，这不是一单普通的土地交易，而是市场和资本给季华路投下的赞成票和信任票。目前季华路沿线正在推进的重点项目共 24 个，总投资额超过 370 亿元。三年之后，绿地中心两栋高达 200 米的双子塔将刷新佛山城市高度……佛山在一条路上出现如此高端和密集的项目，让刘悦伦市长发出了“史无前例”的感叹。

季华中央商务带属于佛山，但它的操盘手是禅城。在季华路升级的背后，我们似乎也可以触摸禅城的心路。

20 个月前，禅城很“乱”。沸沸扬扬的佛山名镇风波把禅城推向了风口浪尖，而佛山名镇冒出的几个贪官，更点燃了百姓的怒火。严重的舆论危机和信任危机，对刚刚走马上任的禅城主政者是一个严峻的挑战，他们面临的不是“新官上任三把火”，而是怎么灭火。

20 个月后，禅城在成功灭火的同时，也点燃了另外一场大火，那就是确立了禅城的方向，举起了“强中心”的旗帜，也凝聚了共识、激情和力量。如果说岭南天地、莲升片区、绿岛湖是点状呈现，那么，季华中央商务带的提出，已宣告禅城的发展进入带状爆发的时候。透过表象和烟云，我们似乎也可以梳理禅城主政者的逻辑路径：顺势、做事、成势。

20 年前佛山靠专业镇领先，10 年前佛山靠县域经济超前，现在佛山必须靠城市化唱戏了。禅城就是顺应这样的大势而选择做自己的事，谋划季华中央商务带是一个代表性动作而已。城市最大的特征就是聚集，季华路就是要成为聚集的典范。佛山先贤有言："出处不如聚处。"如此箴言，既是不老的商道，亦是城市发展的王道。

正在大规模改造的季华路眼下有点拥堵，但大家走得耐心。民意的认同、资本的拥戴、政府的引导，已经在季华路上形成合力。在顺势、做事的同时，禅城也在形成自己的势，知道自己的力量该往哪里投放。

佛山人信奉"眼见为实""落袋为安"。公众在乎行动，更在乎结果。佛山已经走在季华路上，现在就看禅城的速度了。

（原载《南方日报》2013 年 8 月 5 日）

禅城可以成为佛山开放开明的榜样

中共禅城区委三届四次全会有两点特别值得关注：第一，由佛山市委常委、禅城区委书记区邦敏亲自起草的全会报告，出现频率最高的一个关键词是“开放”。开放是禅城最强的主调、也是与南海、顺德、高明、三水全委会报告最大的区别。第二，这次全会破例邀请市外媒体驻佛山记者站负责人列席会议并参加小组讨论，这样的“开放”在禅城尚属首次，在整个佛山也没有先例。尽管这只是禅城区委全会上的两个细节，却彰显了禅城的胸怀和气魄：开放必须开明。点赞一个，这是必须的。

点赞禅城，不是因为区委全会对媒体高度开放，也不是因为“开放”一词高密度出现在全会报告中，而是开放已然成为禅城不可逆转的执政理念和制度设计。它不是写在纸上，而是落实在行动中。

从公正客观的立场出发，我们会发现近三年来的禅城变化很大。这种变化也许还没有达到“有口皆碑”的地步，但至少是“有目共睹”。禅城之变，始于人事之变，更始于观念之变。作为佛山的首善之区，禅城的“中心”地位已经在地理上确立，但还没有完全得到心理上的确认。表面看来，这似乎是因为顺德、南海实力太强，这两个巨人的风采和光芒几乎“屏蔽”了禅城的声音和力量，外界也把佛山视为“小马拉大车”的典型。如果从深层次探究，禅城的城市功能不足、辐射力不大是导致凝聚力不强、认同度不高的关键因素。佛山“强中心”战略的推出，在很大程度上也是为了改写这种被动局面。

尽管“强中心”的地理范围超出了禅城所管辖的地盘，但禅城不强，佛山的“强中心”就很难得到心理上的承认和确立。禅城如何强起来？当然不是和顺德、南海比经济总量，而是和顺德、南海比开放。“开放才是中心，封闭必成孤岛。”这句写入全会报告的语言，既是禅城对“中心”的全新理解，也是禅城谋求“强中心”的全新路径。

魁奇路向广州南站推进，季华路向西部南海延伸，顺德公交车开进禅城……禅城正在以开放的姿态破“墙”而出。佛山市第一人民医院、佛山市中医院在同一天分别兼并了南庄医院、张槎医院。也许有人认为这是一种“沦陷”，但禅城区委全会报告的回答大度而坚决：“要以开放的胸怀，创造条件支持市一医、市中医等优质公共资源在禅城区扩容提质。”佛山市第一人民医院、佛山市中医院分别是全国地级市综合医院和中医院的领头羊，这种“近在眼前”的优质资源如果不充分引入和利用，那是禅城“在巴掌大的地方犯了天大的错误”。同样，禅城的周边站着两个腰缠万贯、富可敌省的兄弟，省内省外招商引资队伍趋之若鹜地赶往顺德、南海，近在咫尺的禅城为什么不可以“近水楼台先得月”呢？因此，开放自己，与顺德、南海合作成为禅城实施“强中心”战略的重要一步。

点赞禅城，是因为禅城接住了的地气。

明清时期的佛山镇之所以位列“中国四大名镇”之首，成为名满神州的“天下四大聚”之一，不是因为佛山人聪明，而是因为佛山人开放。那时的佛山镇被称为“中国的伯明翰”，有 23 家洋行、18 个省会馆，商贾云集、洋人遍地。佛山镇在开放市场的同时，也开放教育。在“学位”紧缺的情况下，外地商帮被准许兴办书院，让自己的子女有读书的地方。这样的开放和开明造就了佛山市场的繁荣，也推动了佛山社会的进步。日后的佛山镇名人辈出，以“气标两广的人文之邦”被载入历史。开放的佛山镇生动地演绎了那句名诗：“问渠那得清如许，为有源头活水来。”

那时的佛山镇就是现在禅城的老城区，尽管那段历史已经远去，但“开放”的地气还在。今天的禅城高举开放的旗帜，绝非应景式的政治表态，而是基于“历史经验”的承接和决断。禅城没有因为走得太远，而忘记从哪里出发。

点赞禅城，是因为禅城在承担一种使命。

为期三年的佛山城市升级行动计划眼看就要到期，佛山的城市界面已经发生巨大的变迁，但佛山断然不会在城市升级所发生的物理变化上止步，城市升级之后的化学反应才是佛山的下一步。这个化学反应是什么？时任市委书记李贻伟最近在报端发表文章提出：构建国际化的营商环境，加快佛山第三产业，建设有为高效的法治政府和服务型政府。这是方向性思考，更是战略性选择和承诺。实现这种构想，或许有多条路径，但开放是根本和前提。

佛山有五个区，每一个区都可以代表佛山，但禅城有点特殊，既是因为她是佛山市委、市政府所在地，更是因为她的三产比例最高，人们对她国际化营商环境的期望值也最高。不论愿不愿意，禅城都必须承担一种宿命：资本市场和外界对佛山营商环境、第三产业发展水平的认知和印象，在很大程度上是由禅城提供和塑造的。“更开放的姿态”“开放的市场环境”“开放的政策环境”“构建开放型产业体系”……这些出现在全会报告中的言辞，是禅城领命出征的宣示。

“坚定前行，再上台阶”——这是禅城区委全会报告的标题；“智慧在民间、需求在市场、评价在社会”——这是禅城的施政理念。开放需要底气，需要勇气，更需要接力。我们点赞禅城，也是在监督禅城——领导人可以发生变化，但退堂鼓是万万不能打的。勇往直前，禅城可以成为佛山开放开明的样板。唯有如此，禅城方能冲出“历史的三峡”。

（原载《南方日报》2014 年 2 月 17 日）

祖庙突围是老城区发展的典范

佛山城市升级进入第三个年头，升级的成果正在规模化呈现。如果要追问佛山旧城升级改造的“招牌菜”是哪里推出的，答案一定是祖庙。不是因为祖庙的名声很大，而是因为祖庙街道办事处干得很好。

有必要看看2013年祖庙交出的成绩单：18个大项目进驻，引来381亿元投资；18条道路得到改造，18个农贸市场和城市公园迎来升级；十几年没有做成的南浦村拆迁终于做成了，卖出了17亿多元的好价；2011年还借债500万元发工资的祖庙，2013年的税收突破70亿元，成为佛山33个镇街中的“大户人家”，坐上了佛山中心街道办事处的头把交椅。

祖庙街道很小，但很小的祖庙承担着巨大的使命。禅城是外界认识佛山的窗口，人们对佛山印象如何，很大程度上是由祖庙片区来提供和塑造的。佛山“强中心”战略能否如愿以偿、佛山城市升级三年行动计划能不能拿出标志性成果，关键在于“一老三新”的变迁和成长，其中的“一老”就是祖庙片区。尽管祖庙还在路上，但透过一份漂亮的成绩单，我们有理由相信——祖庙已经突围。

三年前的祖庙却是另一副模样，那时的祖庙市容破旧、产业不振、人心不齐……而沸沸扬扬的佛山名镇风波，更让问题成堆的祖庙街道身负“重伤”，一边是矛盾加剧、民怨升高，一边是政府的公信力江河日下、跌入谷底。2011年9月，新任命的禅城区和祖庙街道的主要领导同一天走马上任，他们共同面临的首要任务就是怎么收拾祖庙这个烂摊子。

审视过去三年时间祖庙所发生的一切，我们不得不承认：换手如换刀，祖庙街道换了一种格局。而格局的变化始于思路的调整。

作为佛山最老的城市街区，祖庙片区一直被视为建成区，其积淀成形的城市布局很容易诱导并规定执政者的思路：做有把握的事，不做冒险的事。但祖庙街道新一届班子却高调宣布：祖庙是发展区而不是建成区。他们深知：没有发展，就无法化解矛盾、无法赢得信任、无法形成合力；没有发展，中心城区也会沦为边缘化存在；发展会有风险，不发展更有危险。

怎么发展？祖庙找到了四个支点：一是将城北片区做成五金、汽配、食品、不锈钢四大国际采购交易中心；二是在老城片区构建祖庙—东华里—仁寿寺—梁园—中山公园连片景区；三是在东升片区打造都市产业集聚地，推动以童服为代表的传统产业升级转型；四是将季华片区做成总部经济和高端服务中心。这样的定位和错位，有一个共同的指向，那就是捍卫城市佛山的人脉、文脉和商脉。

老城难搞——这几乎是官场和民间的共识。在谋划佛山城市升级三年行动计划的时候，有人甚至向市长建议：禅城这个地方很难搞，没有必要花精力去弄它。但市长的回答是：禅城是佛山的窗口和文化的地标，禅城做不好，佛山的城市升级又从何谈起？市长没有说出的是：如果祖庙守不住历史，禅城就会沦陷；祖庙的历史如果得不到提升，佛山的城市升级就会苍白无力。就是在这样的背景下，祖庙开始了一场波澜壮阔的城市之战。

由升级带来升值，这是祖庙城市升级发生的效应，也是旧城改造的祖庙路径。或许有人会问：祖庙为什么做得这么顺？答案只有一个——人心齐，泰山移。祖庙不仅用发展化解了错综复杂的矛盾，也用发展凝聚了不同阶层的人心。与其他镇街相比，祖庙片区的一大特点是人多、官多、是非多，做事稍有不慎，很可能被口水淹死。但祖庙有自己的逻辑：人多、官多的背后是关系多、资源多。如果这样的关系和资源得到有效的整合与凝聚，祖庙的力量和优势将无可比拟。事实上，祖庙突围不是“一个人的战斗”，而是“众人拾柴”的产物。成功做到这一点，不能不说是祖庙的一大本事。

祖庙所在的区域，是佛山政治、经济、文化、商业中心，也许正是因为“大单位”太多，祖庙街道常常被人们忽略甚至忘记。人们知道有祖庙街道办事处这个机构，但这个机构干什么、怎么干，绝大多数人并不清楚。之所以把祖庙单独拎出来放在聚光灯下，不是为祖庙街道“灯下黑”的处境鸣不平，而是因为佛山老城区的变迁背后有一个执行力极强的机构，有一群敢于担当、殚精竭虑的祖庙人，他们为老城区发展树立了一个典范。只有走进这群处于最前线的战士，我们才能理解旧城改造战场的艰难与突围，也才能感知佛山城市升级战役的壮美和力量。

祖庙是佛山历史文化的地标。祖庙所在的区域，承载着明清时期“中国四大名镇”之首的荣耀，也是佛山作为中国老资格国家历史文化名城的核心部位。祖庙的突围既是捍卫历史，更是创造历史。不要说老城没有空间、没有机会，祖庙已经用行动和作为告诉我们：老城区没有悲观的权利！

（原载《南方日报》2014 年 1 月 22 日）

佛山陶博会离“国际”还有多远

第十七届佛山陶博会刚刚落幕，佛山陶瓷行业又开始谋划半年之后登场的第十八届怎么招商了。至于第十七届的效果到底如何，媒体有不少议论，但很少听到业界的声音。或许是因为这个一年两次的陶博会过于密集，业界鲜有时间来评估和反思。如果忽视这一点，佛山陶博会的转型升级也许只能是空中楼阁而已。

佛山陶博会全称是“中国（佛山）国际陶瓷及卫浴博览交易会”。从媒体报道来看，刚刚落幕的第十七届佛山陶博会采购商中，外商比例达到30%，配得上“国际”二字。然而，如果从参展商的角度衡量，佛山陶博会和“国际”很不靠谱：近600家参展商中，没有一家为国外企业。表面上众声喧哗，但实质上仍旧是中国陶瓷界自娱自乐的“卡拉OK”。媒体还披露，这次陶博会主办方组织了两场论坛，其中一场开始5分钟就陆续有人离座，论坛仅持续半小时就草草收场。理由很简单：货不对板。论坛的主角既没有“国际”，也缺少分量，谁会去这种场合浪费时间？

佛山陶博会的“外伤”不轻，但“内伤”更重。

坦率而言，佛山陶博会走到今天，无论是规模还是内涵，最多只是一个卖场的升级版，离真正的“会展”尚远，离真正的“国际会展”更远。佛山陶博会由过去中国陶瓷城和南庄华夏陶瓷城的“两城纷争”演变为现在的“一展三馆”，尽管番号统一了，但卖场的属性并没有实质性的改变。场馆布局分散、相距较远，让采购商来回辛苦奔波不说，要命的是，各个场馆之间根本没有差异，除了品牌不一样外，产品几乎是大同小异，导致“不去不安心，去了又白去”的尴尬局面。究其原因，无外乎大家的眼光只集中在做生意，而不是在做会展。

会展是无形资产，但佛山还是用经营有形资产的办法来经营会展，结出的果子当然只能是场地经济，而不是会展经济。

著名竞争理论专家波特曾经指出，经济发展的最后阶段实际上就是一个文化阶段。陶瓷会展是陶瓷工业发展的高级阶段，也是陶瓷产业经济发展的上层建筑。真正的陶瓷会展是通过产品、信息、设计、研发、技术的信息交流和交易活动，在极短的时间里完成大量的交易活动。西方发达国家的公司平时很少搞促销活动，它们将主要精力集中于效率高、交易成本低的展会，并通过经营会展，为所在城市带来巨大经济效益和知名度。城市不大、陶瓷产量也不大的博洛尼亚和瓦伦西亚就是凭借陶瓷会展而举世闻名。

作为中国陶瓷产业的巨子，佛山集中了产业链的精华，如色釉料、机械设备、设计、营销、传媒、品牌和物流等企业和人才，却没有一个能适应陶瓷产业的上层建筑，未能将产品层次提升、整合为彰显陶瓷文化及生活方式的一流会展。上升不到文化层面的会展只能是个大卖场，推销的是瓷砖，比拼的是价格。卖场最后会沦为“价格屠宰场”。

一个有影响力、有号召力的会展背后，一定有一个具有战略眼光和巨大整合能力的操盘手。会展的组织者是战略的设计者、资源的整合者和战术的执行者。佛山陶博会存在的“外伤”和“内伤”实际上已经表明，这样的操盘手至今还没有出现。

曾经是佛山名片的西樵纺织、张槎针织之所以江河日下，沦落到今天的处境，不仅是因为产业升级无力，也是会展经营无方导致的。佛山陶瓷不能重演这样的悲剧。据说佛山陶博会曾经请过洋人操盘，但其本土化的能力又远远不够。中国的事情最终还是要由中国人自己搞掂。会展是智慧产业，不是比场地大小，而是智慧、胸怀和境界的考量。现在是呼唤陶瓷会展巨人的时候了。

佛山不存在要不要陶瓷会展的问题，而是怎么做大的问题。早在几年前，佛山市委、市政府就把佛山陶博会发展目标定位为全球最有影响力的三大会展之一。尽管佛山陶博会已经称得上国内陶瓷行业的顶级展会，但与国际最有影响力的陶瓷会展相比，佛山的距离还很遥远。世界最有影响力的陶瓷会展——意大利博洛尼亚国际陶瓷展，17万多平方米的巨大展馆，人家只准一家中国陶瓷企业参展，而且只给30平方米。人家既害怕中国企业“偷”专利，也从骨子里看不起中国陶瓷。这样的现象虽然窝囊，却是佛山做大会展的机会。作为中国陶瓷产业的头号种子选手，佛山必须承担起终结历史的责任。

但是，留给佛山的时间已经不多。国内陶瓷产区群雄并起，多极化的态势日趋明显，多极化的会展经济也会随之而来。苍茫大地，谁主沉浮？佛山最有资格解开这个谜底。这不是希望，而是必须！

（原载《南方日报》2011年5月9日）

南海给力　佛山心定

此刻，我们要把掌声送给南海，因为2010年的南海交出了一张漂亮的成绩单：地区生产总值接近1800亿元，地方财政收入首次突破100亿元，城乡居民收入分别达到29900多元和13200多元。我们不知道今日南海在中国县域经济中排名第几，但像南海这样一年之内关停各类污染企业1500多家，依然取得如此辉煌战绩的地方，中国没有几个。一边是经济发展夺取全面丰收，一边是环境治理赢得全面胜利——如此经历阵痛之后的壮丽新生，即使放眼整个中国，南海之歌也让人荡气回肠。

此刻，我们要把祝福献给南海，因为南海给自己设定了更加艰巨的任务。在昨天开幕的南海两会上，区长区邦敏作出承诺：2011年的南海不仅要在产业转型、环境升级、城市更新上亮出新功夫，亦要从文化创新、民生建设、政府转型三个纬度构筑“幸福南海”的底色和基调。不仅如此，南海农村体制综合改革和文化发展综合改革也要在今年破题。南海毫不犹豫地表现出自己的雄心：争创全省乃至全国农村改革发展试验区、争创全省文化综合改革试验区。展望未来五年，南海也同样毫不犹豫地表达自己的愿景：力争达到中等发达国家前列水平。如此宏愿，即使放眼中国，也没有几个地方敢喊。

南海无海，但涛声激荡。从南海发生的声响，整个佛山都在用心倾听。这既是南海的实力和地位使然，也是佛山的冀望和期待使然。

在当今佛山的经济版图上，顺德和南海是两员不可或缺的五星上将。它们的表现直接影响着整个佛山在全省、全国的地位和影响。它们一给力，佛山就更好。可以坦率地说，顺德和南海在整个佛山的江湖地位，在可以预期的时间里，还没有其他地方能够取代。需要注意的是，大部制改革之后的顺德已经被明确为广东“省管县”唯一的试点地，其政府运作已经直接和省里对接。尽管这不是行政区划调整，而仅仅是行政权力调整，但未来将怎么演变？顺德走向何方？这当然需要审视和把握。如果对其中一些不确定因素视而不见，或者抱着随遇而安的心态，那肯定是没有战略眼光的表现。尽管有关顺德走向的话题比较敏感，但不能因为敏感我们就避而不谈。

不可否认，佛山之强，强在五区都有杰出的表现。姑且不说 GDP 已经过千亿元的禅城，即使经济总量和顺德、南海差距很大的高明、三水，也进入中国百强县的行列。但是我们也同样不能否认顺德、南海所起的决定性作用。这好比一场战争，即使千军万马，关键时刻总是需要那么几个敢于横刀立马的孤胆英雄去打开缺口，打破僵局，打开胜利之门。在佛山，顺德、南海就扮演着这样的角色。

南海的地盘比顺德大，但经济总量比顺德要小，在全国的知名度和影响力上，也许和顺德还有那么一点距离。但南海在经济规模上超越顺德的希望很大。从企业角度而言，顺德有美的、格兰仕、碧桂园这样的巨无霸豪华军团，它们支撑了顺德的江山，而缺少大型企业支撑的南海多年来仅仅依靠自己的“洗脚上田”的农民武装，就可以和顺德一起坐上广东“四小虎”的交椅，为改革开放初期的中国贡献出“顺德模式”和“南海模式”。顺德好戏连台，今日南海也在脱胎换骨，双轮驱动战略的实施，让南海呈现出外源型经济和内源型经济交相辉映、高歌猛进的喜人局面。这种南海历史上从未有过的壮观景象，正在孕育一个激动人心的辉煌未来。可以想象，一旦奇美、本田、一汽大众这些已经在南海落户的巨人全身发力，南海将出现何等的气势和景象！

当然，南海过去没有，将来也不会和顺德较劲，它一直按自己的节奏前进。我们看到了南海有力的步伐，也听到了南海未来的宣言。

南海在开创历史。南海在逼近目标。这样的时刻，就是我们把掌声和鲜花献给南海的理由！

（原载《南方日报》2011 年 1 月 24 日）

为南海政务微博加油鼓劲

一条来自首都的消息引起公众的高度关注：2011 政务微博年度高峰论坛在北京举行，佛山市南海区、外交部、国家旅游局、北京市公安局、南京市委宣传部等五个单位应邀做政务微博经验介绍，而南海区是全国唯一获此殊荣的县级单位。从事网络舆情研究的权威专家们认为，南海政务微博已经走在全国前列。

南海政务微博起步早、规模大、效果好，它在北京赢得的好评堪称是南海政务微博获得了权威认证。尽管南海不是奔着掌声而去，但这样的掌声无疑会给南海政务微博注入一剂强心针。我们知道，南海政务微博是顶着巨大压力艰难前行的，如果不是因为南海主要领导身体力行的示范和推动，南海政务微博之花可能来不及盛开就已经凋谢，因为这毕竟不符合传统官场文化的行事风格。在这方盛行“低调”的水土上，另类可能被打入“另册”，先锋随时可能成为先烈。

南海政务微博能够走到今天，不能不归结为南海生生不息、代代相传的文化秉性。回望漫长的历史之旅，求新、求变是南海唯一不变的主线。为了求变，康有为离开家乡，去北京掀起了震荡历史的戊戌变法；也是为了求变，南海人邹伯奇折腾出中国第一部照相机。这样的性格，不仅盛行于民间，也投射于政府。中国改革开放初期，南海百姓胆战心惊做生意挣钱的时候，时任南海县委书记梁广大就敢于敲锣打鼓“贺富”，“梁大胆”的名声不胫而走，南海工业化进程从此起步。而在李贻伟主政南海期间，不仅创造性地推出了“东西板块、双轮驱动”战略，而且把原本连一家银行都没有的千灯湖打造成省级金融高新区，成为“无中生有”的经典案例。2010 年 6 月 29 日，李贻伟告别南海主政佛山，他深情告白：南海是个让人放胆做事的地方。李贻伟给南海干部深深地鞠了一躬，这也是他对南海精神的由衷顶礼。

政务微博的兴起，是南海求新求变历史的继续。它之所以引发争议并承受压力，表面原因是社会各界对这一新生事物尚未取得共识，而深层原因是对中国社会转型缺乏深刻的洞察和把握。在一个众生饥饿的岁月，能够吃饱就是天大的幸运；在一个普遍贫穷的年代，有点钱就是莫大的幸福。那时的人们可以心无旁骛，可以聚精会神发财、一心一意发展。但吃饱喝足、有钱有闲之后，人们就会变得“麻烦”，比如他们更在乎权利、更在意公平，更喜欢对政府和公务员的表现指指点点、说三道四。这样的诉求在相对自由的互联网上爆发井喷。“端起碗吃肉，放下筷子骂娘”成为当代中国社会的热点现象。如此境况，让擅长并迷思 GDP 主义的各级政府显得有些慌乱，从战略到战术都缺乏足够的预见和准备。中共中央政治局委员、广东省委书记汪洋就一针见血地指出：改革开放 30 多年来，我省绝大多数领导干部都是在经济建设中锻炼和培养出来的，缺乏社会建设能力的锻炼。不少干部对经济建设“胸有成竹”“头头是道”，对社会建设却“心中无数”“办法不多”。

社会管理的含义很广，但通过互动沟通来达成共识，无疑是社会管理的逻辑起点。在微博风起云涌，裹挟着焦虑、不满甚至对抗的当下，政务微博绝对不是可有可无。如果政府在微博热中缺席，最大的结果只能是引发更大的对抗。毫无疑问，化解对抗必须从开展对话开始。正因为如此，佛山市第十一次党代会报告才史无前例地提到微博、重视微博。尽管政务微博仅仅是社会管理的一种方式，或许还算不上最重要的方式，但一个政府连沟通的能力和自信都不具备，还能指望“善治佛山”、还能奢谈创新社会管理、还能打捞“沉默的声音”吗？

作为一种新型的网络载体，微博是一个信息交流平台，是一个对话沟通平台，也是一个思想互动平台。它既是经济市场，更是思想市场。中国网民已经接近5亿，开设微博的网民也在逼近两亿大关，这一不断攀升的数字彰显出一个无可争议的事实：互联网已经成为当代中国最大、最活跃的思想市场。与经营商品市场相比，我们的政府缺乏经营思想市场的能力，其霸权式的表达、说教式的宣传已经让人厌倦，其居高临下、唯我独尊的话语体系让人越来越感到恶心。这不能不是一种危机。几天以前，曾经获得诺贝尔经济学奖的百岁老人、英国著名学者科斯发表视频讲话，他说："我有重要的话要对中国说，如今的中国经济面临着一个重要问题，即缺乏思想市场，这是中国经济诸多弊端和险象丛生的根源。"科斯认为，开放、自由的思想市场，不能阻止错误思想或邪恶观念的产生，但历史已经表明，压抑思想市场会遭致更坏的结果。一个运作良好的思想市场，培育宽容，这是一副有效的对偏见和自负的解毒剂。科斯还说，思想市场的发展，将使中国经济的发展以知识为动力，更具可持续性。他乐观地预计："假以时日，中国将成为商品生产和思想创造的全球中心。你们中的一些人，或许将有机会看到这一天的到来。"

是的。这一天正在到来。微博的兴起让我们看到了这种可能。雨后春笋般涌现的南海政务微博，不仅体现着政府的政治觉醒，也表达了信息时代的南海雄心：我们是经营商品市场的成功者，也是经营思想市场的先行者。

2011年被视为中国政务微博的元年，南海所作的贡献是不容置疑的。南海政务微博在北京所获得的喝彩和赞誉也许并不会让所有的质疑瞬间逃遁、灰飞烟灭，但南海应该由此获得更多顶着压力前行的勇气和自信。尽管阴霾不可能立即随风而去，黎明的彩霞也绝不意味着丽日晴天，但我们和南海一样确信：阳光总在风雨后。

（原载《南方日报》2011年12月19日）

掌握中国基层　才能掌握中国社会

2012年是党中央确定的“基层组织建设年”，在全国各地所提供的经验范式中，“南海样本”备受瞩目，也备受赞誉。这些年，南海的工作重点始终围绕基层展开，一个最引人注目的变化是：在凝聚力、向心力不断强化的同时，南海基层党组织在统筹发展中的协调能力和在复杂事务中的掌控力也在不断提升。南海所做的努力，已经超越创建基层组织建设工作品牌层面，为中国社会建设和基层治理找到了一个突破点。

在当今世界主要大国中，中国的情况最为特殊，其一是社会主义国家、由共产党执政；其二是农村人口占多数，村居基层是国家的根基。这样的国情，注定中国的命运将主要取决于两个要素：执政党的执政能力和村居基层治理。从这个维度上审视，我们就会更加明白南海的立意和用心。

历史已经告诉我们：中国革命与社会主义改革都是发起于村居基层，整个中国现代化的关键在村居基层；现实也在告诉我们：当今中国最尖锐的社会矛盾在村居基层，中国社会矛盾冲突激化的可能性也在村居基层。简而言之，谁掌握了基层，谁就掌握了执政的话语权。从广东的实践而言，目前已经出现两个版本：其一是顺德方式——从政府管理职能和体制入手，培育社会组织、还权于社会，从而推进社会建设；其二是南海方式——建立以“党组织为核心、自治组织为主体、集体经济组织为支撑、社区服务中心为平台、群团组织为辅助、社会组织为补充、公众参与为路径”的基层治理新格局。顺德探索放权社会组织，南海坚持夯实村居基层；顺德政社分开，南海政经分离。

无论是顺德方式还是南海方式，两者都还在进行之中，现在远远不是判断谁比谁好的时候。但据我看来，南海敢于从老话题着手，说明南海党政领导的远见。

南海重操“旧业”的理由是非常充分的。从政党的普遍规律看，它是连接国家与社会的桥梁。作为执政党，在推进国家建设的同时，也要重视并有效领导社会建设。由于党的基层组织大量活跃在群众之中，掌握一定的社会资源，构建了一定社会网络，拥有一定的骨干力量，获有一定的群众基础，它天然是基层社会管理中最直接、最基本、最有效的力量。基层党组织在基层社会管理中担负着领导核心责任。

正如中共中央政治局委员、时任广东省委书记汪洋在广东省第十一次党代会报告中所说的那样，党的基层组织是党的全部工作和战斗力的基础。

南海社会管理创新就是牢牢抓住这个基础性平台，最主要的办法有两条：一是积极构建服务型党组织，创新党组织的服务方式，规范服务程序，提高服务质量，重视服务效果；二是创新党组织设置方式与活动方式，使党组织在社会网络中发挥“网格”作用，通过党组织和党员的辐射作用，有效带动基层社会管理创新。

也许有人担心：改进党的基层组织建设、扩大党组织的覆盖面会不会挤压社会建设的空间？南海始终对此保持警惕。在制度设计上，南海注意防止把党组织参与社会管理理解为党组织管理社会的倾向，防止只重管理而轻服务的倾向，防止基层党组织在资源再配置过程中的“官僚化”倾向。

南海的基层党组织建设，实质上也是一场改革。改革的目的，不仅在于创建“领导能力强、管理能力强、服务能力强、监督能力强、自身能力强”的基层党组织，更在于掌握基层。历史反复证明：只有掌握中国基层，才能掌握中国社会。

南海的基层党组织建设，也是中国基层设计的组成部分，它意义重大，绝非可有可无。在热衷于讨论“顶层设计”的中国，像南海这样的“基层设计”需要得到更多的支持和关注。正如著名学者许纪霖所言：在中国走向民主化、宪政化的政治改革过程之中，基层设计与顶层设计同样重要。民主不该是一座沙雕之塔，而应是一棵根深叶茂的大树，政治的通天塔所需要的，不是原子化的流沙，而是有机的坚实大地。

（原载《南方日报》2012 年 5 月 11 日）

南海这道头啖汤为何总是飘香

6月3日上午，中共中央政治局委员、广东省委书记胡春华到佛山市南海区里水镇调研，他此次调研的重点是农村基层组织建设和农村综合配套改革工作，“想找佛山一个镇做样本”。这是胡春华主政广东之后的半年时间里第四次踏上南海的土地。如此频繁的造访，表明南海发展的“样本”意义已经得到确立和肯定。

曾经在南海任职多年的佛山市委常委、禅城区委书记区邦敏，近日率领禅城区党政代表团赴南海区考察。这位对南海发展倾注过大量心血的南海人说了一句很有意思的话：“南海的发展就好像是老火靓汤，慢慢开发，不断深挖。”从胡春华高密度造访到南海人自己由衷的感悟，引出一个值得我们深入思考的命题：南海这锅老火靓汤为什么总是飘香？

南海是改革开放的先行者，以善饮头啖汤著称。梳理南海的发展历程，“轮子”从来都是一个关键词：三十多年前是“六个轮子一起转”，十多年前是“双轮驱动”，而今是“四轮驱动”。看起来这些“轮子”数量不一、叫法不同，南海的执政思路很容易给人一种不断在变的感觉，很少有人注意到驱动南海轮子不断前行的四根传动轴其实一直没有变化。

第一是南海错位发展战略思想没有改变。十多年前“东西板块”的划分是南海区位错位发展的标志性举措，紧邻广州的南海东部片区向都市化进军，而土地资源丰富的西部则肩负起工业化的使命。在推行过程中，南海发现这样的问题：既不算东部也算不上西部的罗村到底该如何定位？位于西部片区、拥有丰厚文化底蕴的西樵是否也要走完全工业化之路？在工业化的旗帜下，相对辽阔的西部片区没有错位分工，各个镇街没有清晰的责权和目标，常常为一个项目的落地展开激烈的博弈和对决。究其原因，就是因为西部的定位还没有细分和界定。三年前，南海果断做出调整，推出中枢两翼发展模式：东部打造广佛“金谷”，中部力争建成国内一流的高新区，西部瞄准国家旅游产业集聚示范区。这三大片区的划分，是“东西板块”的深化和改进，是南海错位发展战略思想的演进和发展。

第二是南海寻求经济发展的源动力没有改变。民营经济是南海的根本，尽管是满天星星，缺少一轮明月，但却贡献了七成的税收。尽管南海主政者的面孔不断变化，但巩固、强化、推升民营经济发展的重大举措却一以贯之、持续不断。南海人心里明白，仅仅依靠民营经济这个轮子会越来越被动，也很难走远，何况经济的转型升级需要外部力量来推动。南海的“双轮驱动”战略也因此出台。与雄厚的南海草根经济相比，进入南海的国际资本虽然量不是很大，但是其对整个地区的提升，尤其在区域形象、服务质量、品牌效应等诸多方面影响巨大、成效显著。像雅乐轩、保利洲际这几家酒店所实行的国际化管理以及所形成的口碑和效应，是众多本土酒店所无法做到的。三年前，南海金融区、天安数码、瀚天科技城等一批项目之所以风生水起，一个重要原因是公有资产在其中扮演了引导、引领、加速的作用。如果坐等外资和民营资本的介入，需要耗费不短的时间，很多机遇也可能会在等待中丧失。作为政府操控的公有资产，最大的好处就是可以随机而动，担当催化器和加速器作用。庞大的集体经济是南海最可期待的潜力股。南海之所以要花大精力去推进以政经分离为代表的农村综合体制改革，除了要巩固基层自治以外，一个最难也是最需要紧盯的是集体经济的转型。如果集体经济的能力被充分激活和释放，南海力量一定会变得更加惊人。从“双轮驱动”到“四轮驱动”，实质上就是南海经济发展源动力的再发现、再释放。

第三是南海人才立区的宗旨没有改变。几年前，南海有一个重大举措叫活化干部队伍。南海主政者认为，干部队伍转型进程中，光靠公务员队伍自发的“新陈代谢”难免动力不足，需要瞄准政府聘员这批“鲶鱼”，将公务员、聘员这两支队伍融为一体，相互促进，营造“鲶鱼效应”。这种“活化”而今不仅仅局限在干部队伍，而是扩展到整个南海企业和社会，人才立区被提到前所未有的高度。南海人始终遵从一个逻辑：拥有人才，就会拥有将来。

第四是南海的情怀没有改变。三年前，南海的广告语是“五星级南海”，而今提的是“家南海”。说法不同，但立意一致，都是谋求做大做强南海的气场和磁场，提升南海的感召力和亲和力，只不过与“五星级”相比，“家”显得更亲切、更温馨，也能容纳更多的东西。这个世界上，家就是可以安顿灵魂的地方。

作为“样本”存在的南海，这锅老火靓汤之所以总是飘香，贵在薪火相传的承接和坚持、提升和完善。因为没有盲动，所以南海生动；因为没有折腾，所以南海飞腾。这是南海靓汤的底料和秘密。再坚持十年，南海一定会更加飘香。

（原载《南方日报》2013 年 6 月 6 日）

为“南海现象”找魂

千金难买回头望。

当中国改革开放步入第36个年头的时候，一直扮演改革特种兵角色的南海出版了一本新书，《先行》既是书名，亦是南海发展的奥秘和主线。南海没有因为走得太远而忘记从哪里出发，这本书的最大价值在于为“南海现象”找魂。

南海是中国市场经济的先行者，也收获着先行者的红利。1980年4月19日，时任广东省委书记习仲勋在南海激将：“南海有很多优越条件，你们南海要先走一步，走在全广东109个县市的前面，起个带头作用。你们成不成，敢不敢承担这个任务？”

领命出征的南海，一年之后就让习仲勋喜出望外：南海不仅成了广东标兵，也成了全国首富，引起中南海的高度关注。1981年6月30日，时任中共中央总书记胡耀邦作出批示：南海县是中国农村发展的典型，人口80万，生产总值10亿元，人均1200元，如果十年后，中国农村达到南海的1/3，即400元，就可以“达到小康之家社会”。

这样的速度、这样的奇迹，来自南海创造的“四个率先”：

其一，南海第一个向广东省委提出以举办龙舟节的方式对港澳招商引资，开“文化搭台、经济唱戏”的先河；其二，南海率先起用曾经被打倒的地主、资本家、富农、投机倒把分子带领农民搞经营，即使招来“为牛鬼蛇神翻案”的指责，南海也不为所动，率先为中国找到了“能人经济”的路径；其三，南海领导连续三年抬烧猪、挑米酒、放鞭炮为那些先富起来的村民贺富，这种在当时属于“大逆不道”的行为率先吹响了“致富光荣”的号角；其四，南海第一个出台鼓励“全民经商”的文件，在催生“南海模式”的同时，也率先开启了市场经济的闸口。

当时的南海县委书记梁广大有一个传播甚广的外号——梁胆大，外号的背后乃是人们对先行先试的南海发出的礼赞和敬佩。

南海的胆大之人，并非只有梁广大一个，这片土地所特有的基因和禀赋始终在孕育着一批又一批胆大的先行者。

在绝大多数中国人还不会使用电脑，甚至没见过电脑的 20 世纪 90 年代，又是没有大学、没有研究机构、没有人才队伍的南海率先打响了中国县域经济体迈向“信息化”、拥抱“大数据”的第一枪，并把这件很多人认为是不可能的事情做成了。如果没有这种敢想敢干的先行精神，南海就很难有今天“三网融合”的监管体系，以及打造广东金融高新区的底气和平台。

正是秉承先行之精神，近年的南海更加海浪滔天、波澜壮阔：文化引领发展风生水起，旨在再次释放农村活力的政经分离改革举国关注。广东省委、省政府赋予佛山率先探索“重构基层治理”的使命，如果没有南海的先行和经验，佛山是很难享有这份光荣的。

南海没有什么背景，没有任何稀缺资源，也没有特殊的政策优势，南海能在不同历史时期创造出无愧历史的辉煌业绩，成为中国改革开放可以信任的排头兵，所演绎的不过是一个古老的法则和常识——天道酬勤。只是这个“勤”字，不是胆大妄为、不是投机取巧，而是大势把握之后的战略和预见、选择与行动，浸透其间的是南海的勇敢和智慧、泪水与汗水……

什么是南海精神？几年前曾经有一个表述：海纳百川的包容精神、敢为人先的有为精神、团结奋发的龙狮精神。如果说这样的概括显得冗长和抽象，那么，《先行》的出版让我们找到了一个更精练、更直白的说法——先行。

这是南海之根，这是南海之魂。

《先行》不是一本普通的书，而是南海区干部教育培训的读本，这本身就是一种先行。这种很接地气的教材，在多如牛毛的干部学习培训教材中让人眼前一亮、为之一振。南海不仅在做“改造我们的学习”，也在做改造我们的教材。这样的“先行”，必将被推广和复制。

历史是一面镜子，历史也将告诉未来。读懂南海，我们就能明白：中国为什么可以自信。

（原载《南方日报》2014 年 9 月 2 日）

打好“南海模式”转型的第三次冲锋

珠江西岸装备制造产业创新基地在佛山高新区揭牌——这不是普通的活动仪式，而是可能影响未来的大事。它是佛山打造珠江西岸先进装备制造业龙头的标志性宣言，更是打响寻求“南海模式”转型的第三次冲锋。其成功与否，将决定南海未来的命运。

在改革开放业已走过的30多年征程中，南海一直扮演着“尖刀连”的角色。20世纪80年代，草根力量的崛起书写了令人惊心动魄的财富神话，“南海模式”成为中国区域经济发展的经典样本。更为可贵的是，南海没有在辉煌的荣耀中沉醉和麻木，他们最先感受到野蛮生长所带来的痛楚，并开始寻求修正这种发展模式的方法和路径。

“村村点火，户户冒烟”“只见星星，不见月亮”——这是外界对“南海模式”的诟病。面对来势凶猛的喧嚣声浪，不去理论、不去辩解的南海于1998年悄然发起了寻求“南海模式”转型的第一次冲锋。其标志性动作是在各专业镇组建技术创新中心，建立支撑南海民营企业发展的区域技术创新体系。虽然南海的努力得到国家层面的高度肯定，被公认为全国领先水平，但实际效果却不尽如人意。不是南海措施不灵，而是“一镇一品”的专业镇发展模式在经济一体化、国际化的背景下已经出现颓势，南海自然无法扭转这个趋势。

2003年，南海发起第二次冲锋：开始改变原来纯粹发展民营经济的做法，进入招商引资时代，全力推进吸引外来投资的战略，主政者将其称为“搬大树回家”。一汽大众这个千亿产值整车项目的落户，宣告打破“广州整车，佛山汽配”的产业格局。在广东汽车产业版图上，南海完成了由“配角”到“主角”的历史性转换。南海的如意算盘是让“大手”拉“小手”，齐步走，让本土民企在巨大的产业蛋糕里也分得一杯羹，从而带动草根经济的转型发展。但这条道路也不好走，归根结底，南海70%的税收还是来自草根企业。事实摆在那里：如果民营企业不振，南海的日子就过不下去。

2013年3月，南商再出发动员大会在南海召开，上千家企业代表参加。最重要的成果是启动“北斗星”计划，决心培育一批具有国际竞争力的大型公司和企业集团。此前，佛山市委、市政府还作出一个重大决定：将佛山国家高新区核心园区移师南海狮山，并确立“中国智造金谷”的战略定位，狮山工业园也从一个专业镇的工业园区，转身为拥抱整个广佛经济圈的创新型科技园区。这样的决策，为“南海模式”转型的第三次冲锋做好了准备和铺垫。

一个必须回答的问题是，以珠江西岸装备制造产业创新基地在佛山高新区揭牌为标志的第三次冲锋，差异何在？胜算如何？我们对此表示乐观。理由有三：

第一是背景资源不一样。广东省委把珠江西岸打造万亿产值先进装备制造产业带的重任放在佛山肩上，装备制造恰好又是南海的优势产业；广东省政府批准南海建设广东省金融、科技、产业融合创新综合试验区，为全省产业转型升级树立新样本。此外，佛山提出建设国家创新型城市，位于狮山的佛山国家高新区核心园区必然担当重任；佛山给国家高新区明确目标：5年内进入全国高新区前20强，对佛山经济贡献增长至40%。这样的背景决定了南海得到的政策资源和支持力度将不同寻常。

第二是战术打法不一样。这是一次定向“爆破”，其主攻方向是推动传统产业转型升级，实现高端装备产业高度集聚发展；高端装备制造业的发展、3D打印技术的研发和机器人的运用，将构成南海“巡航导弹”的“战斗部”，在精确破解传统民营企业发展瓶颈的同时，也将引爆南海新的“工业革命”。这场革命的浪潮将投射到更远的地方，唤醒千千万万草根企业“翻身得解放”；另外则是产学研合作大规模上演，其智力支持单位均为顶尖科研院所的顶级高手。有这样的“空中掩护”，装备精良的“地面部队”是没有理由战败的。

第三是“地气”不一样。南海没变，但南海人变了。首先是南海的大部分企业家被送到国内外名校培训过，其中老中青三代骨干企业家分别到英国、美国、德国最好的学府取经，他们的视野和观念经历了一次洗礼，不仅看到了世界，也深刻地发现了自己。其次是南海民众对那种牺牲环境的野蛮生长容忍度越来越低，对企业家的社会责任要求越来越高，这样的民意也倒逼南海企业的转型升级。

“南海模式”转型的第三次冲锋已经具备天时、地利、人和三大要素，唯一的提醒是转型和创新不是一场速战速决的战斗，南海需要有足够的定力去迎接一场苦战。好在历史告诉我们：南海不仅是一个标签、一张名片，更是代表敢想敢拼、迎难而上的奋斗史和精神史。带着这样的精神前行，任何危机都可能是转机。

南海已经再出发，古老的南海，总有不老的光荣和传奇。

（原载《南方日报》2014 年 12 月 24 日）

南海从来没有让中国失望

1

中国有两个南海。一个是波涛浩瀚的南中国海，她承载和展示一个大国的海洋雄心；另一个是水网纵横的南海区，它总是为走向现代化的祖国贡献经验和样本。

2015 年岁末，来自世界 23 个国家和地区的南海乡亲欢聚在西樵下，出席世界南海联谊总会第三届恳亲大会的嘉宾都得到一本厚厚的《品质南海》。

这是家乡送给游子的礼物。这是南海未来要走的一条道路。选择海外乡亲作为第一批读者，就是希望通过他们向世界表达南海的方向和愿景。

品质南海的背后是一个区域对国家战略的呼应：中国的经济成长已经从以速度和规模为本，转为以质量和效益为中心，这将是中国经济的新常态，创新、协调、绿色、开放、共享成为国家关键词。

品质南海，既是南海发展的转型，也是转型中国的需要。

2

历史上的南海，从来不缺为中国找路的人。而且越到关键时刻，南海越是爆发出这种力量。

150 多年前的中国积贫积弱、内忧外患，一支几千人组成的英法洋枪队居然击败了几亿人口的大清帝国。科技落后、体制僵化的国度根本不是西方工业国家的对手。

在实业救国的呼声中，南海人率先行动。陈启沅创办了中国第一家以蒸汽机为动力的缫丝厂，开中国近代纺织业从手工操作走向机械化的先河。邹伯奇发明了中国第一台国产相机，詹天佑主持建造了中国人自主设计修建的第一条铁路，中国第一家火柴厂在南海诞生。如果说这几位南海先贤是从科技方向为中国探路，那么，发起“公车上书”和戊戌变法的康有为就是希望从体制上为多灾多难的中国寻找一条出路，尽管没有成功，但依然伟大光荣。这些南海人的努力，推动了中国从传统社会向近代社会的转型。

康有为辞世 52 年后，中国开启改革开放的大门，南海人又率先启程。南海以最快的速度、最短的时间为贫穷的中国找到一条农村致富的路子。1981 年 8 月 26 日，《人民日报》发表社论《像南海县那样把农村搞活变富》；1982 年 6 月 10 日，《人民日报》又推出社论《像南海县这样坚定地前进》。连续两年在头版头条为一个县域经济体发表社论，如此规格，至今没有第二个。

中央机关报之所以高规格礼遇南海，原因正如社论所言：中国有把经济搞死的教训，缺少把经济搞活的经验。南海成为引路的典型。

在南海农村致富的时候，一批“洗脚上田”的农民也书写了南海制造的传奇，比如卖冰棍的李兴浩创办了志高空调，卖猪肉的曹湛斌做起了铝型材。这个时期的南海为中国贡献了“南海模式”，这个模式的最大功劳就是担当了中国从计划经济向市场经济转型的排头兵。

3

2008年，中国改革开放走过第一个30年。梳理历史经验的学者得出一个结论：南海拥有中国最为完整的民营经济发展史；民间力量的成长和市场体系的建立，是南海“涛声依旧”的秘密。

这一年，南海人均GDP达到71,922元。但南海没有陶醉，因为南海知道一个规律：一个地方的人均生产总值突破一万美元之后，就将进入更加注重增长质量、关注城市环境、强调文化影响力的发展时期。

这一年，南海开始反思并修正“村村点火，户户冒烟”的“南海模式”。也是从这一年开始，南海以坚决的态度从五个方向和“野蛮生长”告别：

第一是推动陶瓷、铝型材等传统产业的转型升级。在力度空前的“环保风暴”中，108家建筑陶瓷企业只保留10家。

第二是引进新兴产业。一汽大众在南海落户，新光电产业从无到有。

第三是实施城市升级。引进高端服务业。千灯湖成为广东省金融高新区。

第四是推进区域合作。广佛同城，南海先行，广佛地铁开通，海怡大桥飞架。

第五是深化改革。行政服务改革、基层治理改革、三单管理改革、大数据统筹等等，在全省、全国掷地有声。

万川归海。南海所有的行动都指向了一个词语——品质。

4

该是亮剑的时候了。

2015 年 2 月 2 日，南海区委十一届六次全会做出决定，把品质南海作为塑造南海未来的方向和选择。这是南海发展史上第一次把“品质”作为核心命题和价值主张。

品质的内涵很广。我们可以这样理解，品质南海就是要把南海导入质量时代，因为品质以质量为中心，质量是品质的保障。

首先是高品质的经济。发展仍然是南海的第一要务，只是南海的发展已经转向从质量入手。南海经济有不错的数字，家底也很殷实，日子也过得滋润，但发展方式还属于粗放。一个无法回避的现实是：虽然拥有一汽大众这样的世界最先进制造企业落户，但民营草根经济占 70% 的南海，有超过一半的产业、实体经济还处在产业链的低端。可以说，没有民营经济的脱胎换骨，就没有南海经济的浴火重生，品质南海也将成为纸上谈兵。再说，南海的开发强度已经接近 50%，如果再开放下去，那很可能就不是适合人居的环境了，甚至导致灾难。南海经济的优势在制造业，南海经济的前景在于先进制造业。紧紧扭住这个核心发力，实现创新驱动，南海就有了牢固的基石。

其次是高品位的城市。城市升级三年行动计划让南海面貌变化巨大，但从品质南海的理想而言，一切才刚刚开始。无论交通基础设施、人居环境改善、生态修复提升，南海都存有巨大的空间。有什么样的环境，就有什么样的产业；有什么样的城市，就有什么样的人才。城市的品位来自建设，更取决于管理。精细化管理的提出，证明南海是深谙这个逻辑的。

再次是高水平的区域合作。南海说，要以“追靓女”的耐性和韧性来推进广佛同城。这些年南海做得不错，也尝到了很多甜头。南海正在把目光投向更远的地方，从更大的空间、更广的胸怀来定义区域合作。2015 年，粤桂黔高铁经济带合作试验区和粤港澳合作高端服务示范区开始破题。做好这两大平台，南海就可以左右逢源，在吸纳优势资源的同时，也释放南海力量。有高水平的开放就会有高水平的区域合作。城市时代的竞争与发展，说到底就是比拼资源整合的能力。南海展示了她充分的自信。

5

国务院发展研究中心长期关注南海的权威专家刘守英写道：“每次到南海，你都不会失望。这里总能让你紧锁的眉头舒展开来，很多在办公室里觉得左右为难的问题，在这里总能找到办法。”

2015 年 11 月 2 日，中央公布《深化农村改革综合性实施方案》。这份被视为中国“农村经济社会发展关键时期的关键部署”文件中，第一次提出“政经分离”改革。这是南海经验又一次走向全国。基层经验转化为中国顶层政策设计的素材来源和案例支撑，这是南海了不起的贡献。

改革是推动南海发展的重要力量，也是品质南海重要的实现方式。在南海相继展开的多项改革中，基层治理改革走在了全省乃至全国的前面。南海以多管齐下的改革举措重构基层善治与和谐，提升民众的获得感、幸福感。有牢靠的基础，有稳定的基层，品质南海建设就会顺当得多。

在中国县域经济体中，致力“品质”建设的也许不止南海一个，但南海有条件、有能力做得最好。我们期待：品质南海在重铸“南海模式”的同时，也为国家走出一条转型升级的“南海道路”。尽管需要漫长的时间、艰苦的努力，但南海依然值得我们投下信任票。

南海，从来没有让我们失望过。

（原载《珠江时报》2016 年 1 月 11 日）

端南海的碗　吃世界的饭

1

又一个五年从南海的日历上走过，最新的梦想又在南海大地上点燃。

南海在谋划未来五年的发展取向时，创客、创客空间、创客经济——这些新鲜名词不仅成为南海的政治话语，也纳入南海发展战略的设计体系。在筹备南海区第十三次党代会期间，南海的主要领导召集方方面面的关键人物连续开了 3 场重要的座谈会，其中一场就是探讨南海建设“全球创客新都市”的可能性。

什么叫创客？最简单的定义就是玩创新的一群人，首创、开创、创立是他们最重要的特征。南海想尽办法吸引、集聚这样一个群体，这个方向和努力是绝对正确的，不仅必要，而且必须。创新驱动的南海，最需要这样的人。

2015 年的南海人均产值已经达到中等发达国家水平，犹如满天星斗的南海民营企业是决定性力量。2020 年南海人均产值要冲刺发达国家中游水平，只剩下不到 5 年时间，光靠存量不行，而创客经济有可能成为南海经济最大的变量和增量。拥有铺天盖地的创客经济，就会有顶天立地的南海经济。

2

南海的选择与深圳不谋而合。

俨然中国创新领袖城市的深圳，已经当仁不让地提出建设世界一流的科技创新中心，其中一个重大平台就是打造国际创客中心，2015年6月就在国内率先出台促进创客发展的若干措施。从城市能量和经济体量而言，南海不能与深圳同日而语，但南海的优势是从北到南紧贴广州，无缝对接。

广州的城市理想是建设国际航运枢纽、国际航空枢纽、国际科技创新枢纽。可以这么说，广州建设三大国际枢纽每前进一步，南海与世界的距离就缩短一步，打造“全球创客都市”就多了一份筹码。

南海的日子好过，很大程度是南海的楼市很旺，从广州蜂拥而至的房客抬高了南海的房价。这样的“一锤子”买卖，只能赚取今天的钞票，却买不来明天的希望。如果广州过来的百万房客变成了百万创客，那南海就成了名副其实的“创客空间”。

顺德就是这么干的：一边修地铁对接广州，剑指广州大学城的青春资源，其实也是创客资源；一边以中德工业服务区绑定德国，来一场声势浩大的“跨国恋”。顺德和德国都试图证明：“双皮奶”遇上“咸猪手”，不是一场游戏，而是一种绝配。

没有更大的想象和更大的作为，南海怎么和顺德 PK，怎么对得起自己身上那改革开放排头兵的“战袍”？

环顾中国，打造全国性、国际化平台的城市很多，大家都明白一个现实：光靠自己的力量，肯定玩不转了。

3

在南海谋划“国际创客空间”的日子里，有两件事情发生：

一是做瓷砖的蒙娜丽莎上演一场逆袭：曾经遥遥领先的意大利同行开始反过来为蒙娜丽莎贴牌生产了，而此前的许多年里，这个角色一直是由南海人扮演。南海企业生产的瓷砖和意大利制造已经没有什么两样，甚至在某些地方实现了超越。历史性的反转源于一个关键的转变：他们不是站在西樵山上看世界，而是以世界眼光看西樵，学会从全球范围配置资源了。

二是坚美集团老板娶媳妇，众多到场祝贺的客人中，居然有来自12个国家的近百位嘉宾。这些非亲非故的外国客商风尘仆仆地奔向南海，绝非为了见识一场“中国式婚礼”的热闹，也不是贪图南海名厨烹制的美味佳肴，而是向一家品质优良的南海民营企业表达“搞好关系”的强烈意愿。

在中国上千家同行企业中，坚美是唯一获得中国质量奖提名奖的一家；在全球上万家竞争对手中，世界最高的10座摩天大楼有5座采用坚美制造的铝型材。坚美的秘密在于有一个强大的“朋友圈”：坚美集团的人才结构俨然那场婚宴的来宾，除内地、香港和台湾专家之外，还有3名日本人、3名意大利人、1名澳大利亚人、1名马来西亚人。

海纳百川，有容乃大。全球创客新都市的作用和意义何在，坚美给出了一个答案。

4

南海人是很会想办法的。

1980年早春，南海开启从农业大县到工业立县的伟大征程，第一招就是从老乡那里借力：每个乡村有多少海外同胞、有多少人在外做官、有多少人在大工厂做工程技术人员，发动他们建议怎么发展南海经济，发动海外、技术人员看有什么东西可以给南海加工。

这就是南海改革开放初期进行的“三查三发动”。

为吸引港澳乡亲回来投资办厂，南海别出心裁举办盛况空前的“山顶划龙舟”活动，地点在西樵山顶上的天湖。那时的中国还禁止这样的活动，南海的冒险不仅收到了显著的效果，而且开创了一种影响全国的招商引资模式：文化搭台，经济唱戏。

历史上的南海创造了很多传奇：陈启沅开办中国第一家民族缫丝厂、卫省轩创办中国第一家火柴厂、邹伯奇制造第一台国产相机、简氏兄弟开创第一家中国卷烟厂、詹天佑主持设计了中国人自主修建的第一条铁路……这批影响历史的人物有一个共同的特点，他们都是从外面回来的“创客”。浓墨重彩的南海历史，有很大篇幅是由创客写下的。

尽管走老路到不了新地方，但历史的经验总是值得注意。南海打造全球创客新都市就是要确立一个走向：端南海的碗、吃世界的饭。

南海是著名侨乡，世界很多地方都有南海会馆，走遍五湖四海，都能感受到浓浓的南海乡情；南海是一片英才辈出的土地，很多世界名校都有南海出去的学子。南海的雄心要让全球的南海乡亲知道，南海的方向要让遍布世界的南海学子明了，南海的机会要让所有的创客分享。

毛泽东说：人民，只有人民才是创造世界历史的动力。南海也可以说：创客，只能创客才是创造南海历史的最新动力。

（原载《珠江时报》2016 年 9 月 26 日）

改革的“化学反应”何时到来

举国关注的顺德管理体制改革转眼就要过去两年了，媒体对顺德改革的关注近期又热了起来。回顾两年前顺德大部制改革揭幕时，“石破天惊”和“化学反应”成为媒体报道使用最多的两个词。前者是顺德党政部门整合力度所带来的震撼，后者是人们对顺德改革效果的预期。现在，我们也许应该追问：“石破天惊”之后的顺德是否出现了期待中的“化学反应”？

在很多学者眼里，当下中国的行政管理体制改革出现了两种模式：一种是以江浙为代表的国家动员模式，以 GDP 主义为发展目标和考核内容，属于典型的强政府弱社会发展模式。另一种是顺德代表的社会驱动模式，因为民间力量强大，所以社会推动改革力量很强大，政府也顺势而为，成为强政府。相比之下，人们更看好顺德模式。

前几天，一直关注顺德改革并对此高度肯定的新加坡国立大学著名学者郑永年应邀到顺德讲学考察。一番深入调研之后，郑永年得出一个结论：顺德大部制改革目前还处于物理变化阶段，改革效果还没有出现“化学反应”。他的这个判断得到了很多人的基本认同，因为事实就是这样。

所谓化学反应，就是分子破裂成原子，原子重新排列组合生成新物质的过程。判断一个反应是否为化学反应的依据是反应是否生成新的物质。顺德大部制改革，把 41 个党政机构大刀阔斧地调整到 16 个部门，不仅如此，顺德还享有地级市管理权限，一些原本属于省、市垂直领导的部门也下放给顺德管理。顺德区政府也因此成为中国权力最大的县级政府。但是，如此猛烈的“火势”，仍旧没有催生顺德改革的“化学反应”——那些由众多部门组合而成的新机构表面上成了一家人，但实际运作仍旧各自为政、泾渭分明。正如马克思的经典描述，它们犹如装在一个麻袋里的马铃薯，多的是彼此碰撞、少的是良性互动，防范、猜忌、争权、斗气、阵营等现象时有发生，磨合期远未结束；顺德大部制改革的旨归是提升政府服务的能力和效率，但改革前的顺德和改革后的顺德在服务能力和效率上到底有多大的区别，至少目前还没有体现出来；而在强化监督方面，尽管政府各部门有了区纪委派出的专职监察人员，大监督的格局貌似成型，但很难说顺德区纪委的权力和地位有了明显提升，外界常常听不到他们的声音……

顺德从来不缺乏改革的动力、经验，更不缺乏改革的经济基础，但大部制改革的“化学反应”为何迟迟不来呢？一个不能忽视的原因在于顺德大部制改革更多局限在政府机构的整合上。此举不能说没有效果，但也很难有太大的效果。这是顺德的历史与现实所决定的。

从思想到行动，顺德一直站在中国改革的最前列，从政府机构的设置来看，大部制改革前的顺德已经是全国县级政府中最少的；从公务员的数量而言，20 多年前 GDP 仅有近百亿元的顺德是这么多人，而今 GDP 接近 2000 亿元的顺德，公务员也还是这么多人。经济社会的飞速发展让本来就已经很精简的政府机构和人员承受着前所未有的管理重任，有的甚至在疲于奔命。在此语境下，以部门整合为重点的大部制改革，显然已经没有多大的效益空间。而部门的削减，又进一步压缩了公务员的晋升空间。由此引发的怨气和消极情绪，肯定会侵蚀改革的效果……

路在何方？当然不是回到从前，更不是增加编制。顺德改革从“物理反应”到“化学反应”的路径只能寄望激活民间创造力，这也是郑永年开出的处方：赋权于社会。

顺德之所以让人尊敬，是因为那片土地总是涌动着一股特别的顺德力量。但必须指出的是，顺德最震撼人心的创造力不是来自政府，而是来自企业。没有顺德企业的霸气，就没有今日顺德的豪气。这是认识顺德的逻辑起点。如果说20世纪90年代中后期顺德的产权改革释放了企业的创造力，奠定了顺德制造的威名和顺德的地位，那么，两年前启动的行政管理体制改革，其目标指向就应该是释放社会创造力，探索出社会管理的顺德模式。

只有民间力量壮大，并成为社会管理创新的力量，顺德政府和公务员才会“解放”；也只有具备管理好形形色色社会组织的能力和水平，顺德政府才会变得强大。要实现这个目标，既需要顺德政府敢于向社会放权，给社会组织成长的空间，更需要上级向顺德放权，这个权不在佛山，也不在广东，而在北京。在很多方面如果得不到中央的默许和授权，改革就难以走下去。

好在顺德不是等待，而是行动。其中容桂的探索已经让我们眼前一亮。他们以社会公平为突破口，释放经济发展的各种要素，将经济社会事务决策交给由各阶层代表组成的“公共决策咨询委员会”审议，通过政府购买公共服务，将部分社会服务的职能交给NGO执行……

有行动就有希望。顺德改革还在路上。改革注定不是一次速战速决的短跑，而是一场持续不断的接力。顺德改革的“化学反应”需要空间，也需要时间。

（原载《南方日报》2011年6月13日）

明天的何享健们在哪里

一年一度的“粤苏4+4青商合作联盟高峰论坛”已经走过了八年征程，广东的南海、东莞、中山、顺德和江苏的江阴、张家港、常熟、昆山轮流做东，刚好完成一轮，明年又将在南海开始第二轮。在这个影响日益扩大的平台上，顺德青年企业家的每一次出场，都格外引起人们的关注，因为他们的背后是响当当的顺德制造。

在昆山峰会上，著名经济学家钟朋荣发表一个观点：当今世界的企业发展有两种代表性的成功模式，一种是美国模式，其特点是大企业立国，做大做强；另一种是德国模式，其秘诀是以中小企业立国，做专做精。目前的美国企业困难重重，但德国企业却一枝独秀。原因很简单：德国企业不追求世界500强，而是立足500年。在钟朋荣看来，顺德经济是真正的和谐经济，众多中小企业为大企业配套，“大狗”和众多“小狗”一起奔跑。这样的顺德模式是中国的希望。今天是德国，明天是顺德。钟朋荣的话语，赢得了如潮的掌声，更让现场20多位讲“德语”的顺德青年企业家欣喜不已。

其实，顺德并不缺少掌声，顺德的名声早已从中国走向世界。让顺德名声远播的决定性力量，不是李小龙、不是双皮奶、不是清晖园、不是大部制，而是顺德制造。如果不是因为拥有美的、科龙、容声、万家乐、格兰仕等中国驰名品牌，顺德就没有今天的底气；如果不是拥有“家电王国”“家电之都”的美誉，顺德就没有今天的豪气。“可怕的顺德人”之所以被公众和媒体津津乐道，就因为顺德有何享健、杨国强、梁庆德这样的业界大佬。如果要追问顺德明天的奶酪何在，我们首先必须追问：顺德明天的何享健们在哪里？

答案只能在青春顺德中寻找，因为顺德制造的尊严要靠他们来捍卫，顺德明天的大老板，肯定只有从他们中间产生。作为一个几乎囊括了当下顺德商界年轻精英的民间组织，顺德青年商会无疑是我们追问顺德明天的出发地。

他们是一支风华正茂的队伍，行走在正午的阳光下，我们很难看到他们身后的阴影。如果在粤苏4+4青商合作联盟平台上审视，连续8年出场亮相的顺德青年企业家们，既展示了精彩，也露出了“尾巴”。

我们发现：顺德青年企业家中，做实业的越来越少，做投机生意的越来越多。在不少青年企业家眼里，做实业太辛苦，赚钱太慢，风险太大，还是做投机生意赚快钱划算。这样的心态，让他们与制造业渐行渐远。顺德的产业蓝图定位在现代制造业与现代服务业，或许很多青年企业家可以声称自己做的是现代服务业，但皮之不存毛将焉附——没有蓬勃发展的现代制造业，就没有现代服务业成长的土壤和空间。没有强大制造业的支撑，顺德的经济大厦就可能动摇。

我们发现：顺德的创业环境越来越好，但顺德本土的创业者却越来越少。一个没有被充分注意的现象是，顺德企业越来越多，但顺德人的企业却越来越少。在顺德，诸如江西商会、四川商会、湖南商会、福建商会的规模越来越大，实力也越来越强。有人得出一个数据：目前有上千福建老板在顺德做家电、家具、五金的配套产业，而地道的顺德人正在从这些领域节节告退。顺德万商云集，自然是好事，说明顺德的创业环境越来越好。这样的创业环境无疑会催生大量的老板，如果未来的何享健们变成了江西人、湖南人、四川人、福建人，顺德人的心情肯定不会好受。我们要记住一点：在机会面前，没有人会客气谦让的。

我们还发现：顺德的生活越来越好，但顺德人的胆子却越来越小。也许顺德人的字典里没有“小富即安”的词条，但一些显而易见的现象让我们担忧：大量的顺德青年在拼命跻身公务员队伍，他们企求的也许不是权力，而是安定。尽管追求稳定的收入和舒适的环境不是什么过错，但躲避风雨，也可能错过彩虹。一旦安稳变成顺德青年共同的价值取向，顺德的明天就不可能波澜壮阔。还需要注意的是，为数不少的顺德"富二代"中，有的坐享其成，有的移居海外，父辈们的创业激情正在从他们身上消退。当他们的外语比"德语"还流利时，顺德精神也可能出现严重的"水土流失"。当然，他们中间也可能出现李兆基、郑裕彤这样的人物，但顺德的将来只能靠留守顺德的人们自己打拼。远水解不了近渴。无论境外顺德乡亲怎么发达，他们也只能是顺德墙外的鲜花，而不是顺德家园的脊梁。

环顾世界，任何一个世界强国，必定是一个制造业强国。制造业是顺德的命脉，也是顺德征战世界的武器。在资本狂热、实业艰难、制造业被贬损的当下，需要有更多的顺德企业家坚守制造业的价值和定位。

马云说过：这个世界上最痛苦的就是坚持，而最快乐的也是坚持。顺德的青年企业家们只有敢于承受痛苦，才有资格赢得快乐。

以青春之我，构筑青春之顺德。这是青春的宿命，更是青年企业家的使命。

（原载《南方日报》2011 年 9 月 28 日、《珠江商报》2011 年 9 月 28 日）

佛山新城是顺德发展的重大机遇

佛山新城管理体制调整方案已公布，最大的亮点在于将佛山新城交给顺德管理、乐从镇纳入佛山新城，让中德工业服务区与顺德乐从镇全面融合，统一规划、统一实施、统一管理、联动发展。这个经过深思熟虑才慎重推出的重大决策，既是佛山新城发展的重大突破，也是顺德发展的重大机遇。

顺德和佛山的关系，一直是民间议论的话题，几乎每隔一段时间媒体就要爆炒一回。原本并不敏感的问题，却被人们越谈越敏感。这次也不例外。因为佛山新城的主体在顺德的地盘上，稍有一点响动，就会激起如潮的口水和想象。当佛山新城管理体制调整方案还在酝酿阶段，各种传言就不胫而走。最具代表性的说法有两种：一是佛山新城玩不下去了，二是市里把包袱丢给顺德背了。

是佛山新城玩不下去了吗？答案显然是否定的。

十年前，佛山市委、市政府决定在与禅城隔河相望的乐从拿出一片土地建设东平新城，最初的目的也许是承办广东省运动会的同时，也为日益拥挤的老城寻找一个腾挪的空间。在世纪莲体育中心、岭南明珠体育馆、佛山新闻中心、东平大桥等标志性建筑相继竣工的时候，东平新城也更名为佛山新城，其功能定位也在逐渐提升：从佛山的新城变为佛山强中心战略的主要支点，从广东工业服务示范区上升到中德工业服务区，继而成为与广州南沙、深圳前海、珠海横琴等国家级战略平台并列的明星平台，是广东省重点打造的六大重大合作平台之一。从佛山走向广东，从广东走向全国，从中国走向国际——佛山新城所走过的十年，不是越玩越小，而是越玩越大。放眼全国，在建的新城数以百计，但拥有佛山新城这个定位的又能找到几个？

佛山新城交给顺德管理，是丢包袱给顺德背吗？答案也是否定的。

佛山新城既是一笔巨大的有形资产，更是一笔巨大的无形资产。只要去佛山新城走一圈，就会深刻地感受到巨变带来的震撼。大气美丽的滨江景观代言佛山城市的变迁，林立的高楼是资本市场为佛山新城投下的信任票。那里聚集的不仅是体量，更是巨大的能量。不可否认，佛山新城有不少贷款，也承受着不小的还贷压力。如果把这种压力无限放大，那是自己吓唬自己，再说没有举债的新城，中国可能找不出一个。佛山新城的负债到底有多少？它的市场潜力和发展前景究竟如何？在接手佛山新城之前，精明的顺德一定做了全面的摸底和评估，也可能做了相应的要价和博弈。坦然接盘，说明顺德心里有数。如果可以，我们希望能如实公布佛山新城的债务，主动公开将可消除公众的疑虑和误解。

顺德有钱，佛山新城交给顺德管理，绝非是打大户人家的主意。佛山新城管理体制调整方案中有一条规定：2013 年乐从镇给省、区上缴多少，以后还照样上缴多少，收入增加的部分将留给佛山新城和乐从自己支配。顺德的存量不变，佛山新城和乐从得到的只是增量而已，顺德的利益并没有受损。此外，方案还明确责任：佛山新城和乐从镇之前的所有债务均由他们自己负责偿还，不用顺德背这个包袱。

或许有人会问：既然佛山新城是这么好的东东，怎么还要交给顺德管理？

佛山新城管理体制怎么调整，选项其实不止一个。之所以如此选择，是基于佛山新城发展的需要，亦是基于对顺德的信任。

佛山新城的规划面积是 26 平方公里，核心区不到 6 平方公里。经过 10 年的开发建设，核心区已经填满，如果没有更大的空间，佛山新城势必困死在东平河畔。因此，向外拓展成为佛山新城的必然，但这样的拓展如果没有乐从、顺德的全面策应，几乎是不可能做到的。如果没有机构的整合没有利益的捆绑，顺德的能量也难以激活。缺少这个支撑，仅靠市里的统筹可能演变为“统愁”。如果“两张皮”的管理体制维持不变，佛山新城发展无望，中德工业服务区也将是空中楼阁。后者是广东省内唯一一个与德国展开全方位合作的平台。这件事情做不好，那将是一个后果严重的国际玩笑。佛山新城管理体制的调整，是果断而勇敢的选择。

依托中德工业服务区这个超级平台以及佛山新城所拥有的政策资源，顺德可以玩出很多名堂。

顺德的城市重心在容桂—大良一线，由南向北，城市效应呈递减态势。随着顺德新城的不断成型，这种反差会更加明显。如果北部有了佛山新城，并形成南北合龙，顺德会比哪里都显得生动。正是看到了这个前景，顺德才勇敢地接受了这个挑战。

大局已定，关键在人。新的管理体制怎么运行，全国还没有可以借鉴的样本。从整合到融合，需要磨合，需要时间。探索总要付出代价，我们希望这个过程不那么漫长、付出的成本不那么高昂。

（原载《南方日报》2013 年 12 月 12 日）

开放的“战车”再出发

顺德何去？“战车”何往？我们等来了出牌的时刻——

以北滘、陈村、乐从为主体的顺德北部片区一体化战略正式启动，这场顺德史上未有的“北部会战”不仅要提升北部三镇对内对外互通互联的水平，也志在塑造顺德更大的开放格局。这是顺德开放精神关键时刻的发威，也是区邦敏开放思维在顺德的落地。

2014 年 11 月 28 日，区邦敏出任顺德区委书记。他坦言自己从来没想到会当顺德区委书记，这是真话。区邦敏又说，这么多年他一直在研究顺德。这也是实话。履任新职，他谈得最多的是地铁项目，亮出的旗帜是顺德开放。一连串的信号表明：区邦敏是有备而来的。

顺德的条件很好，可做的文章很多。摆在区邦敏面前的至少有“产业”“城市”“改革”“开放”这四个选项。他选择开放，有些出乎意料，但又在情理之中。

顺德是个“大户人家”，她的发迹地是在南面的容桂。因为有一条江、有一个顺德最大的码头联系世界，从而让水运时代的顺德成了“南国丝都”“广东银行”。顺德的经济重心之所以长期是在南部，而不是在更靠近广州的北部，原因就在这里。世界上的水都是相通的，码头经济的实质就是开放经济，顺德人的开放精神也由此催生、由此成长。我们听见这样的“德语”——欧广源说：顺德人最希望能看到三种人，就是戴眼镜的人、讲普通话的人、讲外语的人。何享健说：美的 20 世纪 60 年代用北滘人，70 年代用顺德人，80 年代用广东人，

90 年代用中国人，21 世纪用全世界的人才！

沿着走过的道路回溯，可以发现顺德奇迹的背后有两种开放模式：第一是工业化起步阶段的要素开放，比如以“星期六工程师”代表的对内开放、让港澳乡亲投资办厂为代表的对外开放；第二是工业化中后期的制度开放，产权制度改革成为经典之作。这两种开放模式都从顺德走向了全国。

俄罗斯数学大师马尔科夫有一句话说得很经典：“任何一个进步的体系，都是开放的，不然就会丧失其发展的可能性，因而也就丧失其进步性的特点。”开放是顺德的基因，是顺德的传统，也是顺德的优势，只是不同时期有不同的表现形式。那么，区邦敏主导下的顺德开放和以前有什么不同呢？答案已经亮出，那就是以思想的开放带动城市和社会的开放，把顺德的开放推向更高层次—系统的开放。

顺德像一部豪车，性能很好，轰一下油门就可以跑得飞快，但如果目标不清，就会远离目的地。对顺德而言，方向感尤其重要。“开放发展”不是某个人的心血来潮，而是顺德“战车”行进的逻辑和方向。之所以选择从顺德北部破题，是因为北部更有挑战更有机会。

“两家一花”（家电、家具、花卉）是顺德的家底，也是顺德的名片，它们的支点在北滘、乐从和陈村。如果没有更大力度的整合创新，顺德经济就很难出现升级版。区邦敏全力以赴把轨道交通从广州南站引入北滘，并让它成为顺德未来的交通中心，就是要让这个拥有两个千亿级企业的名镇攻守兼备：攻在于吸引广州方向的人才和资本，这是顺德创新必不可少的要素；守在于让大企业与顺德不离不弃、相依为命。做到这一点，仅有家乡情感维系是靠不住的。如果美的、碧桂园走了，顺德的分量就会大大缩水。虽然美的、碧桂园已经在此修了总部大厦，但对这么大的企业而言，放弃一栋大楼是一点不难的。让企业总部扎根顺德的最好的办法就是让顺德更城市、让企业总部更链接大都市。互联网之所以改变世界，就是因为让世界有了前所未有的开放和链接。

现在的顺德就是这么做的。顺德所设计的开放战略当然不仅在于留住大企业、大老板，而是要为出现更多的何享健、杨国强创造条件。像美的、碧桂园这样的大企业，其势力范围早已超出顺德，甚至可以在全球寻求资源配置，而对众多成长型企业而言，它们需要一个更加开放的顺德来寻求更大的发展机会。如果没有一个开放的大市场，顺德就不会有这么多大企业、大老板，精明的顺德人也只能做点小生意。对于开放的理解和渴望，企业比政府更深刻、更迫切。

开放的顺德有一个显著的变化：以前是被动联结，现在是主动联结。顺德开放的战车选择从北部再出发，很显然既要牵手广州，更要拥抱禅城和南海。远亲不如近邻。有兄弟做后盾，顺德就可以放心大胆闯世界。大家都很明白：这一步如果不走，佛山强中心战略就少了一个强大的支点，顺德融入广佛都市圈就可能是一句空话。一个只在乎远方而漠视眼前的顺德肯定会走得艰难。因为没有开放的胸怀，就不能清醒地看到自身的缺陷，也不能正确对待别人的优势，容易犯故步自封、丧失机遇的错误。不挑明这个道理、不打开这个心结，顺德自己生闷气，大家都不舒服。有开放的思想，更要有开放的行动。顺德正在做必要的修正和努力，区邦敏在区委全会上说了一句狠话：如果抓不住机会，错过就是罪过！我们为这种态度鼓掌：顺德要打开世界，必须首先打开自己。

开放是顺德的特长，也让顺德尝到了甜头。开放也是区邦敏的强项，南海、禅城的开放已经证明他是一个优秀的开放操盘手。更为重要的是，一个系统开放的顺德是整个佛山的召唤和期待。这样的优势叠加，顺德开放的战车有望顺风顺水、所向披靡。

（原载《南方日报》2015 年 6 月 12 日）

把“靓女”嫁给世界

1

一个时代的开启总是有标志的。

公元2015年11月12日。顺德潭洲。550位中外嘉宾共同见证一个可以载入史册的时刻：

——55个项目签约，投资金额高达722亿元。

——广东（潭洲）国际会展中心奠基。一年后，这里将承办互联网+博览会、先进装备制造业展览会，南中国的会展经济将出现一个全新的格局。

——广东将史上第一块“国际合作区”牌子挂在顺德北部片区。

那天的活动现场有两幅引人注目的标语：开放顺德，同创辉煌；从这里进入中国，从这里迈向世界。

久违的大气。归来的霸气。那天的场景在传达一个信号：一个属于顺德的国际时代开始了。

2

那天，时任佛山市委书记刘悦伦出现在顺德北部片区项目对接大会暨项目奠基及动工仪式的现场。这不是给顺德面子，而是要为开放的顺德打气。顺德的“北部会战”对顺德乃至整个佛山的发展都将产生深远的影响。他以昂扬的语调点赞顺德北部战略：前瞻性、开放性、国际化、高端化。

时间倒回去 9 个月，刘悦伦的口气可不是这样。2015 年 2 月 6 日，他公开发出被媒体广泛关注的“五问顺德”：固定资产投资，如何支撑顺德未来？城市载体建设，以后还能有大手笔吗？三产载体不足，未来如何破题？产业质量效益，是不是提升较慢？曾经的改革先锋，今后能否再突破？

这话很重，让人脊背发凉。顺德何去何从，刘悦伦给出的方向是开放：顺德的开放不仅是引进外资，而且是胸怀的开放，用更大的气魄去审视自己。

顺德人很醒目，他们化压力为动力的办法就是首先打开自己。

北部片区发展战略的推出是“五问顺德”之后顺德给出的第一个答案。市长鲁毅曾经专门到顺德北部实地调研，他给出这样的评价：顺德不光是站在一个区的角度，而且是站在整个佛山、广佛都市圈和珠三角世界级城市群的角度，谋划城市发展、打造新的城市格局。

峰回路转，是因为顺德找到了方法和方向。

3

顺德北部是珠三角的中心。那里环境最美、区位最好、潜力最大。更为重要的是，位于顺德北部的佛山新城握有两张好牌：中德工业服务区、中欧城镇化合作示范区。依托这两个平台，顺德就可以确立开放的主题。

春江水暖鸭先知。美的集团率先出手，收购德国库卡机器人部分股权，成为主要股东。此举带来一个意想不到的广告效应：顺德、佛山在德国的名气突然变大了。

一个以顺德企业家为主体的庞大考察团随后飞抵德国，带队的顺德区委书记区邦敏抛出一个极具分量的筹码：珠三角有 20 万亿元规模的工业总产值，是中国工业制造“量”的代表，德国是全球工业“质”的标杆，如果能够在制造业基础雄厚的佛山实现质与量的握手，对全球工业将是一个巨大的带动。德国人听懂了，于是有了今年 9 月在佛山新城上演的“中国制造 2025”与“德国工业 4.0”对接、中德工业城市联盟。

国际会展行业巨头汉诺威展览公司也以超常规的速度和顺德牵手，因为空旷的潭洲很是生动：西有美轮美奂的中德工业服务区，东有广州南站，北有广东金融高新区。如此格局，顺德人激动，德国人也激动。

著名财经作家吴晓波有一个说法：业界大佬们之所以喜欢到上海“开会”，是因为上海有一个由汉诺威展览公司打理的会展。鲜为人知的是，去上海“开会”的广东客户中，佛山企业占了一半。

乐于去上海“开会”的佛山有一个巨大的工业体系，有超过 2 万亿元的工业产值。这个数字排名广东第一、全国第五。如果在这里“开会”，一定不缺少捧场的人。更何况致力于产业转型升级的佛山亟需高端工业服务业的支撑。

这样的背景和前景，打消了德国人的最后一丝犹豫。有汉诺威展览公司助力，顺德举办世界级博览会之梦比任何时候都近。

顺德潭洲，不是广州琶洲的翻版，从这里发出的“德语”，整个世界都会听到。世界到佛山“开会”，这是完全可能的！

4

顺德北部楚楚动人。遵从“靓女先嫁”的历史经验，开放顺德率先从这里出发。

20 世纪 80 年代，顺德为改革开放的中国贡献了“顺德模式”，这个模式的核心是以大办乡镇企业来实现工业化。那时的顺德市长既是行政首长，又像是全部企业的董事长。政府出面为公办企业贷款，结果是政府债务越来越重，风险越来越大。顺德人的说法叫“辉煌的成就，惊人的包袱”。

不堪重负之下，顺德启动产权改革：978 家公有企业全部转制，政府独资和控股企业减少到 142 家。这种被称为“靓女先嫁”的改革走得步步惊心，尽管压力巨大，但顺德人坚定不移，以卓越的韧性最终走进了市场经济的伟大时代。“可怕的顺德人”赢得了前所未有的掌声和敬意。当今顺德很多大名鼎鼎的航母企业就是“靓女先嫁”结出的硕果。它们改变了顺德，顺德引领了一个时代。

“靓女先嫁”的精髓就是开放，改革之初的顺德联姻了市场，顺德也因此成为全国最具市场竞争力的区域，奠定了顺德工业化的格局，也开启了城市化的征程。顺德的北部战略是“靓女先嫁”的升级版，它把顺德乃至佛山城市品位最高的地方带入一个全球化的市场交易平台上。过去的“靓女先嫁”让顺德从工业化走进了城市化，而今的“靓女先嫁”立意在于以城市现代化引领产业高端化。如果说产权制度改革是让企业走向世界，那今天的开放就是要让顺德变成世界的顺德。对比之下，旧版的“靓女先嫁”是嫁给市场，新版的“靓女先嫁”是嫁给世界。

创新、协调、绿色、开放、共享，这是中国最新的发展理念，“可怕的顺德人”很有可能再次为国家贡献一个样板。

5

古诗云：好雨知时节，当春乃发生。

开放顺德，正在得到市场和世界的响应。这轮的“靓女先嫁”进展很顺。广州地铁 7 号线从广州南站进入顺德北滘，是各种优势资源向开放顺德集结的标志。佛山市委、市政府也做出决定，将佛山新城交给顺德管理。这个看似简单的“回归”，构筑了开放的机制，奠定了佛山中心城区禅城、南海、顺德三足鼎立的格局。这样的抉择，让开放顺德底气更足、分量更重、筹码更多。

佛山市长鲁毅说了，佛山制造要向德国制造看齐。能否做到，带头大哥顺德的表现最为关键。佛山新城交给顺德管理，是佛山交给顺德一个可以撬动世界的支点，去创造一个时代。

开放顺德，如猛虎下山，如蛟龙入海。顺德明白：佛山的胸怀和信任不可以辜负。

（原载《南方日报》2015 年 11 月 19 日）

佛山新城就交给顺德去搞定吧

顺德近来动作很大，最引人注目的消息莫过于佛山“有史以来最大的会展项目”——佛山国际会展中心将在北部片区的北滘上寮兴建，并确定引入国际知名的德国汉诺威展览公司作为合作伙伴。这不仅意味着会展经济将成为顺德北部片区的未来主题，也让前景不甚明朗的佛山新城有了一条通往明天的路。

坦率地说，佛山新城的发展并不顺利，速度也不如预期。这座新城干什么、谁来管一直都是问题。佛山新城是在顺德的地盘上，如果换成别的地方，一定是皆大欢喜、求之不得的好事。但放到顺德，事情就变得复杂而敏感。这倒不是因为顺德“店大欺客”，而是顺德的心思更多集中在行政“升格”上。虽然这样的理想现在没有实现的可能，未来也很难再有机会，但相当一部分顺德人还是笃信马云的那句话：“梦想是要有的，万一实现了呢?”

佛山新城最先是市里直管，但效果不是很好，一个重要原因是没有得到顺德强有力的策应，从政府到民间，态度都比较冷淡。佛山新城能给顺德带来什么——这个问题不能解答之前，顺德人想得最多的不是干，而是看。2013 年 12 月，佛山市委做出重大决策，将顺德乐从镇纳入佛山新城，佛山新城委托顺德管理。但市、区的权责划分依然含混不清，执行效率也不如预想中那么显著。一个多月前，当顺德推出北部片区一体化发展战略时，人们就想到一个问题：佛山新城的管理体制可能会做出相应的变化。事情也很快有了答案：佛山市委对佛山新城和乐从领导班子进行调整，顺德全面接管佛山新城。

这是认真权衡之后做出的理性选择。民间曾经有将佛山新城升格为“佛山第六区”的说法，这在政治上绝不可行：其一，一旦佛山新城与顺德平行，必将形成博弈和竞争关系，有竞争就会有抵制，结果可想而知；其二，要肢解顺德，所带来的政治风险没有人可以承受。让佛山新城彻底“回归”顺德，无疑就是唯一可走的路。

必须承认，顺德接手的佛山新城不是一个烫手的山芋。无论从区位优势、城市环境和硬件设施，佛山新城都堪称全国一流，就是和欧美发达国家相比，也是拿得出手的。佛山新城的价值在于新，更在于它拥有“中德工业服务区”这块牌子。汉诺威展览公司之所以愿意和顺德合作，最大的原因就是看好佛山新城的前景。

鲜为人知的是，佛山一直在想办法引进国际著名的展览公司，南海想放在狮山，顺德想放在大良。这两个方案都没有得到业界龙头企业的认同，最后推出北滘上寮，人家才说 ok。作为国际顶级的展览公司，他们当然有自己的价值判断：北滘上寮比邻佛山新城，向东可以承接广州资源，向北握手禅城、桂城。顺德也许不太在意禅城、桂城的存在，但它们毕竟是佛山地盘上城市化程度最高的区域。汉诺威的选择正是基于一个理由：大良是顺德的中心，而与禅城、桂城隔江相望的顺德北部是珠三角的中心。如果不承认这个事实，那不是豪气，而是赌气。

现在，佛山新城依然是佛山的，但首先是顺德的。顺德要做的不是为佛山建一座新城，而是如何经营一个有国际影响力的产业新城。解开这个心结，顺德就可以飞翔。

顺德有很多发展的经验，也有不少教训，其中之一就是北部片区的基础设施建设没有得到应有的重视。当年修建佛山一环，顺德也是想方设法让它只从“边上”路过。这不是财力问题，而是心理上或多或少有对“佛山力量”的排斥和抵制。这种强烈的“自我”意识对外伤了感情，也让与佛山紧邻的北部片区付出了代价。重提这些旧事，不是揭历史伤疤，而是希望顺德更好。顺德的“北部会战”之所以从交通入手，在一定程度上也是弥补历史的欠账。

从现有的规划来看，最先进入轨道交通时代的顺德北部片区必将引领顺德的新一轮发展。这是市场力量使然，行政力量的介入只是顺势作为而已。摊开地图就会发现，顺德北部离广州南站、佛山西站最近，也最有条件承接和吸纳外部的资源。同时拥有两个枢纽站，就是放眼全国所有的制造业城市，也很难找到第二个。这是佛山的优势，也是顺德的优势。用好这个优势，顺德将会更强，顺德的“外溢效应”也会更为强大。布局已经打开，顺德必须用“格局”来对应。

当下的佛山，乃是中国第五大工业经济体，顺德的贡献厥功至伟。顺德好，佛山好；佛山好，顺德更好。佛山新城交给顺德打理，是整个佛山对顺德的信任。而佛山新城的“回归”，不仅可以在顺德大地上开辟一条前往广州南站的通道，也将得到顺德产业的强大支撑。如果佛山新城还是自成一体，就不会得到这种资源的拥戴和叠加。而佛山新城的“回归”，也让自成一体的顺德有了融入广佛都市圈的门户和桥头堡。佛山城市中心的格局也将发生重大改变：从以前的禅（城）、桂（城）、新（城区）扩展为禅（城）、南（海）、顺（德），这样的三足鼎立，将构成佛山城市最强大的、最稳定的配置结构和支撑力量。有了这个组合，佛山就应该有魄力和气度去打造一个365 平方公里的城市中心，北有南海的广东金融高新区，南有顺德的中德工业服务区。这样的城市格局，是多么辽阔和壮丽。

佛山甚至可以考虑淡化佛山新城的称谓，甚至用“中德工业服务区”来取代，既顾及顺德的感受，更可让新城从佛山的变为世界的。

佛山制造正在向德国学习，佛山新城也以“中德工业服务区”为己任。德国制造有两个世界最好的会展，一个是汉诺威，一个是法兰克福。佛山制造没有很好的会展，汉诺威展览公司的进入，将弥补这个缺陷。理性严谨的德国人不会冲动做事，他们的到来就是为顺德、佛山未来投下一张信任票。

佛山国际会展中心一旦出现，也许会受到广州琶洲国际会展中心的“挤压”。佛山的空间源于错位：广州琶洲会展中心以产品展览为主业，未来的佛山国际会展中心以装备制造展览为特色。把握这个错位，两者就可以渔歌互答、交相辉映。

顺德是一个敢作敢为的地方，凡是“可怕的顺德人”认定的事情，几乎没有什么干不成的。漫长历史所积淀下来的顺德精神也许可以用六个字来概括，那就是“坚嘢”“识做”“搞掂”。佛山新城交给顺德、佛山国际会展中心布点顺德北部片区，这是顺德的喜事，佛山的大事。也许前路并非一片坦途，但顺德可以让我们放心。无论面对多大的难题，我们都有理由相信：“坚嘢”“识做”的顺德一定可以“搞掂”它！

（原载《南方日报》2015年7月18日）

历史的机遇又一次等待顺德把握

1

拜伦说：逆境是通向真理的第一条道路。

2016年已经来到，有人预测这一年会比较难过。但“可怕的顺德人”不这样认为。他们说：调整就是机遇。机遇永远留给敢想善为的智者。

年初召开的顺德区委全会推出一个特别有顺德味道的报告，提得最多、看得最深、阐述最透的是“机遇”二字。做报告的嗓音洪亮，听报告的掌声响亮。人心如会场一样明亮：没有什么可以犹豫，顺德要做的事情就是抓住机遇大干一场。

2

别人说保工资、保稳定，顺德却说“再创新优势、同创新辉煌”；很多地方发愁怎么过冬，顺德却浑身热气：要实现从工业经济迈向“产城共融共进”的新时代。

不是逆天，而是顺道。如此底气，盖因2015年的顺德干得漂亮，最显著的标志是定战略、定方向、定平台。

毋庸讳言，此前的顺德有犹豫、有彷徨、有观望，当然更有思考：行政改革需要顶层设计，而经济发展的改革创新才适合顺德自己。2015 年初，顺德推出了开放战略，一向比较沉寂的北部片区突然成为新宠，让长期扮演明星角色的东部片区觉得有些失宠，发展相对滞后的西南片区以为自己成了弃儿。但人们很快发现，接踵而来的部署让大家明白：开放战略不仅有东西落地，而且顺德三大片区都有路可走、有活可干、有机可乘——

东部主抓教育、卫生、文化，服务全区，辐射周边；北部打造顺德屹立广佛核心区和佛山中心城区的龙头标杆；西南部要充当顺德发展先进制造业的重大平台和载体。就是被视为顺德“幺儿”的均安也被赋予重任：探索一条以自然生态、人文文化为支撑的发展路径。

顺德各片区皆大欢喜，而且喜出望外。广州地铁 7 号线西延顺德项目一路绿灯，以不同寻常的速度获得立项审批；北部片区几件大事办得妥妥当当，80 多亿元的投资项目也全部落实；东部推出了超过百亿元的基础设施项目，华侨城二期已经破土；西南部建设国家高新技术开发区的宏愿也得到积极的响应和支持。

顺德一边欢迎天下英雄到顺德布阵，一边以席卷天下、囊括四海的气势向外拓展。立意高远的合纵连横让“铁桶阵”破了，善于合作、敢于竞争的“近交远攻”让“孤岛效应”没了。开放的思维带来开放的格局。这是 2015 年顺德最大的变迁和最大的收获。这样的势头和格局也让顺德具备抓住历史性机遇的可能。

3

机遇在哪里?

路遥知马力，日久见人心。巴菲特说：只有退潮后才知道谁在裸泳。经济的深度调整意味着新机会的到来。严酷的环境和巨大的压力，最能激发顺德舍我其谁的霸气。历史已经证明了这样的顺德秉性。

1990 年初期，全国的乡镇企业都面临难题，经营无序、管理混乱不说，最要命的问题是资不抵债、举步维艰。顺德也不例外。但恰恰是不例外的顺德最先开启了影响中国的产权制度改革，从山穷水尽走到柳暗花明。没有这场危机，就没有这场改革；没有这场改革，就没有今天的美的、格兰仕、碧桂园，也就不会有今天的顺德经济。

在中国乡镇企业时代，顺德沿 105 国道打造了一条经济动脉，催生了北滘、大良、容桂三个赫赫有名的经济大镇，顺德也借此成为中国百强县的首席。而今的中国正步入城市经济时代，波澜壮阔的新型城镇化建设、世界级城市群的打造，既是孕育新顺德的契机，也是释放顺德力量的机会。因为家电、家具、建材是顺德产业的特点和强项，与城市化的关联度最高。有这种优势和底气的地方，在中国是不多的。

顺德之所以高举开放大旗，就是要以更大的视野、更高的高度来发现机遇、创造机遇。开放是抓住机遇的前提，只有抓住机遇，开放才能化虚为实、落地生根。厘清这个逻辑关系，我们就更能明白 2015 年的顺德为何大谈开放、2016 年为何强调机遇。

开放让顺德“不差钱”。我们看到资本家、银行家正在跃跃欲试进入顺德。这个精明过人的群体不是去品尝顺德美食，而是去抢抓顺德机遇。他们不约而同的行动是基于一个明确而坚定的判断：顺德是很有机会的！

4

危机到来的时候，顺德很有化“危”为“机”的能力。

1987 年，上海暴发大规模肝炎，引发全国恐慌，人们用餐时战战兢兢，唯恐被传染。“如果能有一款可以灭菌消毒的产品，一定很有市场。”两个有专业背景的顺德人把想法告诉杏坛镇党委书记，镇政府随即担保他们贷款30万元研发消毒碗柜。1988年1月，世界第一台消毒碗柜在顺德诞生。

这是著名企业康宝电器的故事。这个故事留给顺德两个启示：第一，企业创新，关键在人；第二，企业要化“危”为“机”，政府力量不可缺席。2015年岁末，经济下行压力持续加大，顺德最先召开企业家大会，最先表达政府要和企业肩并肩、手挽手开拓市场、抢占高地。这不是顺德口号，而是顺德经验。

顺德正在进行最新一波人事调整，一批年富力强的干部被派到关键岗位。一个没有被关注的现象是，这批被委以重任的70后、80后干部大多有良好的教育背景和实践经验。他们的出场，刷新了顺德领导干部的学历层次。这样的干部配备，是因为新常态下的顺德发展，光靠胆量和经验、搞定和摆平已经不行了。只有经过系统训练的“指挥员”才能发现时机、捕捉胜机。这样的干部越多，就越能提升顺德“系统打击”的水平和能力。尽管学历不等于能力，但能力的释放大多是以知识的积累和爆发为前提的。游击战时代，胜者往往是地形熟、跑得快的武工队；到了信息战时代，赢家一定是智商高、装备好的正规军。今天的顺德，既需要经验丰富的“老八路”，更需要锐气十足的新生代。有一支“特混舰队”，顺德就可以劈波斩浪、顺风顺水。

时代变了，玩家和玩法也变了。

5

顺德人很和气，总是笑眯眯的，但他们的眼睛总是在盯着机会。一旦时机到来，其迅猛的腾跃往往让对手猝不及防。顺德人说：只有顺德人想不到的事，没有顺德人做不到的事。这不是自夸，更不是自恋。接触越多，就越能发现顺德人的狼性。

顺德鼓励干部“寻找政策边界和法律空间”，以寻找新路子去适应新常态。但顺德是讲规矩的。顺德区委用人重在“敢担当、善作为、守底线”。全力抢抓机遇的顺德，实际上就是在压缩做“太平官”的可能和空间。

飞着的鸟总会捕到什么。顺德不是走地鸡，而是翱翔的鹰。历史的机遇又一次展现，我们等着发现：高空盘旋的顺德又有怎样的把握、又有怎样的精彩？

（原载《南方日报》2016 年 1 月 11 日）

醒来吧，顺德

1

一石激起千层浪。一语惊醒梦中人。

顺德党政代表团近期用四天时间赴广州、深圳、苏州、杭州、重庆等五个城市考察，大批企业家也紧随其后取经学习。如此高度协同的政商互动，顺德近十年来不曾有过，所引发的震撼和思考更是前所未有。走南闯北，顺德人发现：以前可以平视的对手现在只能仰视了；标兵速度越来越快、距离越拉越远，而顺德身后的追兵却越来越少，甚至不见了。百感交集的顺德在复杂而痛苦的反思中，激荡着思想开放的迫切、背水一战的抉择、舍我其谁的担当。我们听到一个声音：再不醒悟过来，对不起顺德的历史；我们看到一种宣誓：顺德下一步怎么走，一定要在3个月内拿出方案，列出路线图和时间表。顺德或许还没有完全走到大彻大悟的境界，但当顺德政商两界以及社会话语都聚焦“醒来”和“创新”的时候，又一个让人寄予厚望的顺德拐点已经若隐若现了。

2

托尔斯泰说：幸福的家庭都是相似的，不幸的家庭各有各的不幸。区域经济发展亦然。顺德的情况是：有幸福，也有不幸。

十多年前的顺德是很幸福的。顺德党政代表团外出考察得到极高的礼遇：去大连，人家用超地级市规格接待，住最好的宾馆，而且是免费的；从南京到上海，当地交警网开一面，破例让顺德干部乘坐的大巴行驶在刚刚建成但还未剪彩开通的沪宁高速。顺德人说，那时的心情比车轮还欢快、比春天还灿烂。

那时的顺德很牛气。在北京举行的“顺德名优产品（北京）博览会”打出这样的口号：请首都人民检阅顺德改革开放成果。5 天展览来了 3 万人次，其中副部级以上干部 85 位。这是何等风光的事情！在顺德举行的国际家用电器博览会更是热火朝天，全国各地的经销商蜂拥而至，能与顺德制造搭上关系，有面子，更有票子。成龙、吴小莉这样的明星也异口同声：“我知道顺德的名字是从电器开始的。”

那时的顺德被仰视。中国家庭以用顺德电器为骄傲；中国官员以参观考察顺德为首选。光荣和幸福来自顺德制造，更来自那场惊心动魄的产权制度改革。顺德以巨大的勇气为中国杀出了一条血路。

而今的顺德已经没有那种人气，外出考察也很难再享有那种待遇。原因只有一个：曾经有过的顺德经验已经被模仿和超越，十多年过去，顺德没有为转型中国贡献可资借鉴的路径和样本。而顺德这次出去学习考察的城市却不同程度地做到了。

天下熙熙，皆为利来；天下攘攘，皆为利往。世界是现实的，也是功利的。人们不会在没有营养的地方浪费时间。

3

这样的反转让顺德感到失落，甚至有点慌乱。很多顺德人坚持认为，2002 年的区划调整是顺德走下坡路的拐点。这股怨气至今未消。

在中国，像顺德这样被撤市设区的地方数不胜数，但似乎没有一个地方有顺德这么大的意见。顺德人说他们“人大衫小”，远远超过国内很多地级市的经济总量，才是一个县级政府，感到很不匹配、很不舒服。地级市之梦一直挥之不去，甚至演化为一种心病。似乎只有梦想成真之时，才是药到病除之日。

相比之下，经济表现并不差顺德多少的南海代价更大，区划调整让它失去了南庄。南海不是没有悲情，但南海却有化悲痛为力量的本事。在顺德唉声叹气的日子里，南海奋发有为，日子过得越来越滋润。如果未来几年超越顺德，那不是什么新闻。

在中国县域经济体中，顺德似乎只把江苏的昆山放在眼里。昆山和顺德以前不相上下，现在却把顺德甩得很远。其实，昆山超越顺德的趋势早就已经显现，外资的强势进入、上海的辐射带动、雄厚的人才资源，昆山的优势远非顺德可比。只是两地的差距在佛山区划调整之后变得更加明显，让顺德有了错觉和口实。直到今天，昆山依然是一个县级市，它所拥有的政治经济权力并没有超过顺德多少。

富可敌省——媒体常常这样夸赞顺德。这是顺德的光荣和骄傲，如果把经济体量当成行政升格的政治筹码，那是一厢情愿、自以为是。因为崛起的中国将催生越来越多顺德这样的经济巨人，如果每一个“顺德”都要升格，那中国岂不是每隔几年就会有一个或几个地级市诞生？稍微有点常识，就不会相信有这样的事情发生。

更何况顺德的竞争力不是来自政府级别的高低，而是取决于顺德企业的质量和体量。顺德企业不会因为顺德只是一个县级区而丧失成长的空间，也不会因为顺德升格为地级市就可以做大做强。

捅破这个包，挤掉那些脓，顺德就会好过。区划调整都过去这么多年了，顺德不应该像祥林嫂那样纠结。其实，这个道理顺德人都懂，只是有很多人装睡。

4

一位企业家说：顺德政府这次真的急了，而我们做企业的已经急了很多年。这句话既有抱怨，更有期待。与此同时，政府也在反思自己的缺失：战略不够坚定，方法不够创新，精力不够专注，落实不够坚决。这样的发现，既是自省，也是自信。自省和自信都是顺德最需要的态度。

顺德不是瘦死的骆驼，而是性能优良的豪车。雄厚的制造业基础和强大的产业链条，没有几个地方可以望其项背。敢组织这么庞大的队伍去考察，正是基于这个实力。没有这个底气，在强大的标兵面前，很容易变得自暴自弃。比较才有发现。只有和高手过招，才可能暴露自己的缺陷，然后回家操练自己的功夫。

顺德的问题不在顺德经济的存量，而在顺德经济的增量。昔日平起平坐的对手之所以成为仰视的对象，不是他们的经济存量脱胎换骨，而是在新经济领域像当年的顺德那样杀出了一条血路。相比之下，顺德乏善可陈，动静不大。

阿里巴巴改变了杭州，猪八戒的出现让重庆成为焦点，强大的创新能力，让深圳有了一个了不起的南山。顺德呢？山也还是那座山，梁也还是那道梁。

顺德怎么不急？

5

路在何方？

顺德不可能出现第二个马云，但顺德必有诞生马云的土壤。以往的路径依赖已经失灵，新经济的曙光来自看不见的暗夜。太阳总是从血色中升起，这需要胆识和勇气、激情和想象。顺德面临的最大考验是干部的开放思维、是政府的引领能力、是敢于承受失败的冒险精神。

阿里巴巴的成长，杭州付出了很大的代价；在猪八戒最困难，而且还看不到希望的时候，财政并不宽裕到可以挥霍的重庆敢于拿出7000万元力挺。顺德有这样的勇气吗？即便有这样的胆识，顺德有没有这样的机制？就是有这样的机制，顺德是否有人敢于承担失败的风险？

在外出考察之前，亮出开放旗帜的顺德做了很好的铺排：顺德三大片区的发展方向确定；投资近300亿元的路网建设开工；顺德最大的工业发展载体——顺德高新区西部启动区代表珠三角申报国家高新区；在全国率先提出构建肩并肩、手挽手的新型政商关系；干部的信心和激情被激发和调动；连接广州的地铁7号线也开工在即，顺德拥抱广州、嫁给豪门，是给产业插上创新的翅膀。这个节点上出行考察，顺德是有备而去，为豪车上路加油，为猛虎下山击鼓。

魂兮归来。顺德在重温邓小平当年在顺德说过的名言：发展才是硬道理。改革是为了发展，只有硬起来，才有被人仰视的资本。

新经济依靠新思维，新思想源自新青年。让那些血气方刚的人去冲杀，顺德有可能闯出一条新路。当向好的拐点已经出现的时候，顺德不再犹豫：不换脑筋就换人。

以色列之所以成为举世瞩目的创新国度，与曾经担任总理多年的西蒙·佩雷斯说过的名言有关：远见必须取代经验，最稳妥的办法就是放胆一试。

（原载《南方日报》2016年3月30日）

顺德也许有错过，但从未错过风口

1

举世关注的2016年德国汉诺威工业展览刚刚曲终人散，世界主流舆论普遍关注三件事情：其一，这届展会精英尽出、精彩纷呈，有可能成为工业4.0发展进程中一个标志性时刻。其二，美国总统奥巴马亲率1000多位企业家来到汉诺威，这是美国总统第一次在国际最顶级的工业会展上为美国站台。此举不仅仅因为美国是2016年汉诺威工业展的主宾国，更是表明一个“再工业化”的美国在与工业4.0的德国对标。其三，来自中国的参展商超过600家，参展人数仅次于东道主德国。中国人来了！

与此同时，中国权威媒体在盘点汉诺威展览的中国表现时，都不约而同地提及三个例证：其一，在汉诺威宣告成立的中德工业城市联盟被视为“中国制造2025”握手德国工业4.0的标志。这个联盟目前有18个城市，但顺德是推动者和主导者。其二，世界机器人大秀场有了“中国造”。在汉诺威展览中心，嘉腾、利迅达等中国企业生产的机器人第一次和德国库卡、日本川崎、瑞士ABB等世界巨头的机器人站在一起。这两家中国企业就是顺德的。其三，汉诺威展览公司与顺德签署合同，联手经营潭洲国际会展中心。这是国际最有影响力的展览业巨头在全球范围的最新布局。国际展览协会主席、德国汉诺威展览公司董事局成员顾桥博士说：与顺德合作，是汉诺威公司长达三个月深入调研和判断之后的慎重决定，是基于佛山庞大工业规模的吸引力和顺德政府强大的执行力。见证签约仪式的著名财经作家吴晓波断言：顺德握有一手好牌，有可能终结中国没有专业性工业会展的历史。与汉诺威展览公司结盟，这事当然是顺德人干的。

顺德人喜欢说自己讲的是“德语”，他们在德国的表现非常出彩。汉诺威证明：顺德没有远离风口。

2

汉诺威展览是一件世界大事，更是一种世界趋势。

历史正在发生惊人的巨变，一个全智能时代正在到来。汉诺威展览让我们看到一种征兆：一批全新的人、一批全新的公司正在崛起，他们将是一群可以改变世界的英雄。

顺德最在乎、最担心的事情，就是改变世界的力量构成中没有顺德元素。尽管顺德机器人从长相到性能都不能与同台亮相的世界顶级机器人相比，但能进入汉诺威展览，本身就是一个巨大进步。中国从事机器人研发的企业有 3000 多家，但敢拿产品去汉诺威亮相的公司却寥寥无几。没有自己的知识产权是很多中国企业的致命伤，有顺德这种底气的企业不多。

出现在汉诺威的顺德，有耀眼的光环，有很高的礼遇。前民主德国总理、德国现任国务秘书、经济部第一副部长等众多德国官员，以及中国驻德国的高级外交官愿意站出来力挺顺德，不是顺德公关的结果，亦非东道主的惯例，而是顺德代表广东乃至中国对接德国工业 4.0 所赢得的敬意和尊重。

带着诚意和实力走进德国的顺德，既有“外合”，更有“里应”。在顺德征战汉诺威展览期间，国内有三件事情发生：一是国家工业机器人质检中心落户广东，这个中心的最大支撑就是顺德的工业机器人检验站，这充分说明顺德在中国机器人制造领域的实力和地位。二是广东省发改委正式批复广州地铁7号线西延顺德的可行性报告，工程有望近期动工。开放的顺德以更大的气魄、更好的载体导入广州力量。三是佛山召开的两会正式吹响号角：五年之后进入“万亿GDP城市俱乐部”行列。佛山市委书记鲁毅说，顺德、南海是佛山“万亿理想”的主要支撑；新任佛山市长朱伟表示：顺德要成佛山创新驱动的先行区、示范区。

铁肩扛上千钧担，长翼惊起万里风。顺德将努力在大变局的风口上飞起来。

3

最能把握大势的总是那些“听风者”，他们总是有办法把准风向、找对风口、御风而行。历史上的顺德恰恰就是这样一种角色。

顺德的建制历史只有500多年，顺德的面积也只有800多平方公里。可历史不长、面积不大的顺德却在中国经济发展史上拥有不可替代的分量：农耕时代，顺德被誉为“岭南壮县”；中国民族工业刚刚起步的时代，顺德有了“南国丝都”“广东银行”的番号；改革开放岁月，顺德又戴上了广东“四小虎”之一、“中国家电之都”、“中国城市百强区冠军”的帽子。顺德所走过的500年历史，无非就是在证明一个事实：顺德能够成为引领时代的“不倒翁”。

催生“顺德现象”的决定性力量源自了不起的顺德功夫：无论何时何地，顺德最懂得借势借力。如果没有这种“神功”，历史上的顺德绝不会在这么短的时间、这么小的地盘掀起这么大的波浪。

顺德的制造业有今天的规模，最初是借力“老乡”。由顺德旅港乡亲创办的大进制衣厂是中国第一家“三来一补”企业，不仅揭开了顺德波澜壮阔的制造业发展大潮，也成为中国开放的标志性事件之一。“洗脚上田”的顺德处处凸显境外乡亲的力量，时至今日，由海内外顺德力量构成的经济现象被媒体冠之为“德语经济圈”。

这个称谓有褒贬两个方面：褒义在于顺德人很团结，善于抱团闯世界；贬义是顺德人的顺德意识太强，容易形成“开放式封闭”。

在顺德企业家远征汉诺威的时候，顺德“家里”也在操办一件盛事：全球顺德人恳亲大会，众多海外乡亲欢聚顺德。“老乡会”的规模盛大，但它的气势和影响并没有盖过去汉诺威参展的顺德企业，而之前两家顺德企业收购日本两家企业80%股权所引发的轰动效应，也一点不亚于群贤毕至的恳亲会。

顺德人恳亲大会和汉诺威展览会在时间上的巧合，似乎可以让我们得出一个判断：创新驱动时代，顺德的借力也进入了“老乡 + 老外”的时代。

“德语”正在演化成“世界语”。这不是顺德的绝情，而是顺德的可怕：风口在哪里，顺德就奔向哪里。

4

2016年汉诺威工业博览会的主题是“工业融合——发现解决方案”。顺德也在推出一系列顺德问题解决方案。

当英雄“打盹”的时候，佛山发出了“五问顺德”的令牌，如梦方醒的顺德以开放战略再次走向时代的风口。

在完成排兵布阵之后，顺德人成群结队地走进深圳和华东，走进引领中国新经济的城市。比较之后的发现、反思之后的坚定，比哪一次外出都强烈。如果说顺德的国内考察是感受和发现中国的“风口”，那么，汉诺威之行则是“开放顺德”的升级版，它在更高的层面、高大的视野来定义顺德的使命和任务。

从国内到国外，这也是顺德“老乡 + 老外”的继续。只有走进汉诺威，才可能知道这个世界“风朝哪个方向吹”。

天下大势，顺应者将会抢占先机，故步自封者将被清扫出市场。

中德工业城市联盟的成立，让我们看见顺德人和什么人同行；汉诺威展览，让我们相信顺德机器人可以和世界最好的机器人站在一起。

佛山制造亮相国际会展，顺德不是第一个。佛山陶瓷、顺德家具都有被国际性会展“封杀”和“驱逐”的历史，因为我们是模仿者。而参展条件远远比一般国际会展苛刻严厉的汉诺威工业展，顺德的机器人却光明正大地进去了，因为我们是创造者。顺德最新的历史将从汉诺威开始。

顺德也许有不少过错，但顺德从来没有错过风口。

“我们希望未来在国际市场上，能有嘉腾的位置，有广东制造和中国制造的位置。”顺德企业家这样说。顺德在汉诺威宣告：世界，我们来了！

（原载《南方日报》2016年5月4日）

顺德的光荣不是脱离而是引领佛山

顺德喜欢做大事，但没想到顺德做出这么大的事。

准备收购德国库卡的美的集团让西方世界震惊。美的不是在收购一家德国企业，而是以强大的资本武器打开通往世界尖端技术的“摩天岭”。碧桂园集团以巨大的气魄在马六甲海峡填海造地，打造东南亚史上最大的超级楼盘。马来西亚总理出面为“森林城市”站台，柬埔寨首相也以很高的规格礼遇杨国强。

与此同时，美的集团总部和碧桂园集团总部所在的顺德北部片区也在打响一场从未有过的磅礴战役。规模巨大的广东（潭洲）国际会展中心以不可思议的顺德速度在中德工业服务区崛起，即将运营这座展馆的不光是顺德功夫，还有德国力量。它所引发的震撼同样是巨大的。如果要推选中国制造 2025 对接德国工业 4.0 的先锋，顺德是很有资格的。

敞开自己，拥抱世界。这样的表现与其说是历史惯性的推动，不如说是全新的顺德出场。

顺德“新”在何处，可以从四个维度观察。

其一是确立新走向。曾经外界看不清顺德的走向，顺德人自己也在迷茫。打破顺德困局的第一声枪响是北部战略的确立。这片优势产业聚集、城市环境优越、轨道交通顺畅的区域被赋予“广东乃至全国制造业创新驱动的核心区”定位。顺德以最大的意志、最强的火力投入这场至少影响顺德未来 20 年发展走向的主战场。北部战略的出台，不仅因为北部离广州和佛山更近，更是因为这里是珠三角的地理中心、珠江东西两岸经济带的交会点。掌握这个战略高地，顺德就掌握了左右逢源的主动权。这样的审视和发现，在顺德历史上从未有过。哪怕就是三年之前，人们也意料不到顺德会有这样的取向。

其二是布局新经济。最显著的标志是广东（潭洲）国际会展中心。这个具有国际一流水准的大型专业展馆，不仅填补了佛山这座制造业一线城市没有大型工业会展的历史空白，也宣告顺德会展经济时代壮丽启程。历史已经证明：会展经济的每一次勃兴都是财富浪潮的一次涤荡。谁在潮流中抓住机遇，谁就能搭上财富增长的高铁。

顺德不是没有展馆，也不缺展会经验。但与最新的规模和立意相比，过去的顺德根本不能相提并论。以往是顺德人自编、自导，而今是和德国人联手出击。与汉诺威展览公司这样的世界巨头合作，顺德就可以做出有世界影响的事情：珠三角先进装备制造业展示中心、中国装备制造业展览中心、中国制造 2025 对话德国工业 4.0 展示中心。让世界先进制造业的“质”与中国制造的“量”在这里握手。

在群雄并起的会展江湖，顺德敢于亮剑出手，除了自己握有重器，还有珠江三角洲世界级城市群以及超过 10 万亿规模的制造业经济这个巨大背景。

其三是找到新方法。顺德北部战略是在打造一部伟大的作品，需要时间，更需要定力。如果没有持续不断的炮火和攻势，这个战略随时都有可能功亏一篑。为了预防这种危险，顺德区人大专门通过加快北部片区建设决议，并以此作为监督实施的依据。如果有人试图拖沓甚至推翻，就必须掂量自己是否能够承受巨大的压力和代价。

顺德有个至今还隐隐作痛的教训：2002 年就开始大规模建设的顺德新城区之所以进展不大、效果不彰，除了缺乏开放的理念，还有规划总是变来变去，主要领导一换，已有的规划便形同废纸。

这一次大不一样。顺德人大决议的语气强硬而大气：务必强化战略担当精神，坚决纠正“短平快”的政绩观，坚决抵制“朝令夕改”的短视规划，坚决以“十年磨一剑”的恒心，确保“一张蓝图”绘到底。

这样的举措前所未有，这样的措辞也史无前例。顺德祭出这招，目的在于确保一种局面：已经启动的北部战车滚滚向前、不可逆转。

其四是步入新境界。北部片区从阻击外部力量的“防线”转换为拥抱世界资源的“前线”，这是开放顺德最引人注目的选择和行动。迈出这么坚定而勇敢的步子，那是需要胆识和境界的。

一个全新的顺德出场，不是自然而然，而是以深刻的思想变迁为先导，它是开放思维的产物。

两年前，媒体曾经指出顺德的“孤岛效应”，有人出来反驳：一个把产品卖到世界的顺德怎么可能是孤岛？当顺德主官祭出开放的大旗，同样有人诘问：今天的顺德难道是封闭的？

这些反驳和诘问不是有意的抵触和反对，他们也有充分的理由和证据，只是他们的观察大多停留在光鲜的表面，没有深入到真实的本质。他们看到了顺德力量，却没有发现顺德力量并没有相向而行：当支撑顺德经济大厦的企业力量开始在全球配置资源的时候，顺德行政力量的眼光却大多局限在806平方公里范围。广佛同城的趋势和好处不是没有看到，但顺德更在乎这样的进程不是放大顺德的存在，而是消解顺德的光芒。本该拔剑迎风、顺势而为的顺德似乎更愿意在“顺德市”变为“顺德区”的幽怨和纠结中徘徊。看不见潮流和远方，即使功高盖世的英雄也找不到通向未来的道路。

顺德不是没有人明白这个道理，不是没有人看清顺德所处的心理困境，只是有太多的人假装外宾而已。

当北部战略刚刚推出的时候，有人以为是顺德献给佛山的“投名状”，有人担心佛山新城的兴旺会屏蔽顺德新城的光环，有人怀疑向北的顺德会不会走错……经过一年多时间的观察、探索和争论，最终达成了共识和决断。顺德人大通过决议的那一刻，就是宣告顺德北部战略从关键的少数成为大众的意愿。

当然，这并不意味着今天的顺德已经到了“万众一心”的地步。阻力也许还有，异议可能还在。这一点也不奇怪，道理很浅显：最先发现机会、最能把握机会的人往往只是少数，当大多数人都意识到机会到来的时候，那就不叫机会了。现在回过头去看，如果不是顺德果断决策、快速推进，哪怕只是犹豫几个月，就可能与汉诺威失之交臂，留下太多难以言说的遗憾；如果没有迎难而上的气概，就不会有地铁 7 号线推进的奇迹。缺少这张王牌，北部就少了一条动脉，顺德人大的决议也就无从谈起。

风向哪里吹，潮往哪里去。涌向北部的资本证明顺德的远见和决断是正确的，把握好手中的方向盘，开往春天的顺德专列就不会变轨。

天下武功，唯快不破。顺德已经从北部突围，顺德已经占领一座高地。如果不出意外，顺德北部将是佛山今年最大的亮点。应该有一种自豪：顺德的光荣不是脱离而是引领佛山。

顺德如虎。猛虎下山、饿虎扑食——这或许是我们可以送给顺德的两个成语。

（原载《南方日报》2016 年 6 月 20 日）

三水千亿梦想今年有戏吗

1

无论多么不舍，2015 年即将变成历史。当告别的时刻来临，诸多佛山命题中有一个悬念特别让人纠结：三水的千亿梦想今年还有实现的可能吗？

有人说没问题，有人说悬得很，更多人在为三水捏把汗。我们该相信哪一种？当然也有人大而化之：GDP 不过是一个数字游戏而已，重要吗？

走进三水，我们听到一声回答：当然重要！这是三水的梦想，也是三水的承诺。

全国 2800 多个县域经济体中，GDP 超千亿元的目前还没有超过 50 个。顺德是中国县域经济千亿俱乐部中的第一个“会员”，时间是 2006 年。继顺德之后，南海和禅城也先后成为千亿俱乐部的“会员”，时间分别是 2007 和 2010 年。

从那个时候，一个宏大的梦想开始在佛山大地上回旋：如果三水、高明的 GDP 也能早日超千亿元，佛山就不得了啦。

也是从那个时候，佛山发出一声呼唤：三水在哪里？

2

清朝嘉庆二十四年（1819 年）编撰的《三水县志》这样描述：三水原割南海、高要之半以成。邑治控三江而跨五岭，兀然称雄。

一位大清国官员告老还乡多年后仍念念不忘三水：水绿山清兮思悠悠。

三水，因水而名，因水而兴。广东第一条铁路、第一个海关都在三水。

健力宝是一代中国人的记忆：1984 年洛杉矶奥运会后一炮走红，被誉为“中国魔水”，在成为中国民族饮料的首席和旗帜的同时，也做出了两个历史性贡献：提高了三水的知名度，让中国人知道做食品饮料也能赚大钱。

很长一段时间，健力宝是三水经济的绝对主力，支撑了三水财政的大半壁江山。那时的中国，没有多少人知道三水的市长，但大多知道健力宝的厂长。

风风雨雨之后，健力宝元气大伤。三水的发展模式也出现了全新的变化：2001 年提出工业立区，2003 年推出工业园区，一个工业化的三水从此起步。那时，三水的 GDP 仅为 116.14 亿元。

与顺德、南海相比，三水的动作稍晚，但后发优势明显，速度也相当惊人。

2010 年 6 月，时任佛山市委书记陈云贤鼓励三水“跳起来摸高”，力争再造一个经济总量上的新三水。

2011 年 9 月，三水换将，担任区委书记的卢立湃和担任区长的刘东豪双双离任。交接会上，在三水尽心尽力干了 5 年的卢立湃动情发言，两度哽咽，表达自己的遗憾：三水的经济总量还是偏低，三水占佛山 22.7% 的面积，对佛山经济总量的贡献仅 10.6%。刘东豪也坦诚相告：一个地区的发展就像一场足球比赛，打过进攻，也做过防守，有的体力不支，或是技战术水平不够，换几位体力充沛、技战术水平更高的球员上场，继续战斗，这是一场没有终场哨声的足球比赛。

接任者是苏伟波和陈英文。大家都在看，这两位有顺德和南海背景的三水新主官是不是“体力充沛、技战术水平更高的球员”？

3

谋定而后动。人们感受到来自三水的冲击波：新一届的党委政府班子上任后，经过密集深入的考察和调研，重磅推出了“产业新城、南国水都、广佛肇绿芯”的发展定位，并反复强调：坚持工业立区，坚持发展第一要务不动摇，走产城互动发展的路子。

随之而来的是，广海大道焕然一新，北江新区、三水新城破茧而出，“中国饮料之都”渐入佳境……曾经心事重重的三水干部变得单纯而坚定，就是一个字：干！

2014 年盘点：三水的 GDP 达到 948.84 亿元，从人均 GDP 而论，三水是佛山最高的。尽管离 1000 亿元已经不远，但三水知道，最后一公里往往是最难走的。

2015 年新春，佛山市委书记刘悦伦发出动员令：三水要再接再厉，争取今年成为佛山又一个千亿元 GDP 经济区，为佛山发展做出更大贡献。领命出征的三水，把“阔步前行，拥抱千亿梦想”作为 2015 年的工作主题。

全力冲刺千亿元目标，这是三水的梦想与志向！但要实现目标，并不容易。宏观经济形势下行压力持续加大，实体经济经历痛苦煎熬，制造业比重超七成的三水，同样遭遇巨大发展压力和挑战。

但三江汇流的三水就是要创造奇迹，这不是出于豪气，而是有这样的底气。2011—2014 年这四年间，三水的经济增速基本都保持在 10% 以上，财政收入翻了一番。在广东而言，其经济实力超过了几个地级市，综合实力位居全国百强区第38位。只是因为是在佛山，站在顺德、南海这两个“经济巨人”身边的三水显得不那么显山露水。放眼中国，三水是值得我们自豪的。

2015年前三季度的数据统计足以让我们放心：三水的经济总量已经冲到750多亿元，经济增长呈现低开高走、跳跃上升趋势的三水，完全可以有一个漂亮的收官。千亿梦想肯定在今年实现，这是没有任何问题的！

4

比数量更重要的是质量。三水之变，不是数字之变，而是内涵之变，发展方式之变。

走马三水，不是厂房林立，而是山清水秀。没有“村村点火，户户冒烟”，有城市的繁华，更有乡村的宁静，赏心悦目的景观证明三水保持了发展又守住了生态。此乃绿色发展。

三水有很好的自然禀赋，有巨大的发展空间，但三水没有滥用这样的优势，而是精心规划、深耕细作，迄今的开发强度才是24%。三大园区各司其职：中部布局汽车及汽配、装备制造业，南部打造水都工业园，北部剑指化工、纺织和家具。三水的集约发展不仅降低了开发成本，也降低了企业成本。福田、海尔、万达等众多大型企业的华南布局之所以首选三水，看中的就是这种发展方式。

俗话说，靠山吃山，靠水吃水。三水发展的最大特色就是特色发展。

有人曾经很悲观，认为光靠健力宝的三水肯定日子难过，今天的三水却让人惊讶：2014年食品饮料行业贡献了30多亿元的税收，而健力宝的纳税也只是占8%而已。三水的食品饮料行业已经从当初的一枝独秀演变为百花盛开，几乎所有的行业巨头都在三水安营扎寨，“中国饮料之都”绝不是一个传说。

健力宝已经从老地方搬到新地方，也吹响了第二次腾飞的号角。相信他们一定有办法做到。

我们瞩目三水。实现千亿梦想固然可喜可贺，但三水的发展路径更值得发现和珍惜。三水是一个地名，也是一条道路。能为转型中国贡献一种经验和版本，这才是不同凡响的三水。

（原载《南方日报》2015年10月21日）

中国政府服务模式变革在三水加速

1

浪奔，浪流。三江汇流的地方涌现不同凡响的气象。

从9月28日开始，分布在三水大地上的8个行政服务中心打破部门壁垒、打破层级限制、打破地域分割，统一标准对外无差异服务。三水的说法叫“一门办理，全城通办”。

这个重大改革，给老百姓带来了前所未有的便利。

举两个例子吧：三水西南有一个盛名远扬的国际水都食品饮料基地，很多企业在那里扎堆。按照属地管理原则，这些企业办事就必须到西南行政服务中心。现在变了，他们可以去离得更近的白坭行政服务中心办理，效果完全一样；住在最北边的南山镇居民不需要坐长途汽车跑到位于西南的区行政服务中心办事，因为以前只有区行政服务中心才能办理的事情现在在镇上就可以搞定。

如此便利，那是革命性的。如此改革，让三水走在了中国基层政府行政服务改革的最前沿。

2

这是一点也不夸张的。简单梳理历史的脉络，我们更能发现三水改革的中国意义。

人民政府为人民，人民对政府的最大要求是办事方便、规范透明。但这件事情一直做得不是很好，人们普遍抱怨：门难进、脸难看、事难办。

一些看起来很简单的事情办起来却像跑马拉松，动辄需要耗时数月甚至数年，不仅劳神费力还要花钱打点。事情能否办成，虽然也看制度，但更看关系，看你“懂不懂事”。形形色色的潜规则，让腐败频发、邪气盛行、民心丧失。

2001年国务院启动行政审批改革，民众意见最大的领域成为改革的突破点。而善于改革的佛山又扮演了排头兵角色，率先引入英国人首创的“一站式服务”。

2002年1月24日，南海区行政服务中心正式对外办公，各职能单位选派业务骨干到中心设立办事窗口，实行“一站式”服务。2003年1月，规模更大的顺德区行政服务中心开始运行，成为提供区级行政审批服务的综合平台。这种通过将审批事项及其工作人员向中心内集中，实现行政审批一站式办理和审批的做法，被视为中国行政服务制度改革的“1.0版本”。

“一站式”效果明显，但弊端也很快显现：每个地方的行政服务中心都人满为患，每个服务窗口都排成长龙。原因很清楚：镇里没有审批权限，很多事情必须到区行政服务中心才能办理。为消除这个痛点，佛山于2010年启动大规模的事权改革，市往区放权，区往镇放权，村居的行政服务中心也可以受理更多的政府服务事项。权力下放也催生了中国行政服务制度改革的“2.0版本”。

版本升级了，但依然是“一站式服务”的延续和放大。

3

更大的突破始于上海，高潮出现在佛山禅城。

2007 年，上海将“一站式服务”升级为“一门式服务”：把政府职能部门多个办事大厅服务事项逐步向行政服务中心集中，多门向一门集中；把多窗口办的事情转为一个窗口集中办理，多窗向一窗集中。群众办事时，从跑多个部门，走多个流程，简化为在一个中心或窗口，流程更少，效率更高。

8 年之后，禅城推出的“一门式服务”引起全国关注。徒弟超越了师傅。

同样是“一门式服务”，禅城比上海先进在哪里？其一，在办理事项方面，上海的“一门式服务”的事项只到街道层面，而禅城则延伸到社区，服务范围更大；其二，在受理的事项内容方面，上海“一门式服务”只办理自然人类的事项，而禅城“一门式服务”则包含了部分法人类事项，服务事项更多；其三，在推动“一门式改革”方面，上海是由民政局牵头，协同其他部门推进，而禅城则是由区府办、区行政服务中心负责推进，权威性和推动力更大。

国家民政部认为：禅城的“一门式改革”具有理念新、思路好、举措实、创新多、效果优五大特色。禅城的做法和经验，值得总结和推广。

中国行政体制改革研究会副会长汪玉凯说：禅城“一门式改革”将对中国政府服务模式的变革产生深远影响。

创新禅城，好评如潮，荣誉如期而至：禅城区“一门式改革”入选 2015 全国创新社会治理典型案例。

禅城的“一门式服务”之所以能够超越上海，得益于简政放权改革和大数据技术革命两大背景，也源自两大施政理念：把简单带给群众，把复杂留给政府；把改革做到极致。

4

如果说上海“一门式服务”是中国行政服务制度改革的3.0版本，那禅城“一门式改革”足以成为4.0版本。事实上，禅城已经成为广东行政服务改革的样板和标兵。

三水一直在研究和跟进禅城的动向。是直接克隆还是有所创新、有所突破？三水选择后者，推出了“一门办理，全城通办”。

从发展程度而言，禅城是佛山的中心城区，资源相对集聚，往来相对方便，而三水是城乡一体，乡的色彩超过城的形态；从地盘而言，三水远远比禅城大，地形南北狭长，相距70多公里，人口分布不均，公共交通体系远远不如禅城完善。如果简单复制禅城的“一门式改革”，难以解决群众办事路途远、耗时长的问题。“一门式改革”要在三水阳光普照、惠及城乡、方便全民，关键在于要做到全城通办。

这样的行政服务全国没有版本，三水必须自己探索。

2015年5月，三水成立了行政服务提升两年行动领导组，区委书记苏伟波担任组长。目标很明确：以群众需求为导向，借助“互联网+政务”，打破行政界限、政务藩篱和信息孤岛，跨越部门、层级、区域限制，构建区、镇街、村居三级政务管理一体化运行机制，实现在三水任何一个行政服务网点都可以办理不同部门、不同层级、不同区域的行政业务，而且要建立办理事项一致、服务标准一致、人员统一调配管理的行政服务架构体系。

2015年9月28日，三水“一门办理，全城通办”政务服务改革正式上线，首批启动的262项个人事项都可以实现“全城通办”。在最北的南山镇可以办最南的白坭镇的事，任何一个行政服务中心都可以办整个三水的事。同城生活，同城便利，三水做到了。

三水在学习禅城“一门办理”的基础上实现了“全城通办”，这是三水的特点和亮点。这样的创新，也意味着中国的“一门式服务”在三水得到了提速和突破。

无论从纵向的改革历史审视，还是从横向的改革格局比较，三水的“全城通办”都具有里程碑意义。这样的模式，是可以在全国复制的。

5

“一门办理，全城通办”看起来简单，念起来顺口，但做起来艰难。这不光是流程的再造，更是利益的调整和观念的变革。

在中国县域经济体中，三水的综合实力排名第 40 位左右，但在佛山五区中，三水位于顺德、南海和禅城之后，经济发展差距的背后也存在观念、意识的差距。一般而言，经济相对落后的地方，对行政权力的敏感度越高，改革也变得相对艰难。三水的企业规模和能量不如顺德和南海，甚至不如禅城，相比之下，来自市场、社会倒逼政府改革的力量也不如顺德、南海、禅城强大，改革的意愿也没有那么强烈。三水的“一门办理，同城通办”改革实际上是一场迎难而上的政府自我革命。

革命需要活力，更需要火力。三水的政务服务改革之所以由区委书记担纲，由纪委、组织部主要领导协同，就是为了有足够的权威，传递出来的信号很明确：不换脑筋就换人。

这样的压力转化为动力之后，三水的改革才势如破竹，立竿见影。

值得注意的是，三水的政务服务改革并不止步于便民、利民、惠民，还有一个顶层设计，那就是建设一个“整体性政府”。

这个概念不是三水的发明，它是 1997 年时任英国首相布莱尔提出的施政理念，学术化的表达就是一种通过横向和纵向协调的思想与行动以实现预期利益的政府改革模式。通俗而言，这样的改革就是为了克服部门主义、视野狭隘和各自为政等现象，为公民提供无缝隙而不是分离的服务。

三水引进这个概念，目的就是破除政务服务碎片化、条块化、本位化。中医有一条经典理论：痛则不通，通则不痛。舒筋活络，才是一个健康的身体。人如此，政府亦然。

是水就要奔腾，改革没有止境。三水还在路上。

一个在前行中改革、在改革中前行的三水，在推动中国政府服务模式变革和加速的同时，也锻造出一种全新的三水精神：一个行动胜过一打纲领。

有这种精神武装，三水人是可以改造奇迹的。

（原载《南方日报》2015 年 11 月 6 日）

期待三水做出一篇精彩的水文章

三水再出发，究竟去哪里？

佛山市三水区第十三次党代会报告中有一段新颖的文字：“三水因水而生、因水而荣，要将水的包容、水的灵气、水的精神融为三水城市发展、产业创新的灵魂和精髓。”从这样的理念出发，三水确立了一个全新的定位：广佛创智之城，岭南水韵胜地。

这是黄福洪的答案，也是三水的选择。

4个月前，黄福洪临危受命，从佛山市财政局长任上空降三水担任区委书记，传到他手上的牌并不差：三水的经济规模刚刚跨过千亿，发展态势也不错。这个数字对做过“财爷”的他而言，也许不是什么大不了的数字，走在前面的顺德、南海、禅城早已过足了这个“瘾”，但对三水而言却是历史性的大事，辛辛苦苦几十年，终于迎来这一天。

这是一个数字关，更是一道心理关。进入“千亿俱乐部”的三水，从机关干部到市井百姓的心理都将发生微妙的变化，最明显的标志是自信心的建立。全国那么多县区，有此殊荣者毕竟少之又少。

在此背景下执掌三水，最大的考验不是数字的增长，而是千亿之后的三水有什么样的走向，或者说一个已经建立自信的三水该从哪个方向发力？

“广佛创智之城，岭南水韵胜地”写入党代会报告，也就意味着三水找到了魂。怎么处理它们之间的逻辑关系，这其实也很考验三水人的理解和悟性。

在江河纵横的广东，三水是最有水乡特色的。到三江汇流的地方一看，那种景象非常震撼；去云东海一走，那种景色也非常罕见，既有大气磅礴的雄浑，又有波澜不惊的静美。放眼三水大地，满目山清水秀，有水、有山、有湖，很难相信珠三角有这样的环境。佛山市委书记鲁毅对此就表示，三水城在山中、城在水中、城在绿中的特点体现得非常充分，要围绕这个特点布局规划产业，把城市特色做优做强。可以说，这是三水的最大优势，也是三水走差异化发展的逻辑起点。如此资源禀赋，足以让三水打造代表岭南风范的水城、水乡。

曾经几次听到黄福洪说到三水的“问题”：人气和名气不够。人气不旺、知名度不高——这的确是三水面对的现实，但板子要打在三水人自己身上。如果要深究原因，一个重要的因素就是三水有水滴石穿的韧劲，但缺少波澜壮阔的气魄。

当年健力宝兴盛的时代，正是三水知名度迅速提升的时期。这家因水而兴的三水企业，凭借一系列极其大胆而又富有天才创意的管理和营销策略，不仅缔造了自身的传奇，也极大地提升了三水的知名度。

多年过去，健力宝给三水依然留下了可资借鉴的法宝。三水要打破知名度徘徊不前的僵局，需要有大手笔、大气魄的营销推广战略。

大手笔、大气魄不是说花大价钱，而是要有大格局、大创意。

有一个例子或许有点启示：历史文化名城扬州举办马拉松赛事，目的是营销扬州。一开始不温不火，参赛者仅局限于扬州市民，但后来的情况全然改观，成为影响广泛的国际性马拉松比赛。局面的转折得益于一个创意：扬州是京杭大运河的中心，这条古运河见证了中国历史的演变和文明。于是有人想出一句感召世界马拉松爱好者的广告：唐宋元明清，从古跑到今。

试想，全世界有马拉松比赛的地方多如牛毛，但卖点大多是线路、景色，跑这么多个朝代的马拉松只有扬州。

黄福洪到三水任职后多次强调开放、视野和格局，这次党代会报告又提出要拉近珠三角中心城市与三水的心理距离，就是希望在更大格局中吸引更多“水手”的关注。有更多优秀的“水手”加盟，就有三水扬帆远航的日子。

三水要做到“广佛创智之城”，靠的是人；三水靠什么吸引人来，答案是靠“岭南水韵胜地”。如果“岭南水韵”不突出，“创智之城”就是无源之水。理解和把握这个逻辑关系，三水人就可以明白：做好“水文章”是解决一切问题的总方法。

三水找到了魂，期待水性十足的三水人做出一篇精彩的水文章。

（原载《南方日报》2016 年 9 月 27 日）

告诉你一个不同凡响的高明

高明的历史很短，高明的故事很多，在恢复建制比改革开放时间还要短的27年里，高明上演了许许多多的传奇，而全部传奇的诞生都来自高明人的志气。

高明曾经是高鹤县的一部分，也曾经因为贫穷而成为差点被人遗忘的角落，也正是因为贫穷，高明人才萌生了改变命运的巨大勇气，他们首先想到的是自立。1981年底，从高鹤县分出来的高明，只分到了60万元的“路费”，没有县城，甚至没有一条像样的公路，但只用了短短两年多时间，高明人就在西江边上新建了自己的县城。为了沟通与珠三角发达地区的联系，在没有得到上级部门资金支持的情况下，高明人又自己筹钱，硬是咬紧牙关在宽阔的西江上筑起一座气势雄伟的高明大桥。

那时的情形也许可以用“悲壮”来形容。但天道酬勤，高明终于迎来了“血染的黎明”——GDP从不到1亿元猛增到2007年的272.76亿元，当年的“穷小鬼”居然成了中国百强县的36名，而这一切竟发生在短短的27年时间里——这难道不是奇迹！

在已走过27年波澜壮阔的历程中，高明的行政中心先后经历了明城、三洲和荷城，而今正在向西江新城时代挺进，与这一进程形影相随的是高明人对发展定位的不倦追问：怎样建设高明？建设一个怎样的高明？27年的苦苦求索终于得到一个答案：新兴产业之城，岭南山林水都。为了实现这个愿景，高明人推出了两个关键词：项目和效益。

尽管已经是中国百强县之一，但高明人的调子很低，他们那一双双鹰一样的眼睛，一边盯着走在前面的顺德、南海兄弟，一边瞄准任何一个可能到来的机会，一旦机会来临，他们必定以雷霆万钧之势出击。因为占据皂幕山的高度，他们可以朝更远的地方瞭望；因为拥有奔腾浩瀚的西江，他们可以抵达任何一个想去的地方。高明的底气，源于后发的优势，其雄厚的土地储备、优越的黄金水道、郁郁葱葱的环境资源，在已经被过度开发的珠三角疆域上，至今仍保持森林覆盖率50%的地方，除了高明，谁也不敢声张。拥有绿色，就拥有希望。高明的第一要务当然是发展，而发展当然要靠项目来推动。但现在高明要做的事情，也许不是敞开大门、照单全收，而是要敢于选择、敢于放弃、敢于拒绝。对于那些可能破坏环境的产业，高明要果断关门，因为环境不仅是高明最好的资源，也是高明万万不能放弃的尊严。

2002年，高明将分散的25个工业园区整合为一个，即沧江工业园，并将其定位为华南地区有影响的新材料产业基地和制造业基地。2005年5月，高明又对行政区划进行大规模整合，九个镇街被合并成一街三镇，并提出了“强区先强镇、富区先富镇”，大力发展镇域经济。2008年7月，高明在明确“新兴产业之城，岭南山林水都”定位同时，也拉开了“西江新城”建设的大幕。至此，高明已经激活了跨越式发展的内部机构。万事俱备，只欠东风。

而今机会正在到来。

广明高速开通在即，江肇高速也在紧锣密鼓地修建中。交通格局彻底改变的时刻，一定是高明诞生史诗的季节。空间因道路而压缩，时间也会因道路而缩短，一个不同凡响的高明将很快被世界发现，珠三角也必将进入“高明时间”。

这是考验心力和定力的时候，高明要准备迎接属于自己的时间。

（原载《南方日报》2008年12月28日）

高明人要走高明路

古诗有云：横看成岭侧成峰，远近高低各不同。看风景如此，看高明也如此。记得有次陪外地客人登西樵山后在西江边午餐，客人指着对岸问："那边还是佛山吗？"有人回答："是的，对岸是高明区，佛山的西伯利亚。"这是我第一次听到有人这样形容高明。

而在同属珠三角地区的江门眼里，高明却是他们追赶的标兵。

1983年，当年的高鹤县分出高明和鹤山两个县，前者由佛山管辖，后者归江门管辖。当时几乎所有的工业企业都在鹤山，高明一穷二白，全县没有一条柏油路。分开之后的第一个十年，鹤山的生产总值是高明的两倍多，第二个十年基本持平，第三个十年高明实现大逆转，超过鹤山两倍多。真是三十年河东，三十年河西。

别以为鹤山是一只菜鸟，在整个江门，鹤山的江湖地位相当于南海在佛山的分量。能够在短短三十年间把江门骄子鹤山甩在后面这么远，进入中国百强县（市）前50名，这不能不说是高明人创造的奇迹。

只是这样的奇迹，却被顺德、南海发出的巨大光芒掩盖甚至屏蔽了。与两个巨人站在一起，高明难免衬托着别人的高度。

这样的反差，一度让高明急不可耐。轰轰烈烈的全民招商让高明之门几近失守。这种没有设防、没有门槛的狂飙突进没有让高明一口吃胖，反而伤害了广大的绿水青山。

2003年，高明成立招商部门，第一次对各个镇街的主业进行规划和招商统筹，但效果却并不理想，各自为政的招商大战依旧让高明狼烟滚滚。2007 年，高明区成立区投资促进领导小组，由多个职能部门负责人共同组成，所有项目的申报审批都要有领导小组出具意见。高明的招商引资第一次设置了门槛。

2008 年，高明第一次出手，对高污染项目开始大刀阔斧的整顿，一口气关停了 17 家水泥和陶瓷企业。与此同时，高明一举将全区一半的土地纳入“不开发区”。有统计数字说，近年来高明因出于环保原因而拒绝了 700 多个项目。

付出沉重代价之后，高明不得不反思和寻找一条适合自己的高明路。

曾经高歌猛进的高明也由此发出历史性的诘问：怎样建设高明？建设一个怎样的高明？

最初的答案是建设现代化江滨城市，后来又改为建设山林水都。2008 年 7 月，中共高明区委全会正式明确一个定位：新兴产业之城，岭南山林水都。

在高明举行的一个论坛上，我曾经向两位对高明颇有研究的学者提问：如果让你当高明区委书记，你是先做山林水都还是做产业新城？

中共广东省委党校副校长陈鸿宇教授的回答是：“一个地方如果不注重生态环境，绝对是不讲政治，但如果不要 GDP 那也是不行的，我个人认为两者要并重。没有一定的经济增长速度，地方社会治理的长治久安将出问题，更遑论现代化；但倘若只关注经济增速，山水被污染，社会同样不会答应。”

中山大学袁奇峰教授的回答则直言不讳：高明未来的挑战是太想发展了，现在的考核制度和行政区划有一个大的问题，导致村村镇镇都想发展，这是很大的风险。为什么山区也要发展工业？位于杨梅山区的工厂，是否可以退出来做房地产，做旅游小镇，做成旅游接待区？高明如果能够成为珠三角生态文明建设的高地，那样高明的时代就快到来了。

不同的看法，政界有，学界有，民间也有。最大的分歧在于：什么样的路才是高明路？

2012 年 3 月 25 日，中共中央政治局委员、时任广东省委书记汪洋来到高明，他此行的主题是参加基层党建工作座谈会。但汪洋的讲话把重点放在高明的发展路径并亮出他的观点：第一，高明现在有后发优势，千万不要瞄着禅城、南海、顺德怎么搞我就怎么搞。第二，高明在发挥后发优势上要“高明”，就是要考虑发展的质量，不追求规模数量，不要太着急，不行就等一等。第三，高明有这么好的环境，能够规划得好，起点能够更高，卖点可能更好一点。你盖高楼怎么也盖不过广州、深圳，甚至也盖不过禅城、南海、顺德，那高明就要想办法盖出一个有特色的新城。第四，我理解的幸福广东，就是发展速度慢一些，发展质量高一点，社会的节奏慢一点，人们的生活质量好一点。不要大家都匆匆忙忙，没来得及享受生活。高明要争取三十年河东三十年河西。三十年前都是看南海、顺德，它们都挺牛；三十年以后一看，高明最高。这个历史竞争是长期的，希望后发的高明到时候让顺德、南海来学习。

汪洋这番讲话当然不是对高明的客套和勉励，而是从整个广东发展格局来审视和要求，核心就是一个：一个有后发优势的高明，不能是珠三角先发地区的复制品。

此后不久，高明庄严地做出宣示，把“绿色崛起”作为自己的发展路线图。2015 年 1 月 23 日，中共高明区委十一届七次全会提出了时间表：2020 年建成珠三角富有影响力的“绿色崛起示范区”。

环顾今日中国，喊出“绿色崛起”的地方远远不止高明一个，但现实还不能找到一个大家公认的成功先例：有“绿色”的地方还没有真正意义的“崛起”，而那些已经“崛起”的地方似乎又少了“绿色”……

如果高明能够走通，中国将有一个样板。从这个角度审视，高明不是为自己而战，而是为中国打前锋。从现在算起，高明还有 5 年时间。短短 5 年，高明就要做出示范。这样的担当和承诺，理当赢得敬意——高明，蛮拼的！

2014年最后一天，广明高速陈村至西樵段正式通车。尽管这段高速并不在高明境内，但高明人最兴奋。有了这段高速，高明就正式融入佛山中心城区半小时生活圈。交通设施的极大改善，让高明更有“绿色崛起”的底气，也让决心“绿色崛起”的高明面临更大的挑战和考验——即将汹涌而至的资本和产业，有可能泥沙俱下地扑向高明，能否保持定力、守住底线？对那些有可能危及绿水青山的项目和产业，高明能否保持足够的警惕和发现？……

高明不缺机会，最大的考验是如何抵挡诱惑。

（原载《南方日报》2015年10月3日）

高明之路从高明自信开始

佛山市高明区第十二次党代会召开，在即将走过35个春秋、区级领导班子大调整之际，这次大会备受瞩目。新一届高明领导班子在谋划未来发展时将提出怎样的“高明之路”，高明发展能否以“高明”的方式推进，这是人们普遍关注的核心和焦点。可以肯定，这必将是一个在继往开来中实现重大转折的关键会议，而转折的标志，就是找到高明的自信。

“高明自信”是佛山市委书记鲁毅率先提出的命题。2016年5月16日，刚刚接任市委书记不久的鲁毅到高明调研，便直言不讳地指出：高明要振奋精神，从心灵深处、思想深处坚决破除高明是欠发达地区、落后地区的观念，坚定高明在全国就是发达地区的观念。在全国2800个县区中，高明的经济实力排在44位，完全可以算是发达地区。如果排在44位的高明还算落后地区，那让其他真正的落后地区情何以堪？

这一问击中了高明的要害。

1981年才恢复建制的高明，在短短的35年时间里创造了了不起的奇迹：2015年全区生产总值增加到710亿元，年均增长11%。在佛山五区中，高明的经济体量固然最小，但在广东，和地级市的云浮相当。40多万人口，有30多亿元的财政收入，这个数字足以让全国太多地方羡慕得流口水。难能可贵的是，高明的高速发展并没有以牺牲环境为代价，在佛山，高明的森林覆盖率最高、空气优良天数最多；即使放在整个珠三角，高明的自然生态也是保护得最好的地区之一。但这样的辉煌似乎没有被高明自己发现和引以为傲。

这些年，我经常到高明走动，热情的高明人总是说：有空要多来高明，不要总往发达地区跑，看不起我们这个“佛山的西伯利亚”。开始我以为是高明朋友的谦虚，后来发现这是高明人的“集体无意识”。

为什么会这样？我想有三个原因：其一是用“放大镜”看自己的短处，其二是用“显微镜”看待周边的南海顺德，其三是没有用“望远镜”瞭望远方和未来。

每每想起高明的不自信，我经常想起老家贵州。全国人民都知道两个成语——夜郎自大、黔驴技穷，说的就是贵州。而说起贵州，人们就想起那句流传很广的顺口溜：天无三日晴，地无三里平，人无三分银。不过来自明朝的刘伯温却说：“江南千条水，云贵万重山。五百年后看，云贵胜江南。”贵州人民始终执着地期盼和等待这一天。

500年后的今天，贵州的青山秀水果然被世界发现，成为中国旅游的大热门，各种资源也正在向那里聚集，让人发出“三十年河东，三十年河西”“风水轮流转，今年到我家”的感慨。中央电视台每天都在播放广告：走遍大地神州，醉美多彩贵州。

贵州等到今天，无非应验了世界经济发展的一般规律：农耕文明时代平原最值钱；工业文明时代沿海最值钱；现在到了生态文明时代，山岳最值钱。

与那片苍山如海的贵州高原相比，高明的自然条件不知好多少倍。在很多宣传手册中，高明以“六山一水三分田”介绍自己，但内心深处还是有浓厚的“平原崇拜”，似乎只有南海顺德那样的平原地区才算是最好的发展禀赋。

高明处在中国经济最发达的板块之一，随着珠江三角洲打造世界级城市群进程的加快，各种外溢效应凸显的同时，山水田园已经成为人们的共同向往。渴望乡愁的人们正在重新审视高明，发现喧嚣的都市里还有高明这一方净土。这个时刻的到来，就是珠三角进入“高明时间”。

高明自信，首先要把高明美好的自然禀赋，转化为高明人发自内心的自豪。

很多年前，高明就打出“绿色崛起”的旗帜，立志打造“岭南山林水都”品牌，但在前行的道路上有过犹豫和动摇。在引进一些工业项目出现曲折甚至挫折的时候，高明显得有些痛苦和急躁，总是担心自己富裕的土地资源得不到及时的兑现，影响政绩、影响发展。因此，在选择未来发展路子的时候，高明必应多一份从容淡定、多一份战略定力。

高明自信，就是应该有一种气概：风雨中，这点痛算什么？

高明应该看到，珠三角与长三角的差距不在城市而在农村。到江浙考察，最羡慕人家的农村：规划有序，井井有条，赏心悦目……反观珠三角大多数的农村，却是“只见新屋，不见新村”。珠三角 30 多年的工业化、城市化进程中，农村建设和治理成了最大的历史欠账，但有些欠账可能永远无法弥补。相比之下，高明的农村环境普遍保持完好。这是高明建设美丽乡村最好的支点。高明应该有这个自信。

这样说来，绝不意味着走向农村是高明唯一的前途和未来，而是说发展工业的高明必须有更高的准入门槛，必须坚信一个逻辑：有什么样的环境，就一定会迎来什么样的产业。如果这一天还没有到来，高明要做的事情就是在寻找中等待，在等待中寻找，万万不能在等待和寻找中怀疑自己。

10 多年前，高明曾经干过一件很了不起的事情，创造性地提出“西江产业带”概念，为日后国家战略“珠江—西江经济带”的出台奠定了舆论和理论基础。如果没有这样的视野和胸怀，这个国家战略的推出也许会延后一些日子。今天的高明，既要想尽办法收获国家战略带来的机遇和红利，更要传承敢于从国家层面思考问题的远见和自信。

一个正在攻坚克难、破除发展不平衡的广东，需要高明的经验和示范，不管高明以怎样的方式破题，高明之路必须带着自信启程。法国伟大作家罗曼·罗兰说过："先相信自己，别人才会相信你。"

沧江一声笑，西江两岸潮。高明一定会对得起它的名字。

（原载《南方日报》2016 年 9 月 26 日）

第四辑

龙言龙语

业余的猫抓不住专业的老鼠

今年全国两会期间，我到北京做报道，印象最深的是温家宝总理的记者招待会。当记者问温总理中国当下最大的问题是什么时，温总理说是腐败。总理说这番话时，表情凝重，现场的记者们也深受触动。一个大国总理这样说自己的国家，我想他的内心一定是非常痛苦的。其实，每一个中国人都在经受这样的痛苦。但是，比痛苦更巨大、更迫切的是人民的追问：中国的反腐之路怎么走？

其实，当温总理说出腐败是中国最大的问题时，也让肩负着监督与监察这一重大使命的纪检监察系统承受着空前巨大的压力和考验。与此同时，人们也在发出一个疑问：什么样的人能担当这个历史重任？

当然有人会说：反腐败需要靠制度。这话没错。但当下的中国不是没有制度，而是在于执行。何况再好的制度如果没有好的公务员来操持，一切都是枉然。

大家都知道，丹麦、芬兰、新西兰、瑞典和新加坡被公认为世界上最廉洁的五个国家。如果说丹麦、芬兰、新西兰、瑞典这四个国家是以“权力制约权力”来确保政府廉洁，那么一党独大的新加坡凭什么也能够进入最廉洁国家行列呢？

我看过不少中国学者和官员考察新加坡之后写的文章，他们的观点可以归结为三条：第一是新加坡有严格的制度规范；第二是新加坡实行高薪养廉；第三是新加坡奉行的是精英治国，公务员素质很高。

要说制度，中国不是没有，各种法律法规文件很多；要说待遇，我本人也去新加坡考察学习过几次，我发现新加坡公务员的工资也才大致相当于全国从业人员的平均工资，而中国公务员的收入水平是在全国从业人员平均工资之上；要说素质，当今中国官员几乎都受过良好教育，硕士、博士、专家、教授也争先恐后进入政界发展。但是，新加坡成了全球最廉洁的国家之一，而腐败却成了中国最大的问题。这是为什么呢?

新加坡能有今天，李光耀当立头功。我最近刚刚读完美国非常著名的专栏作家汤姆·普雷特写的一本书《李光耀对话录》。李光耀是剑桥大学毕业的高才生，是典型的政治精英。作为新加坡的开国之父，他的治国理念是：政府要吸引最优秀的人才来服务民众，更要挑选一流的精英来监督官员的行为。李光耀说的这句话，我认为是新加坡成为最廉洁国家的秘密所在，也是最值得中国学习借鉴的经验和法宝。

当然，新加坡很小，国土面积才相当于我们的顺德区，反贪机构能有效地监控官员，有腐败行为也很容易得到揭露。而中国很大，区域辽阔，情况复杂。但像新加坡那样“挑选一流的精英来监督官员的行为”，我们应该可以做到。遗憾的是，我们既缺乏这个意识，更缺乏这种行动。

有几个现象可以佐证我的观点。第一，组织部门没有从战略高度来配备纪检监察干部，更多是将其作为一个公务员安置点。2010 年大部制改革的时候，我发现有几个地方是想方设法把“老弱病残”“边角废料”推向纪检监察系统，以为那里没事干，或者认为没有本事的人也可以干。第二，纪检监察系统充实队伍时，更多是从公检法或者转业军人中挑选，在一些人眼里，纪委就是干粗活的，只要会抓人、办案就行。但纪委的职能恰恰不是动武，而是动脑。第三，纪委的干部出去很难。一般而言，纪委干部除了在本系统提拔之外，很难有机会出去交流任职，提拔干部也很少从纪委挑选。招商引资突出、发展经济有方的干部被大量提拔，但很少听说有反腐倡廉有功的干部被重用。晋升空间的狭窄，不仅打击了纪委干部的积极性，也导致政治精英不愿意进来。纪委干部中的老化、固化、边缘化的现象比较突出。第四，纪委的地位看起来很高，但社会影响力和感召力不足。现在的大学毕业生最火爆的是考公务员，但诱惑力最大的是海关、国土、税务、财政这样的政府部门，在他们的视野中，纪委遥远而模糊。一个不能吸引优秀年轻人的单位，要涌现大批精英是不可能的。我留意到一个现象，最近几年广东省公选干部，很少有纪委的年轻人被选上。这个问题值得深思。

江泽民担任中央军委主席时给军队说了五句话：政治合格、军事过硬、作风优良、纪律严明、保障有力。胡锦涛接任总书记之后，也给全国各级纪检监察干部说了五句话：政治坚强、公正清廉、纪律严明、业务精通、作风优良。

如果说军队的核心能力是和敌人交战要“打得赢”，那么纪检监察干部的核心能力是和腐败分子交锋要“斗得过”。现在腐败现象最频发的地带大多集中在建设、交通、国土、规划、商业等领域，而这些领域通常都是由业务精英和专业化人才来掌控的，纪委要担当监督和监察的使命，也必须由精英来完成。只有高手才能和高手对话、对决，否则就会遭到蔑视。弱智的人得到的是同情，只有强者才会赢得地位。所谓道高一尺魔高一丈。只有精英才能管住精英。这是历史的铁律。

现在有一种趋势，不论什么工作，都以加强监督为借口，要求纪检监察机关参与，比如建设项目招投标、工程项目验收、政府物资采购、招录公务员、事业单位招聘人员，甚至很多中心工作的检查验收都要叫上纪委的人。名义上是“监督关口”前移，表面上是尊重纪检监察，但其实更像是一个陷阱，不过是拿纪检监察当挡箭牌而已。本来应该是监督者，最后却成了参与者；本来应该是监察者，最后却成了别人的掩护者。要防范这样的陷阱，只有聪明人才能做到。

纪检监察部门当然要惩治腐败，但更重要的使命是预防腐败。纪检监察的人都很熟悉中国古代“扁鹊三兄弟”的故事。有一天，魏文王问名医扁鹊：“你们家兄弟三人，都精于医术，到底哪一位医术最好呢?”扁鹊回答:“大哥最好，二哥其次，我最差。”文王又问:“那么为什么你最出名呢?”扁鹊回答:“我大哥治病，是在病情发作之前把病治好。但一般人不知道他能事先根治病因，所以他的名气无法传出去，只有我们家里人才知道。我二哥治病，是在病情刚刚发作的时候就把它治好，但一般人以为他只能治小病，所以他只在我们的村子里才小有名气。而我治病，是在病情严重的时候出重手、下猛药，让人起死回生，但往往代价也最大。所以他们以为我的医术最高明，因此名气响遍全国。”文王连连点头说:“你说得好极了。”

吴官正在担任中纪委书记时就提出反腐倡廉要借鉴“扁鹊三兄弟”的故事:像扁鹊大哥那样，治腐败于未发之前;像扁鹊二哥那样治腐败于初起之时;对腐败分子要像扁鹊那样动手术，下猛药，严肃查处。吴官正说得很精辟、很形象。能把大哥、二哥和扁鹊三兄弟的本事都集于一身的人肯定是精英。

防止腐败现象发生，教育预防是根本。这就要求纪检监察干部既要做医疗家，更要做教育家，能够以独到的思考和言辞感染人、感悟人、规范人、告诫人、激励人。可是我们听到的很多廉政教育讲话却让人昏昏欲睡。不能入耳，岂能入心?我很佩服钟南山院士，他不仅医术高明，表达能力也非常好，做起报告来深入浅出、娓娓动人，效果很好。纪检监察系统就缺少钟南山这样的精英。

2011 年 3 月，我在香港看到当地报纸上有条消息:香港廉政公署招聘 20 个调查员，结果有 1000 多个高素质的人报名。我在想，如果我们的纪检监察部门也像香港廉政公署那样，被精英敬仰、让精英投奔，那纪委的地位就真正树立起来了。要做到这一点，首先必须让纪委的干部有地位、有机会、有空间，打破目前这种流动难、提拔更难的沉闷局面。

必须承认:腐败分子的素质越来越高，腐败的方式也越来越“智慧”，在“老鼠”业已变成“猫”的今日，纪委千万不能“阳痿”。只有精英组成的纪委才会让人敬畏，只有打造精英团队，纪委才能担负起解决“中国最大问题”的使命，因为业余的猫抓不住专业的老鼠。一个精英云集的纪委，就是中国的希望。佛山完全可以先试先行，为广东开道、为中国探路。

（佛山电视台 2011 年 6 月 18 日播出）

“诚信政府”首先要说话算数

佛山最近开了一个规格很高的会议，主题是启动人民满意政府建设。时任市委书记李贻伟在动员大会上说，他很佩服刘悦伦市长的勇气和胆量，因为打造人民满意政府不容易，但这是必须要做的。

什么样的政府才能让人民满意呢？佛山打算从民生政府、高效政府、法制政府、诚信政府、责任政府和廉洁政府六个层面破题。我个人认为，这六个政府的排序应该把诚信政府排在最前面。

俗话说“人无信不立”，对政府也一样。中国各级政府前面都有“人民”两个字，但人民现在对政府意见最大的就是说话经常不算数。不知道大家有没有注意到，最近几年，全国很多地方都有餐馆老板到法院起诉政府的新闻，原因都是一样的：政府吃饭签单，换届以后就不认账。政府当“老赖”，老百姓也许拿你没有办法。但如果政府失去了老百姓的信任，却是花多少钱都买不回来的。有一个现成的例子就是“逢听必涨”已然成为一种规律，现在大家一听到“听证会”就害怕。本来价格听证会是政府价格决策前广泛听取民意的法定程序，本质上说，应该是逢涨必听，可是，现实生活中，很多价格听证会之后，相应的价格都会上涨。政府说话不算话，甚至忽悠民众，一个可怕的结果就是把民众推到政府的对立面。

最近大家都很关注茂名 PX 项目所引发的流血事件。其实，茂名政府事先已意识到 PX 项目肯定会引起争议。为了消解争议，茂名政府做了大量的前期工作，通过媒体向公众密集宣传、科普 PX 相关知识，但抗议事件最终还是发生了，而且来得很凶猛。尽管原因有很多，也很复杂，但我认为与其说是民众对PX项目的恐惧，不如说是民众对政府的不信任。

为什么这样说呢？这些年，茂名官场腐败大案、要案频频发生，两任市委书记落马，涉及省管干部24人、县处级干部218人，波及党政部门105个，全市6个县（区）主要领导全部涉案。这么多干部、这么多部门出问题，你让老百姓怎么看、怎么想？在查办这些案子的时候，政府信誓旦旦地做出承诺：不放过任何一个贪官。但事实并不是这样，广东省纪委的一位干部最近就向媒体透露：当年放过了160多人，中央巡视组已经要求广东复查茂名官场窝案。这次发生的冲突事件，在很大程度上就是民众借PX项目表达对政府的不信任。

我们佛山在政府诚信方面也有很多值得检讨的地方。比如顺德新城的规划总是变来变去，最近五年就规划了三遍。2008年6月，顺德确立“一城三片区”发展战略，邀请中国、法国、美国、新加坡、德国5家单位做设计方案，其中一个方案提出要将顺德建成一个“水都”，类似于“东方威尼斯”，市民可以撑船进入新城区。一年之后，主要领导调走，曾经轰轰烈烈的概念规划变得无声无息。2010年7月，顺德又做了一个“一河两岸”的规划，准备将德胜河两岸打造成为文化长廊、休闲长廊、景观长廊，形成高品质城市生活带。不久，顺德主要领导又被调走，德胜河两岸开发也停下来了。2012年3月，顺德重新规划包装“顺德新城”概念，将德胜河“一河两岸”扩展为德胜河、桂畔海“两河四片”，规划面积超过70平方公里。这个规划会不会再变，很多顺德人心里没底。

每次规划出来以后，除了征询人大代表、政协委员的意见以外，还要搞一场热闹非凡的“规划问计于民”活动。顺德老百姓最大的意见是希望保持规划的连续性和稳定性，可是领导一变，规划也变了。这样的重复规划，不仅浪费了钱财，也透支了民众对政府的信任。据《南方日报》报道，顺德新城花在规划上的冤枉钱在9000万元以上。这种规划不如变化快的现象在佛山普遍存在，如果把整个佛山花在规划上的冤枉钱统计起来，那肯定是一个让人心惊肉跳的数字。

这些年，顺德北滘建设得非常漂亮，看过的人都说好。前几天，时任市委书记李贻伟把基层的镇党委书记、镇长们请到市里开会，他希望与会的官员们有时间一定要去北滘看看。北滘最大的经验是什么？在我看来就是政府讲诚信：在过去 8 年中，北滘换了几任领导，但建设魅力小城的规划和努力始终不变。就是这样的诚信接力，才让北滘成为佛山目前最具魅力的城镇。

建设诚信政府，佛山已经启程。罗马不是一天建成的，但罗马总有一天会建成的，但前提是政府说话要算数。

（佛山电视台 2013 年 4 月 11 日播出）

车检新政：从权力自肥到权力自洁

大家都在呼唤改革，可每当一项新的改革举措出台，大家都有不同的意见和分歧，甚至出现激烈的争议，但公安部和国家质检总局最近出台的车检改革新政却赢得一致好评，人声鼎沸的互联网上到处是“举双手赞成”的表态，这种异口同声的现象也出现在自媒体上。

车检改革之所以广受欢迎，一个重要原因就是修正了过去存在的缺陷，而且顺应了公众的呼声。但车检改革不只体现出了纠偏的一面，更重要的是折射出了主动改革的一面。

这次出台的车检新政共有18项改革，可以用两个关键词来概括，第一个是“减负”，非营运的私家车6年免检，可以让广大车主免受多次强制年检之累；第二是“开放”，打破以往车检机构要么官办，要么与相关部门存在各种利益关联的市场垄断格局，引入更广泛的竞争机制，推动车检向市场化和规范化转型。在这两个关键词中，车检市场打破垄断最为人称道。放宽车检年限，推进社会化车检。车检制度的改革最大意义就在于打破垄断，真革自己的命，将市场的交给市场，将社会的交给社会。在权力的切割和释放过程中，政府机构逐步转变职能，完成新一轮改革大潮中的一次漂亮转身。

车检初衷是为了确保车辆安全，但从多年运行情况来看，车辆安全与密集的车检之间并无必然的联系。事实上，因为车检机构的垄断地位，有些车检站将此作为一种牟利的形式。一方面，车检站门难进、脸难看，缺乏服务意识；另一方面，亦不乏垄断引发的权力寻租现象，只要找关系、多交钱，就能过关，甚至还由此滋生了专以帮人检车为生的“黄牛”这一灰色群体。不少地方车检机构存在官办色彩浓烈或者是“关系户”的现象，导致车辆检测存在猫腻、利益寻租的现象日益严重。比如，广州市一家机动车检测站与一些警察勾结，公然做“给钱就合格”的“生意”，两年时间放走近10万辆次“病车”。

“病车上路”，所引发的恶果让人触目惊心。2012年6月29日，广深高速发生一起货车与油罐车追尾相撞的严重交通事故，致20人死亡、31人受伤，直接经济损失约4600万元。事故调查结果显示，其中的肇事车辆由湖南茶陵县交警支队检测，检测存在违规操作和弄虚作假。

在网上以“车管所”和“腐败”做关键词搜索一下，弹出的新闻和旧闻简直让人目不暇接，“福州车管所腐败窝案”“湛江车管所腐败窝案”，几乎全国很多地方都有。12年前，广州车管所发生过一起震惊全国的腐败窝案，包括广州市司法局副局长、广州市公安局交警支队支队长、车管所所长在内的多名公职人员被绳之以法。在一系列震惊全国的车检腐败大案中，佛山有过之而不及。

今年3月初我到北京报道全国两会，有一天从万寿路打的回我住的民族饭店，路上和司机聊天，他问我是哪里来的，我说从佛山来。一听到佛山，这哥们突然把头扭过来盯着我，然后冒出一句：“呵呵，你们佛山真黑。”我先是愣了一下，然后问他：“师傅，佛山和你无冤无仇，怎么说这样的话？”他说：“哥们，你别生气，我说的是佛山汽车年审这个行当真黑。”我也回他一句：“这个行当哪里不黑？”他说：“我知道，但也黑不过佛山，媒体都是这么说的。”这时候我才明白这个司机说的是佛山爆出的汽车年审黑金案。

综观全国多起车管所腐败窝案，一定能够发现，车管所是一个权力太容易变现的地方。车辆年检、发放驾照、机动车检测，在车辆管理部门一系列权力笼罩之下是一个巨大的市场。而在这些法定权力之外，车辆管理部门还会另设一些行政许可，尽管常常惹来争议，却丝毫不影响其强制力。

如何遏制车管所的腐败？包括佛山在内，全国很多地方都在积极想办法，大家都清楚，光是查案、抓人，也只是治标而已，汽车年审这潭浑水要变清，必须对现行车检制度进行检讨、修正、改革，但地方却没有这样的改革话语权。这次出台的18项改革举措，就是在这个背景下推出的，目的就是杜绝屡屡发生的汽车年检黑幕。它是民意和政府互动的结果。

其实，早在10年前，媒体就曝光过不少机动车年检给民众带来的麻烦以及其背后的腐败利益，既有的检验制度一直受到质疑。车检制度之所以迟迟不改，是因为改革这个制度等于是从某些人身上割肉，阻力可想而知。这次车检新政最可贵之处，就是啃下了这块非常难啃的骨头，这既是民意的胜利，更是政府自我限权、自我改革的结果。这样的重磅改革，将对车检既得利益者，带来重重一击。

相对于一些口号式改革，车检新政改革既有实质内容，也更加彻底。这样的改革越多，公众越受益。政府把“车检”这种盈利性活动交给市场、交给社会，是政府从权力自肥到权力自洁的体现，也是公共治理走向善治的起点。

（佛山电视台2013年2月24日播出）

指尖上的“政能量”

佛山最近有几件与网络相关联的事情：第一是佛山启用全国第一个狠刹“四风”的网络监督平台，有媒体把它称为“电子纪委”；第二是南海 7 个镇街的党政一把手全部上线进行“微访谈”；第三是“南海微力”和“南海发布”两个政务微博双双进入“2013 年中国政务微博 100 强”，分别排在第 29 位和第 61 位。还有一桩旧事大家可能想不起来了，那就是因为网络问政突出，佛山曾经荣获 2012 年全国城市网络形象排行榜地级市“十佳城市”第 2 名。

我把这几件事情串起来，就是想告诉大家：在大数据时代，佛山是有料道的。也许有人会问：这个重要吗？

中医有一个最基本的理论，叫“通则不痛，痛则不通”。现在官民关系、警民关系、医患关系之所以这么紧张，一个很重要的原因就是彼此之间缺乏沟通，造成了各种各样的“痛”。如果这种“痛”长期得不到医治，中国社会肯定会出现撕裂。为了防止这种撕裂，佛山的解决办法就是通过网络平台，探索“键对键、线对线、面对面”的官民互动交流模式，微访谈就是其中最重要的实现方式。

微博的兴起尽管只有短短的三年时间，但很快就成为大家公认的“杀伤力最强的舆论载体”。越来越多的网民把微博作为发表言论和曝光事件的首选平台。微博舆论越来越多地介入公共事务，甚至对政府决策产生影响，改变社会热点事件走向，深刻地改变和主导中国的社会舆论格局。

佛山有700多万常住人口，其中有600多万网民，其中微博用户有400多万。这样的数据背景是佛山“微访谈”红红火火的逻辑起点。这种指尖上的“政能量”，不仅仅在于官员回答了多少问题、收集到多少条意见、解决了多少个难题，在我看来，最重要的是我们这座城市得到了很好的民主训练。

首先是对官员的训练。现在的官员都很忙，平常有机会和他们喝茶聊天的人只是少数。开会坐在主席台上的他们，很多时候是念稿子，而这些稿子大多是秘书写的，你很难看出他们的个性和内心。但在网络上就不同，如果念稿子，他们要被骂死；如果讲官话，也会被口水淹死。所以，刘悦伦市长就总结说，微访谈的好处是可以让官员“去官气”“接地气”“聚人气”。

其次是对网民的训练。现在的人脾气都很大，有人喜欢在网络上无所顾忌地释放自己的情绪，隔空对骂的现象比现实生活中还厉害。微访谈不是吵架和发泄，而是彼此通过沟通来寻求理解和共识。要达到这个效果，网民就要训练怎么向官员提问、怎么表达自己的思考、怎么捍卫自己以及别人说话的权利，从而塑造出网络的文化理性。这种不断训练的过程，就是一个城市的民主和文明不断被塑造和进步的过程。

佛山网络问政能有今天这份景象，不能不说南海。早在1998年底，南海就率先提出创建信息化城市。当时很多人认为是作秀、是哗众取宠，但南海不为所动，坚持不懈，建立了一个可以支持3600万台个人电脑或者数据终端的安全平台。2001年12月25日，当时的南海区委书记被请到中南海汇报，南海的信息化建设一下子成为全国瞩目的亮点。南海的领导虽然换了几任，但信息化建设一直都在坚持。2011年，南海区在全国县域中率先开通政务微博，现在已经开通572个，形成网络问政、网络行政、网络监督“三网融合”的格局，倒逼行政流程再造。南海这个榜样，带动了佛山的“微气候”。目前佛山全市的政务微博已经突破2000个，数量居全国大中城市第2位。佛山也形成了“领导与网民交流”“网络发言人平台”“佛山微博发布厅”“领导微访谈”四大网络问政品牌。这是佛山的创造，也是创造的佛山。而所有的创造，都来自于坚持。

（佛山电视台 2013 年 5 月 2 日播出）

佛山的问题不在小气而在空气

中国社会科学院在北京发布了 2013 年《城市竞争力蓝皮书》，中国城市综合经济竞争力排名前 10 位的城市分别是：香港、深圳、上海、台北、广州、北京、苏州、天津、佛山、澳门。佛山 2012 年的排名是第八位，今年被天津超过，排名第九。在中国两岸四地 293 个城市中，佛山是全国极少以地级市身份连续两年杀入十强的城市。佛山的表现非常抢眼，可喜可贺。

当今中国，各种各样的排行榜非常多，有的靠谱，有的不靠谱。如果要列出中国最权威的排行榜，中国社会科学院发布的《中国城市竞争力报告》应该算其中一个。每年这个时候发布的《中国城市竞争力报告》总是引起大家的关注和热议，中国很多地方领导都非常在意自己城市排名的变化。《中国城市竞争力报告》之所以有这么大的影响，首先要归功于一位学者的贡献。他就是倪鹏飞博士。

我和倪鹏飞博士打过很多交道，对他的经历比较了解。他也多次来到佛山做调查和讲演。

2001 年，取得南开大学经济学博士学位的倪鹏飞进入中国社会科学院工作。2002 年，他在《经济日报》发表整版文章，对全国 24 个城市进行以“城市竞争力”为主题的点评。这篇文章反响非常大，也开了中国城市竞争力研究的先河。从 2003 年开始，倪鹏飞组织一批学者，每年定期推出《城市竞争力蓝皮书》，研究范围从内地地级以上城市扩展到香港、澳门和台湾的主要城市。到 2013 年为止，《中国城市竞争力报告》的研究已经做了整整11年，并于2005年获得中国经济学界的最高奖项孙冶方经济科学奖。现在倪鹏飞的身份是中国社会科学院城市与竞争力研究中心主任。

城市竞争力所包含的内容很广泛，倪鹏飞主持的《城市竞争力蓝皮书》主要从经济指标和宜居、宜商、生态、信息、文化等多个方面来考量一个城市的竞争力情况。在已经发布11年的城市竞争力排行榜上，佛山的排名有升有降，但总体上是在不断上升。2012年和2013年连续两年进入前十名，这说明佛山作为广东省第三大城市和珠三角重要的制造业中心，综合经济竞争力优势非常明显。佛山拥有高达7000多亿元的GDP，人均超过一万美元的收入。佛山人务实、勤劳、开放、敢为人先，拥有全国其他城市难以比拟的商业氛围，政府的行政效能比起内地很多城市，更得到企业的普遍认同。更为市场化的外部环境让民营经济的活力在这里创造了一个又一个的奇迹。这样的佛山功夫，让一些副省级城市、特区都为之逊色。

但光荣的佛山也有自己的痛苦。佛山文化人安文江曾经说过一句流传很广的名言：佛山与广州比少了大气，与苏杭比少了文气，与上海比少了洋气，与西安比少了侠气。总而言之，小气！我倒不认为佛山的问题在于小气，而是在于空气。

在全国宜居城市排行榜上，位居前5位的城市分别是珠海、香港、海口、三亚、厦门，佛山名列全国第25位。这也是佛山在竞争力上丢分最多的指标之一。广东省环保厅每月20日左右公布的珠三角城市空气质量和排名情况，让佛山人感到很没面子，因为佛山大多数处于垫底的位置。我在国外遇到很多佛山移民，问他们为什么移民，回答大多是要享受人家的新鲜空气，而不是人家的福利、教育。现在佛山很多企业都说缺少人才，我想：如果我们的城市有好的收入又有好的空气，一定能吸引好的人才。

在付出高昂的发展代价之后，佛山上下已经形成这样的共识：环境就是生产力，环境就是竞争力。电力、陶瓷、铝型材、玻璃制品四大行业被确定为佛山今年整治大气污染的重点。上个星期五，一百多家企业在佛山市政府小礼堂签署了一份“向污染宣战”的公约。佛山市政府也郑重表明态度：佛山抓环保动真格，绝不忽悠，佛山将力争到2017年空气质量明显好转。让我们一起来监督企业、监督政府，我们的眼睛和鼻子会告诉我们：佛山是不是在忽悠？

（佛山电视台2013年5月14日播出）

争议为什么发生

2012年11月，佛山市委组织部从全市100名报名者中挑选了48名青年民营企业家，分派到36家国有企业挂职，最近他们结束为期半年的挂职学习返回各自的企业工作。这个挂职活动启动的时候，媒体虽然也有报道，但影响不大，关注的人也不多。可是，当他们挂职结束的消息经过媒体报道之后，马上在舆论场上掀起一场大规模的口水战，在百度上搜索，相关的咨询高达3万多条。这无疑是近期佛山最受关注，也最有争议的新闻事件。

大家的争议主要集中在三个问题上：第一，政府为什么要花钱培养“富二代”？第二，民营企业家到国企挂职有用吗？第三，民营企业的企业接班人需要政府操心吗？

我花很多时间读了大量文章，发现一个共同点，媒体的报道和评论都把焦点集中在“富二代”身上，很容易让不清楚事实真相的人误以为佛山就是在花公共财政培养“富二代”。一提到“富二代”，很多人就没好印象，把他们等同于“问题青年”，比如娇生惯养、游手好闲、不思进取等等。有人就问：这些“富二代”本来就不缺钱、不缺机会，政府为什么要做这种肥上加膘的事情，为什么不把公家的钱用来帮助更需要帮助的“穷二代”？一位网友就说：那么多优秀大学生你不培养，对“富二代”却情有独钟，看来政府都是帮有钱人操碎了心呀！

其实，这次到国企挂职的48名青年民营企业家中，真正算得上

“富二代”的不到一半，大多数是白手起家的“创二代”。而这些“富二代”并不是游手好闲、无事可干的人，而是已经接班或者准备接班的人，他们最缺少的就是经验。而经验的获得需要经历，也需要学习。

佛山做这件事，不是心血来潮，而是经过调查研究之后才做的。因为调查结果显示，大多数青年民营企业家最希望提升自己的“企业领导能力”。大家可能没有留意到一条报道：第一批挂职的青年民营企业家中，有一半以上提出再次挂职的意愿；而第二批报名者已超过 100 人。可见，佛山做这件事是很受青年民营企业家欢迎的。他们到国企挂职，不是天天要坐班，只是要求每周至少有 3 天在挂职岗位工作，挂职单位不需要给他们专门准备办公室，更没有给他们发工资，政府的作用主要是搭建平台，财政也基本不花钱，最多就是一些人力成本。所以，也不存在花纳税人的钱来培养“富二代”的问题。但我想说的是，政府即使花钱做这件事也是应该的，因为这些青年民营企业家是财富的创造者，也是纳税人，花钱培养他们，也符合政府财政“取之于民，用之于民”的原则。

至于说青年民营企业家到国企挂职管不管用，我想答案是肯定的。虽然一些国企被质疑存在资源垄断、机制不灵活等问题，运营优势不如民企，但是国企社会责任感较强，相对遵纪守法，运作相对规范，决策相对民主，并且重视企业文化。这些恰恰是许多民营企业所欠缺的。青年民营企业家到国企挂职，正好可以取长补短。佛山民营企业很多是家族企业，相比之下，国企的形式流程往往更规范，规章制度也更严密。而挂职的青年民营企业家挂的是虚职，不参与决策，主要是通过观察、学习，提高对政策和市场的分析能力。另外一点，这批挂职的青年民营企业家中，不少是从国外留学回来的，到国企挂职，也可以提高他们对国情的认识。

第三个问题：民营企业的企业接班人需要政府操心吗？答案也是肯定的。

民营经济是佛山经济的中流砥柱。未来的五年，将是佛山民营企业新老两代人交接班的高峰期，目前以家族式管理为主的第一代创业企业家正在实施交班计划，有4000多名青年准备接班，这是一个涉及2000亿元企业资产、5000亿元社会财富传承的敏感期。如果交接不顺利，企业就可能出问题。企业出问题，就是佛山出问题，因为民营经济是整个经济的“压舱石”。民营企业能否平稳交班，影响到佛山经济能否稳步发展。尽管民营企业的发展和接班最终要靠“市场”，但并不能排斥政府的“搭桥”作用。政府明明看到了民营企业的“弱点”，如果视而不见、没有动作、没有作为，那是恪尽职守吗？

这些年，佛山各级政府对民营企业家的培训力度很大，顺德、南海还先后组织多批企业家到国外著名大学学习。我也多次作为观察员和他们去过美国加州大学、英国牛津大学培训，我深深感受到佛山民营企业家对学习的渴望、对政府组织他们培训的感激以及经过培训以后的收获和感悟。无论是组织出国学习，还是组织到国企挂职，我认为都是佛山在正确的时间做了正确的事情。正确的事情之所以会引发争议，问题出在三个方面：第一，外界对佛山的情况不够了解，包括对民营企业的现状、需求和政府的决策动机不了解；第二，政府和社会公众的沟通方式不多、沟通能力不强、透明度不高；第三，不少媒体用“富二代”做文章，吸引眼球，剑走偏锋，误读引起误解。

（佛山电视台2013年6月6日播出）

企业家既要讲和气更要有骨气

广东科技系统的腐败案件令人震惊，省科技厅的领导被抓了几个，包括佛山在内全省好多地方的科技部门也有多人落马。以前被人们当作“清水衙门”的科技局，现在变成了香饽饽，原因是掌握的资金越来越多，捞取好处的机会也越来越大。

在顺德，曾经担任科技局一个小科长的黄金梁，最近被顺德检察院以受贿罪起诉，说他利用职务之便，收受他人财物，帮助他人谋取利益，涉案金额近500万元。在行贿的企业中，有多家来自顺德的较为知名的企业和机构，包括：顺德区高新企业协会、精艺金属、冠邦科技、瑞德电子、申菱空调、盈天医药、顺威等等。其中仅上市公司就不下5家，被指名道姓的企业行贿人达20多个。企业和企业家向政府官员行贿，虽然不是什么新闻，但这么多企业向一个小科长行贿，是很让人惊讶的。

放眼整个中国，像顺德这样有这么多成功企业家的地方不多，这个现象的出现，既因为顺德人有很好的商业禀赋，也因为顺德有很好的营商环境。但顺德科技系统腐败案的发生，也让我们不得不追问两个问题。

第一，顺德有企业家，但是不是缺点企业家精神？

俗话说：拔出萝卜带出泥。一个科长的受审，不仅揭开了顺德科技系统腐败案的一角，也暴露出了部分头顶光环的顺德企业家背后不为人知的另一面。诚然，这与少数官员拥有更大话语权、利用权力寻租有关，不能一味苛责企业，但行贿带来的捷径，也让一些企业家忍不住“主动出击”。在民营经济发达的顺德，聚集了一批优秀的企业和企业家。在群雄争霸的竞争中，它们也更需要政府对高新技术的扶持，一些企业无形中也深度参与权钱交易的圈子中，继而演变成为既得利益群体。从那些涉嫌行贿的企业来看，它们在某种程度上代表着顺德制造业和科技发展的希望所在。在“赢者通吃”的时代，连知名企业也不按游戏规则出牌，无疑更加破坏了正常的经济秩序，扭曲了市场竞争的本质，也证明企业家精神的缺失。

企业家精神有很多种定义，但不行贿受贿是必不可少的。真正的企业家，就是要坚信行贿是一种不道德、不正当、不合法的行为，坚信规则的力量，不管别人行不行贿，不管别人会从行贿中获得多大优势，自己坚持不行贿。

第二，顺德企业家讲和气，但是不是更需要有骨气？

和气生财——这是顺德企业家挂在嘴上也记在心上的商业准则，他们和政府的关系普遍不错。当下的中国，政府的权力很多、资源很多，企业要想生存、发展和壮大，就不可能不跟政府及其官员打交道。一个企业在最初起家的时候，可能要寻求一些关系或者钻一些政策的空子，但是要持续发展，就不能这样一条道走到黑。中国进入市场经济，逐步规范化和透明化是必然的，因为市场经济的特征不光是自由竞争，还有道德、法治、信用、契约这些约束因素，企业要在这个环境下长久生存，就必须规范操作。所以，无论是企业还是企业家，除了讲和气，更要有骨气，敢于向潜规则说不。

黄金梁这个个案也提醒顺德企业家们，应当爱惜自己的羽毛，守住道德和法律底线，为顺德更多的中小企业树立良好的榜样。以行贿取胜，纸包不住火，不仅容易导致企业家个人的身败名裂，丧失的还有企业赖以生存的信誉和品牌价值，毁掉的还有可能是顺德良好的发展环境。

佛山正在打造廉洁政府和国际化营商环境。不管这两个目标包括多少内容，但“办事不需要求人，也不需要送礼”是最起码的底线。

这个目标的实现，不仅需要政府在审批制度改革上做出艰巨努力，也需要有敢于不行贿的企业家。

国内企业界第一个站出来公开宣称自己“不行贿”的商人，是万科集团董事长王石。他说：“以一批人进监狱为代价，换来三五千万、一个亿的利润，这个代价是不是太大了！人的毁灭、家庭的灾难，这是无法用金钱衡量的损失。”希望佛山的企业家们记住王石说的这段话。

（佛山电视台2013年6月20日播出）

可以为官不易　不可为官不为

6月19日，时任佛山市委书记刘悦伦以“狠刹‘四风’，让佛山更加风清气正”为主题进行微访谈。他说佛山将通过纪检监察、舆论、媒体等各种监督方式对公务员进行监督。“如果你觉得不好做了，说公务员太难当了，你可以提出辞职。”刘悦伦说的这番话被新闻媒体广泛报道，也引发很多关注和议论。2013年年初，佛山市委组织部长李雅琳也说：“在佛山当官不易，越来越不易。”

和以前相比，现在的公务员确实很忙，压力也大。过去的公务员大多是一杯茶、一支烟、一张报纸看半天。无论干多干少，工资一分不少，日子实在好过。这样的好日子现在没有了，取而代之的是做不完的事、干不完的活，8小时不够，晚上还经常加班。其实，这样的忙碌状态已经不是一年两年了，公务员好像也没有太多的抱怨，大家都适应了。但从去年开始，情况发生了很大的变化，“八项规定”和“反对四风”的出台，让很多人很不适应：以前可以大吃大喝，公车私用没人管，逢年过节可以收红包，外出公干还可以趁机用公款打几场高尔夫……现在是看管越来越严、头上的“紧箍”越来越紧，在规范权力、约束私德的道路上，很多公务员失去了以往的潇洒，官场上到处可以听到“为官不易”“官不聊生”的感叹。甚至有人断言，未来几年将迎来新一轮的公务员下海潮。

有一位网友评论说：“作为市委书记，刘悦伦不应该动员公务员辞职。如果大家都辞职了，就留你书记一个人，那不就是一个光杆司令了？”其实这样的假设根本不成立，因为99%的公务员远远没有那种说来就来、说走就走的勇气和潇洒。2012年底，一家媒体做过调查，受访的公务员中有六成公务员想过“辞职”，最终却没有一个人行动。他们很清楚，当今中国，或许只有公务员才可以旱涝保收，这是一个最保险的职业。“官不好当”只是一种抱怨，“考虑离职”也只是一种态度。

最近10年，佛山也有官员辞职，最有轰动效应的是2003年9月顺德区委常委、常务副区长刘知行辞职去美的集团的新闻。最近几年，又有三水区一位副处级的秘书长辞职去高明一家银行做高管，乐平镇委书记上任半年时间就辞职去了外地一家地产企业做高管。盘点这些年佛山辞职下海的官员，他们几乎都有大船小船接应，真正下海裸泳、自己创业的公务员不是没有，但也是凤毛麟角。这些年，安徽、江苏、河南等多地曾试图用优厚的补偿，换取公务员的辞职创业或者提前离岗，但相关政策到最后都是草草收场，因为响应者寥寥无几。

中国是一个“官本位”社会，这个现象至今没有发生根本性变化，“吃皇粮”依然是许多人的首选目标。公务员队伍管理还缺乏优胜劣汰的竞争机制，缺少像企业和商界那样的危机和风险意识。如果公务员不是一份好工作，就不会有那么多人说“死都要死在体制里”。

台湾作家龙应台说，一个健康的社会必须是“官不聊生”，而绝不应该是民不聊生。在制度健全的西方发达国家，公务员既要兢兢业业做好工作，又要接受完善的制度和公众监督。比如在英国，公务员的公开收入、支出、国外差旅费等等，公众都可以查到。相比之下，中国公务员远远比他们自在，之所以现在有“官不聊生”的感叹，只能说以前的日子过得太舒服。

作为公务员，乱作为不行，不作为也不行。感叹“为官不易”不可怕，可怕的是“为官不为”，而这种现象现在已经出现。一些官员以“为官不易”为由，为“为官不为”寻找借口。为了防范风险，有的索性“廉而不勤”了，惰性和保守正在官场上蔓延。就是因为意识到这样的危险存在，刘悦伦才有针对性地说："要把肯干、能干的人用起来，把不作为的人撤下来。你想在这个地方混日子，你就别干，你就出局，你就不要在公务员队伍里面干下去，不许你混日子。"这番话，我认为是刘悦伦这次微访谈的最大亮点。

"为官不为"祸害无穷，其结果必然是贻误战机、耽误发展、浪费宝贵的行政资源。从这个角度而言，要实现国家治理体系和治理能力的现代化，有必要从治理"为官不为"开始。

（佛山电视台 2013 年 6 月 27 日播出）

佛山已经率先啃下一块硬骨头

2013年7月1日是一个历史性的日子：国务院公布的《事业单位人事管理条例》从这一天开始施行。这个条例是我国第一部系统规范事业单位人事管理的行政法规，对我国事业单位人事管理制度改革意义重大。条例实施后最大的转变是将事业单位与职工确定为“合同关系”，打破终身制，实现人员能进能出。

我国有126万个事业单位，有3000多万正式职工，有900万离退休人员，总数超过4000万人。要打破这么多人的“铁饭碗”，改革的难度可想而知。但是，这个力度空前、被全国广泛关注的重大改革之所以在佛山显得波澜不惊，甚至没有成为人们谈论的焦点，原因在于佛山早已先行一步，率先啃掉了一块硬骨头。

早在1992年，中央就提出要进行事业单位改革，但因为涉及到4000万人的切身利益，事业单位改革多次箭在弦上，但却引而不发。不是迟迟出台不了政策，就是大家都在等待观望。然而，就在人们对事业单位改革有些彷徨的时候，佛山率先扛起了事业单位改革的大旗。

2008年2月19日，佛山宣布作为广东唯一一个试点城市，开展事业单位的分类改革。根据改革方案，佛山将按照事业单位的功能特性、经费来源及发展方向，将其划分为行政类、公益类和经营服务类三个类型，对各类事业单位实施不同的改革方案和措施。2011年年底，佛山以“减少机构140个，收回编制965个”的成果收官，比如包括佛山市生殖健康服务中心、佛山市计划生育培训中心在内的26个事业单位被撤销，而佛山市政府采购中心、市建设工程交易中心、市土地交易中心、市药品集中招标采购服务中心等4个正科级事业单位被整合，组建新的佛山市公共资源交易中心，原来机构都有自己的正副职，而整合之后，只能设一正三副，谁留谁去？当时所涉及单位的干部人心惶惶，没几个能睡得着觉。尽管如此，最终仍基本实现了事业单位“政府归政府，公益归公益，市场归市场”的改革预期。更让人惊叹的是，尽管分类改革任务艰巨复杂，但佛山改革过程中“无一人上访”，实现了震荡较小的平稳过渡。被媒体称为“无痛改革”的佛山事业单位改革样本引起全国关注。

佛山事业单位改革的巨大成功，不仅打破了事业单位不好改、不能改的“神话”，也为其他地区事业单位改革闯出了一条“新路子”。佛山事业单位改革的经验主要有两条：第一是找准了事业单位改革的突破口。佛山重新界定事业单位的职能和属性，并公开“分类”的标准，让大家“分类”入座，从而打开了改革的“天窗”。第二是始终坚持一个“基本原则”：保证被改革者的待遇、福利不受影响。改革就是利益的再调整，而触及利益往往比触及灵魂还难。佛山改革中，力度最大的是有23家事业单位转制为企业或被撤销。最典型的是大家所熟悉的佛山市电影公司，当得知这家拥有23个事业编制的正科级单位将转为企业时，职工们第一感觉就是被政府炒掉了，有的甚至急出病来。但这轮改革似乎来得很坚决。佛山的态度很明确：如果继续干，那么连公司带人都得转为企业身份。如果不干，政府给相应的补偿，公司由市国资委收回对外承包。电影公司召开职工大会，让大家自主选择。最后有12人留下来，决定一起闯市场。对被撤销、转企的单位来说，退休后的待遇差别是主要的改革阻力。为了最大限度地减少这种阻力，佛山才用财政兜底的办法换取改革的顺利进行。改革开始的第一年，佛山市财政就为各项补偿支付了几千万元。

也许就是因为这个原因，佛山的事业单位改革被一些学者认为是“花钱买稳定”。而佛山的看法是，改革进入深水区后，反阻力设计就变得至关重要。受损人最少、改革最优，为此所做的所有投入，都是深化改革的必要成本。

更多人认为，佛山财大气粗，有足够的财力来推动改革，对于广大落后地区而言，显然不具备佛山这样的能力。这一条可能是影响《事业单位人事管理条例》顺利实施的关键要素。事业单位长期以来靠吃皇粮存活，改革意识一向淡薄，其改革难度在某种程度上甚至比企业改革更难。但无论如何，中国都必须像佛山一样啃下这块硬骨头。

（佛山电视台 2013 年 7 月 4 日播出）

小村官　大腐败

我手上拿的是一本护照，现在的中国人很多都有这本出国才用的身份证件。但从几年前开始，有一定职务的国家公职人员都要把自己的护照上缴单位保管，原因当然是为了防止官员外逃。平常大家只关注官员外逃，很少关注另一个外逃的群体：村官。

2013 年 12 月 20 日，广州把全市 2014 名村官的护照统一上缴，在全国开了先河。原因是天河区冼村的村干部因为腐败被一锅端，但问题最严重的村党支部书记却跑掉了，带着巨款逃往澳大利亚，和他一样出逃的村官还很多，迫使广州祭出狠招，防止更多村官外逃。佛山随后也学习广州，把村官的护照收了。

这些年，佛山的村官腐败案件屡屡发生。佛山司法机关有一份材料透露：佛山村官犯罪在金额和数量上出现了井喷式增长——从 2010 年到 2012 年，佛山两级法院共审结了 40 件村干部职务犯罪案件，有 62 个村官落马，涉案总金额达 8582 万元。

别看村官只是很小很小的官，但腐败起来，很多不亚于大官。最典型的有两个人：第一个是顺德区陈村镇赤花社区居委会党支部原书记陈志强。这个当了 20 多年村支书的老党员很好赌，曾在一年半的时间内先后到澳门赌博 63 次，最多的时候一个星期去 4 次，澳门几乎所有的赌场他都赌过。有一天他在澳门金城赌场先输了 900 多万港币，后又赢回了 1200 多万港币。还有一次他赢了 400 多万港币，那天，他用两个大旅行袋装上巨额现金，兴高采烈地带回顺德。但好景不长，陈志强后来不断输钱，一次输掉几百万元是家常便饭，不仅输光了自己的家底，还欠下近千万元的赌债。为了赌博和还债，陈志强开始在征地拆迁补偿款及集体资金上打主意。

有这么一个嗜赌如命的村支书，整个班子也成了赌徒。有一次村班子 20 人到恩平温泉度假，每人就发放 1 万元作为赌资。部分村民小组长输光后要求再发钱，陈志强大笔一挥，每人又发了 1 万元。回来后，他授意虚构了一张拆迁补偿资料，套取了 40 多万元的资金冲顶发放的赌资。陈志强后来因为贪污 495 万余元，侵占资金 1900 多万元，被判处无期徒刑。

第二个是禅城区南庄镇紫洞村党支部原书记、村委会原主任刘子荣。他利用职务之便，多次挪用征地款共 2370 万元，用于经营个人公司和去澳门赌博。刘子荣的案件，因挪用公款数额巨大，被国内媒体作为村民自治被异化、村官腐败不受约束的典型案例报道。

众多村官犯罪，这是珠三角农村的普遍现象。比如东莞厚街，一名村支书被查出有 20 多亿元家产，震惊海内外。广州市白云区，最近四年来就有 101 名村干部因贪污腐败落马。我们必须追问：小村官为何搞出大腐败呢？原因主要有两个：第一，城镇化让农村土地升值，掌握这些资源的村官在市场化交易中拥有很大的盈利空间，易滋生基层腐败。第二，村官权力过于集中，缺乏有效的监管。

前不久，我在北京采访刚刚从台湾考察回来的中国社会科学院农村问题专家于建嵘，他说同样是村官，台湾很少出现村官腐败的事情，原因在于：台湾的村官是扫地的，而大陆的村官是卖地的。这话有它的道理，大陆的很多村官就是栽在土地上的。土地是农民的命根子，也是村官摆布农民的“魔棒”。更值得注意的是，村干部作为一个特殊群体，似乎还没有明确由哪个部门主管。现实存在谁都管又谁都不管的现象，对村干部未能进行有效的监督。在当前的村民选举中，家族势力，甚至黑恶势力渗透其中，贿选、迫选现象严重，而村支书这个“一把手”却不受村民选举权、罢免权的制约，村民自治也几乎名存实亡。

新型城镇化是影响并决定中国未来发展的关键词。而城镇化进程，必将是一个社会重建、利益调整的过程，各种利益集团围绕土地所展开的博弈将越来越激烈。有效遏制基层治理的腐败行为，这是佛山也是中国要做的大文章。

（佛山电视台 2013 年 7 月 11 日播出）

政协必须镇邪

曾经担任广东省委常委、统战部长的周镇宏刚刚被河南省高院判处死刑，缓期两年执行。周镇宏拿钱太多，法院认定的有2464万元，还有3700万元财产说不清楚来源。周镇宏之所以有这么多钱，很大一部分是那些想当政协委员的老板送的。老板掏钱进政协的问题已经不是一天两天的事了，似乎谁的企业大，谁赚钱多谁就能进政协，甚至谁掏钱多谁就能当委员。问题出在哪里？如果仔细研究“政协章程”，你会发现现政协委员的产生过程，先是提名推荐，然后协商一下再走个表决程序，就可以成为政协委员了。没有标准，没有制度约束，谁进谁不进，一切都由领导去自由裁量，领导掌握着邀请权和推荐权，他们必然安排那些能给他们带来好处的人进来。这也是很多地方政协主席、统战部长出事的原因。

中央统战部、全国工商联等多个部门曾经做过一个大型调查，发现有30%的中国私营企业主希望“当上人大代表、政协委员”。有这个身份，也就可以进入参政议政的领域。即使他们不以权谋私，这个身份也有利于他们掌握更多的资源。光是交结的权力人物和建构的上层关系，就是一笔巨大财富。而他们参政，就可直接影响官员行为，也可广泛介入媒体话语，进而影响到政治进程。这样的“政治资本”在很多时候还可以帮助他们捞取更多的“经济资本”。

为什么会有那么多老板愿意进政协，甚至掏钱都愿意呢？我曾经就这个问题多次和佛山老板们私下交流过，他们认为还有一个原因，就是老板们有一种不安全感，希望有保护伞。

我最近读到著名经济学家张曙光写的一篇文章，他说：十八届三中全会提出要让市场在资源配置中起决定性作用，但中国的现实是政府在资源配置中起决定性作用。各级政府控制了大量资源，是经济发展和经济决策的主导者，企业家不过是跑龙套的而已。因为目前还缺少一套保护私人财产权的制度安排，企业一旦做大，企业家就有一种不安全感，于是就选择投靠官员，寻求保护。同时，也通过官员寻租，获得各种短缺资源、各种批文、各种垄断市场的机会和权力。张曙光认为，这是企业家为保护自己而采取的一种适应性和扭曲性行为。其实，很多企业家对一些官员的腐败行为恨之入骨，但又不敢得罪。他们一方面想办法戴一顶“安全帽”，比如弄个人大代表、政协委员当当；另一方面也以履行企业社会责任为由，为政府和官员的一些活动提供捐款，借以博得官方的理解和支持。他们一边要在市场上打拼，一边要在官场上经营，表面上很风光，内心很辛苦。

法律面前人人平等——这是一个常识，优秀的企业家、富豪，当然可以有自己的“政治诉求”。问题的关键在于：各级政协机构，一定要严格“资格准入”，不能拿政协委员身份和老板做交易。如果见钱眼开，政协就会蒙羞，也将丧失它的公信力和感召力；如果这样的风气继续蔓延，企业家就会越来越觉得没有安全感。从这个角度而言，政协必须做到镇邪。

我们既要警惕富豪不合理的政治诉求，更要警惕政策的失灵。要知道，一个社会的政治文明是建立在科学机制和严格法律效力之上的，而不是单单依靠参政者个人的崇高道德去实现自我约束。西方人有一句话：总统是靠不住的。

（佛山电视台 2013 年 7 月 18 日播出）

从吃货到玩家：顺德行吗

美食顺德有大喜——联合国教科文组织正式授予顺德“世界美食之都”称号。此乃全球第六个、中国第二个“世界美食之都”。这是吃货的福音，更是粤菜的光荣。手捧证书，时任顺德区长黄喜忠眉开眼笑，犹如当年清华园里那个领到奖学金的孩子。顺德以这个荣耀为梁维东送行，为区邦敏接风。

我曾以南方日报特派记者身份，在法国巴黎见证了顺德发起的第一轮冲锋：2010 年 10 月 21 日，顺德领导梁惠英大姐率队拜访位于巴黎第七区的联合国教科文组织总部，那时多个中国城市梦寐以求这个番号，竞争异常激烈。站在教科文总部大楼，瞭望高高的埃菲尔铁塔，我心想顺德的梦想一定高不可攀、遥不可及。没想到 4 年之后，顺德就如愿以偿。它再次证明顺德人的牛逼：只有想不到，没有做不到的事。

记得那天在联合国教科文组织 7 楼的饭堂，各国嘉宾在品尝顺德名厨烹制的几道佳肴时，中国常驻联合国教科文组织代表团大使师淑云女士悄声问我：法国有鹅肝、韩国有泡菜，大凡美食之都有绝活，那顺德最经典的菜是什么？我想了半天，最终也没能给她答案。回到酒店写稿，原想把中国大使的诘问写出来发给南方日报，思前想后还是算了。

是我对顺德无知吗？回国之后，我问了很多朋友，几乎个个摇头。请教几个顺德名厨，他们也说不出哪一道菜最能代表顺德。既然披上了“世界美食之都”的“皇袍”，今天的顺德是否可以给世界一个答案？

顺德是代表中国拿下这个番号的，和顺德竞争的对手有广州、青岛、扬州。青岛、扬州到底有啥好吃的？我确实不清楚，但“食在广州”差不多地球人都知道，因为粤菜的影响实在太大了。能把广州PK下去，就是世界承认顺德是“粤菜之王”。顺德做得不好，不让人心服口服，广州一定会像祥林嫂一样唠叨：我的阿毛、我的阿毛……

在顺德之前，成都是中国第一个拿到这个荣誉的城市，这是川菜的胜利，也是火锅的胜利。据美食家王志纲考证，以火锅为代表的川菜发源于重庆，引入成都之后，素有商业天赋的成都人稍加改进，变成了美食，变成了商业，变成了文化，然后风行中国，名字很响亮：天府火锅。让如梦初醒的重庆袍哥们边吃边骂：成都，不要脸！

成都没有回话，只顾自己乐呵呵卖火锅赚大钱。成都和重庆也因此结下冤仇，当然也不至于撕破脸皮，毕竟大家都是吃火锅长大的。重庆和成都的关系有一个经典的表述：相互糟蹋又彼此依偎。

更让重庆傻眼的是，成都成了“世界美食之都”，请王志纲策划了“宽窄巷”，封了“西部之心，典型中国”的名号；请张艺谋拍摄广告：一盆热气腾腾的牛杂火锅、翻滚的红辣椒犹如在撒满花瓣的浴缸中裸奔的美女，一句浑厚的旁白让重庆人越听越窝火——成都，一座来了就不想走的城市……

这样的成都故事，顺德有吗？

顺德美食，乃桑基鱼塘哺育的奇葩，从生活变成了生意。有了“世界美食之都”的威名，顺德必须把生意变成文化，有自己的“宽窄巷”。仅凭现有那没有多大文化含量的“顺德食府”，吃货也许要吐槽：相见不如怀念……

以家电、家具、花卉为代表的“两家一花”，是顺德一直派发至今的名片，现在或许是换名片的时候了。有“世界美食之都”的制空权，顺德可以打一场漂亮的美食地面战。这不是喜新厌旧，而是围魏救赵。是人都明白一个逻辑：能够制作美食的地方，它的制造一定也是可以的。

这是一场文化的战斗，希望顺德可以搞定。

（佛山电视台 2014 年 12 月 2 日播出）

期待佛山城市更美好

这段时间，佛山人最关注的新闻莫过于新书记、新市长的到任。市委书记来自国家中心城市广州，市长来自国家经济中心城市深圳，这样的组合，佛山历史上从未有过。

一般而言，书记和市长的分工有所侧重，书记主要负责战略，市长负责战术，类似于企业里董事长和总经理的分工。

三年前，刘悦伦从广州调来佛山当市长；三年后，他之所以顺利接任书记，在很大程度上是因为他在市长任上主导的城市升级做得很好，所付出的巨大努力和所取得的突出成效有目共睹、有口皆碑。这样的政绩，也让他顺理成章地完成从市长到书记的转换。

与国内很多同类城市相比，佛山总体不差，但与发达的佛山产业相比，城市明显滞后。在珠三角城市中，佛山有一个最显著的特点就是离广州最近，既享受广佛一体化所带来的便利和荣耀，也要承受因为比较而呈现出来的反差和失落。佛山人也总是习惯拿广州和佛山比较，而不会选择邻近的江门、肇庆来找到感觉。这是佛山的压力，也是佛山不得不接受的宿命。

尽管广州也有自己的缺陷和短板，但它巨大的体量，以及一河两岸布局所塑造的亮点太多，让人一见钟情的兴奋点比比皆是。相比之下，佛山的中心城区太小，足以让别人高看一眼的地方不多，很容易成为广州的补白和花边。

这么多年，佛山一直在努力建设好自己的城市，也很担心自己沦为广州的卫星城。但成效不是很大，原因固然很多，比如广州是省会城市，佛山是地级市，地位不一样。但有两点可能需要正视和检讨：其一，过分盛行眼见为实、耳听为虚的“现实主义”，制约了佛山对美好城市的想象和冲动，躲在被窝里数钱的美妙胜过追求城市形象所带来的尊严和荣耀。其二，小富即安的心理削弱了佛山做好城市的紧迫感和使命感，因为见怪不怪、习以为常的“审美疲劳”，虽有建设现代化大城市的共识，却缺少排除万难、只争朝夕的勇气和斗志。

佛山先后有过很多任书记和市长，他们要么从本土产生，要么从广州调来。梳理佛山城市走过的历史，我们可以发现一个现象：与本土产生的书记、市长相比，广州过来的书记、市长更注重城市形象的塑造。这个现象的出现，或许不是因为他们的水平更高、气魄更大或者资源更多，而是因为从广州过来，比较之后的发现让他们感触更深、决心更大、使命感更强。

应该说，佛山的城市巨变是从黄龙云主政开始，他在佛山的任职时间不长，却点燃了城市的激情，也奠定了城市的框架。无论时间走得多远，仅凭一条史无前例的佛山一环，黄龙云就会被佛山人民感念和铭记。

2011 年 8 月，刘悦伦从广州来佛山报到的第一天，从广佛高速一进入佛山，送他来佛山的省委领导在车上感叹，说与广州相比，佛山的城市建设不怎么样。这番话对他刺激很大，一到佛山，刘悦伦就在大会上直言不讳地说：佛山城市形象不佳，我们要认这个账。上任不久，他就快速推出了佛山城市升级三年行动计划。这是他送给佛山的“见面礼”，也是佛山期待的“及时雨”。

经过三年的努力，佛山的城市面貌变化很大。但有一点我们必须明白：佛山欠债太多，城市升级很难在三年内完成。佛山城市之美，有的可以媲美欧洲，有的还处在非洲水平，缩短这种差距，需要耐心和时间。

作为市委书记，要操心的事情当然很多，经济发展也需要费心费力。但作为中国市场经济发育最充分的地区之一，佛山经济出现大起大落的可能性不大。经过 30 多年的市场历练，佛山已经拥有一支能征善战的企业家队伍，怎么做好生意、如何做好企业，他们也已经建立足够的经验和自信，但怎么做好城市，佛山还真的需要一位合格的“带头大哥”，城市升级所引发的变迁，已经证明刘悦伦可以胜任这个角色。

我们期待刘悦伦让佛山城市更美好。

（佛山电视台 2013 年 5 月 30 日播出）

城市升级：干得好，也要说得好

佛山城市升级三年行动计划已经收官，它给佛山城市带来的物理性变化有目共睹。从横向比较而言，佛山的成果也许算不上风景独好，但从纵向审视，我们的城市已经迎来历史性的变迁。这是最新的佛山故事。佛山干得很好，也必须说得很好。

城市升级的目的不能止步于城市景观的改善、人居环境的提升以及由此带来的好评和口碑。比这些更重要的是，它要吸引和感召更多能够创造财富的人才和资本来投奔这座城市。过去的三年努力，让佛山城市有了质的飞跃，让这座以制造业闻名天下的城市有了诸如佛山新城、千灯湖、顺德新城这样全国一流、国际水平的城市环境。我们享受这个环境，也必须牢记一个使命：这是不可多得的人居环境，更是不可多得的产业平台，它能否迎来全国一流、国际水平的人才和产业？这是城市从升级到升值的关键步骤。如果没有这样的摆渡，我们所打造的环境或许适合市民散步，但不能让城市起飞，城市升级之后所形成的巨大能量也将无从释放。

城市升级是一个精彩的佛山故事，现在的考验是如何精彩地讲述这个故事。

必须承认，能够感知佛山城市升级之变的人非常有限，佛山期待的那些人才和资本也不太可能主动前来眼见为实。我们必须主动营销，让一个优美动人的佛山故事抵达更远的地方。这点恰恰是我们的弱项。

我曾经多次现场观察佛山企业家和华东地区企业家的互动交流，一个深刻的感受是：尽管佛山企业家生意做得不比他们差、企业不比他们小、赚钱也不比他们少，但开口说话却反差极大——江浙老板俨然商业领袖，佛山老板犹如小商小贩；江浙老板说普通话夹杂外语，佛山老板说普通话带着粤语……这种敏于行讷于言的现象不仅在商界存在，也在学界和政界流行。千万别以“低调务实”来美化，“只会生孩子，不会起名字”怎么看都不是好事，更不是值得炫耀的优点。

这不是“好酒不怕巷子深”的时代，传播城市故事也已经成为共识。众声喧哗中，佛山如何被注意？佛山需要以怎样的方式和手段呈现最新的城市界面、释放城市的气质和魅力？城市升级背后的政府和民间有怎样的执行力、聚合力？这是佛山从城市升级到城市升值的必经之路。

精彩地讲述佛山故事，就是要把佛山城市升级所形成的硬实力转化为软实力，以比景观更优美的方式抵达人心。风景只能养眼，故事才能养心。心动才有行动。城市升级不是让房价昂贵，而是让城市高贵。有多少人才投奔、有多少资本集聚，这才是城市升值的“落地”。

城市升级三年行动计划已经进入尾声，但另外一场升级才刚刚开始。

（原载《佛山日报》2015 年 2 月 3 日）

这不是一个人的纪念

人过留名，雁过留声。邓伟根离开南海、离开佛山，留下了这本《樵人潮语》。它是邓伟根在南海任职期间的微博结集。一不小心，邓Sir又开创了历史——这是佛山第一本个人微博文集。

2014年9月25日上午5点58分，邓伟根发出一条微信："难舍南海，至今只有两次离开佛山：第一次广州读书，10年后返回工作；第二次履新江门，忐忑。幸好第一次仍属广佛同城，第二次禅邑本属一家，同根同源，同声同气，全当家乡情怀，何况康梁思想同脉，邑地平台更广，空间更大，也绝对有相当挑战。西江拓展，粤西进之策，邑地扼腰，任重道远……"

这是邓伟根的第16789条微博。这一天他的粉丝达到178390人。这一天，省委组织部宣布人事任命：邓伟根任中共江门市委副书记，江门市长候选人。

佛山输出市长，邓伟根不是第一个。但从佛山走出来的市长中，邓伟根的特殊性不是他的博士头衔、教授职称，更非他是土生土长的佛山人，而是他的网络大V身份。从官员成长的轨迹而言，邓伟根是"同类"，但从网络世界来看，邓伟根是"另类"。

"另类的"官员有前途吗？邓伟根给出了一个肯定的答案。

认识邓伟根不是从网络上，而是从报纸上。20年前的《人民日报》有一条很抢眼的消息：顺德北滘镇有了"博士书记，教授镇长"，这个博士书记就是邓伟根。那时我正在一家报纸做要闻编辑，在转发这条消息的时候，我特意加大标题字号，并配上编者按。那时的中国，博士不是很多，博士书记更是凤毛麟角，邓伟根可能是全国第一个，我也因此记住了这个名字。

万万没有想到，几年后我也南下佛山，认识了已经转任顺德容桂书记的邓伟根。第一次见面是在一个私伙局，那时的他已经开始谢顶。和我一起去容桂的朋友中，也有一位谢顶的仁兄，他摸摸自己的脑袋，笑着对邓伟根说："没有邓 Sir 聪明，也学邓 Sir 谢顶。"大家哈哈大笑。那晚，邓伟根一首接一首，唱得很投入，尽管我听不懂粤语，也不懂得怎么欣赏粤曲，但仍被他那份深情感动——在粤曲的世界里，他的音声和眼神是那样的自由和纯净……

那个夜晚，我记住了两个陌生的称呼：发烧友、邓 Sir。

很多时候不能不佩服顺德人，他们总是有充满温暖的创造。比如他们总是把曾经担任顺德书记的陈用志、冯润胜称为"志哥"和"胜哥"。他们在位时，顺德人这样称呼；他们退位后，顺德人也仍然这么叫。邓伟根也享有这份殊荣，区别在于，顺德人不叫他"根哥"，而叫他"邓 Sir"，这一声称呼或许不是一般意义上的"先生"，而是顺德对一个文化人的认同和敬重，它和权力、财富无关。邓伟根很喜欢这个叫法，在出任南海区委书记的当天，他就对南海干部们说："以后就叫我邓 Sir 吧，好亲切。"

从容桂书记成为高明区长、书记，这是邓 Sir 仕途上的重要转折。头衔变了，地方也变了，但邓 Sir 的称呼没变，高明人也这样叫开了。这个顺德来的邓 Sir 居然在与高明接壤的顺德龙江地盘上打出一幅巨大的广告：选择高明，高明选择。"这个搞大了。"高明人难掩兴奋。那一年，邓伟根出版了一本新书《城市化革命——中国小城镇建设的国情报告》，更让高明人想不到的是，在琢磨城市化革命的邓 Sir，也开始琢磨"西江产业带"这个宏大的课题了。

争议也由此产生：这是高明选择吗？

2004 年盛夏，邓 Sir 招我去高明，商谈"西江产业带"之事。我建议请南方日报牵头，组织广东媒体记者行走西江，他马上拍板赞同。南方日报也很快向云南日报社、贵州日报社、广西日报社发函，寻求兄弟报社的支持。三家省（区）委党报很快反馈：好事情，全力支持！

2004 年 10 月 24 日，我带领 10 多名广东媒体记者从高明出发，直飞云南，开始横跨五省区、八千里路云和月的采访报道。一路采访，我发现两个现象：第一，所到之处，各地都很认同和感谢高明率先发出“西江产业带”的倡议；第二，西江流经之处，大凡比较发达的城市，当地人都骄傲地称为“小广州”。可以断定，“西江产业带”不仅有理论支撑，更有民意基础。

随后，“西江产业带”论坛在高明举行，一批经济学泰斗给予坚定的支持。不久，邓伟根离开高明，出任佛山市副市长。我以为随着邓伟根的离去，“西江产业带”不会有下文了，没想到 10 年之后的 2014 年 7 月 16 日，各大媒体播发一条重磅新闻：国务院批准珠江—西江经济带成为国家战略。

尽管这个决策过程与邓伟根没有多大关系，但作为“西江产业带”的提出者，历史一定会认这个账的。他之所以要管“西江”的事情，既因为他是高明主官，更是因为他没有忘记自己经济学者的使命。

同样，当他以佛山市委常委之身兼任南海区委书记时，他依然想远方的事。

2011 年 6 月 9 日，在北京宣武区米市胡同 43 号康有为故居（南海会馆），我拍下一张照片：穿过槐树的阳光打在邓伟根忧郁的脸上，背景是破败的房屋，脚下是遍地的垃圾……年久失修的一代伟人故居已经危在旦夕，传说北京方面准备把它拆了！

邓伟根带着几位南海干部到北京市文物局等部门奔走呼吁，为挽救南海会馆做最大的努力，他甚至做了南海出资把这座四合院搬回南海的准备……幸好北京最终宣布：康有为故居要原址保护，整个南海会馆院落也要按照规划保护修缮。闻此消息，邓伟根在微博上写道：欣慰！

那时，他开设微博才三个多月，但粉丝已经过万，名字叫“樵山潮人”，微博的标签是：“樵山下成长的南海佬、顺德公。暨南大学产业经济研究院教授、经济学博士、博导，中国摄影家协会会员。”

那时的佛山，开微博的官员不止邓伟根一个，但邓伟根绝对是写得最勤奋、粉丝最多、影响最大的一个。

“走自己的路。”这句话多次出现在邓 Sir 的微博中。这样的独白是他在告诫自己：保持定力，在压力中前行。

“政经分离”给邓 Sir 带来了巨大的荣誉，但这个难度巨大的改革让他承受着别人难以想象的压力，缺少支持、缺少理解，有时更像是“一个人的战斗”。那时，他的微博流露出难言的苦楚，只是他表现得非常克制。当“政经分离”改革被肯定、有定论的时候，他依然保持着这份淡定，微博上的表达只有三个字：“再努力。”万语千言，尽在不言中。

2014 年 9 月 26 日上午 6：16，已经在江门上班的邓伟根写下一条微博：“一切归零，尽早融入。抓紧调研，邑地广阔，潜力巨大，目前工作已排得满满的，想休息一下都几难。樵人仍樵人，邑话开新题，至于称谓嘛，根叔显太老，叫哥似年轻，还是邓 sir 好，永远的邓 sir！请教各位，邑地再出发，如何后发制胜？”

地点变了，职务也变了，不变的是邓 Sir，不变的是邓 Sir 依然在写微博。

11 月 28 日上午，空缺了两个多月的南海区委书记一职终于有了合适的人选，回来交接的邓伟根一早就发出微博：“今早要回南海，工作总算有个形式交接了，对两地的感悟：‘康梁同脉，根在五邑；禅邑一家，魂系樵山。’需离家，但像回家，总会回家，故常来常往，因为江佛一家！”

在南海主推文化引领发展战略的邓 Sir 也许是在承担一种宿命。他在 12 月 5 日的微博中写道：“看来历史总有巧缘，南海完成了南海会馆的规划建设与康园建设（北京康有为故居在丹灶复原）启动，今来到江门工作，历史地又要选择梁启超北京旧居（新会会馆）的修建，如此康梁同脉交由当下潮人，这种绝妙的赋予既是一种文脉延续，更是我今人的一个使命，康梁同脉系于当今，难道乃吾之天命?”

他放不下文化，也放不下南海。

12 月 9 日，接任邓伟根出任南海区委书记的梁维东到狮山永安社区调研，倾听群众心声，了解群众诉求，明确表示直联制要坚定不移推行下去。看到这条微博，邓 Sir 马上转发，并写下评语：要直联，别失联。寥寥六个字，寄托着他对南海的牵挂和祝福。

在 11 月 28 日上午举行的南海区干部大会上，佛山市委书记刘悦伦说：南海近几年的发展是大思路、大气魄和大格局，这与邓伟根同志近几年的推动是分不开，与邓伟根的改革和创新分不开。

我比较过两张照片，一张是 2010 年 7 月 19 日拍的，那天邓伟根到南海担任区委书记；另一张是 2014 年 11 月 28 日拍的，那天邓伟根回南海交接。四年时间，邓 Sir 老了许多，头发也谢得更多。原因何在？密码就在微博中。

《樵人潮语》不是一个人的心迹，更非一个人的纪念，而是南海大历史中弥足珍贵的一段岁月。时间不算很长，但影响一定深远。

南海是中国改革开放的尖兵，肩负为中国县域经济发展提供样本的使命。备受关注的南海必将迎来更多的关注。这本真实、诚恳而且鲜活的微博文集将为研究南海的人们提供一部有温度的历史文献。面对此书，未来的大伽和粉葛或许会发出一声感叹——

噫，好东西啊！

2014 年 12 月 18 日

（此文系江门市长邓伟根微博文集《樵人潮语》一书的序言）

“下坡”的刘海遇见了谁

今早打开手机，发现朋友圈都在疯传两篇关于海哥的文章：一是海哥的告别演讲，二是海哥这些年在江门的各种活动图片。很用心思，很有深情。江门朋友的微信说，台上的海哥讲得动情，依依不舍，几度哽咽；台下的官员听得激动，念念不忘，以长时间潮水般的掌声送别他们的带头大哥……

2015 年 2 月 2 日，江门召开全市干部大会，宣布刘海卸任江门市委书记。从早前公布的刘海当选广东省政协委员的消息判断，那个地方应该是海哥的下一站。干了一辈子革命工作，60 岁的海哥终于可以休息了。他可以一边拿着烟斗，一边翻翻报纸，看潮起潮落、云卷云舒，享受睡到自然醒的日子和时光……

可以确信，退下来的海哥不会冷场，有很多热茶等他来喝。他有很好的口碑，周围有很多朋友，那些没有功利的浓情会将他紧紧包围。好人一生平安。这是一种因果和必然。

第一次听到刘海的名字是在很多年前。那时他在共青团系统工作，我也是。有一次为做一个青年干部的报道，我去团中央大楼资料室查资料，翻出一张照片：一群雄姿英发的团干部骑自行车环游美国考察学习，46 天，横穿 18 个州，行程达 2500 多公里。有人指着照片上的小伙逐一说出他们的名字和单位，其中一个就是：刘海，共青团佛山市委书记。我之所以记住这个名字，是因为照片上的刘海看起来高大威猛，英俊潇洒。也许是因为自己长得很不争气，年轻的我对所有的帅哥都羡慕嫉妒恨。直到人老珠黄的今天，才变得从容淡定。

1997 年我离开共青团系统南下佛山谋生，而从团佛山市委书记转岗担任石湾区委书记的刘海也升任佛山市委常委、宣传部长。某日，在大学教书的我突然接到市委宣传部的电话，说是让我参加撰写中央电视台拍摄的电视专题片《世纪佛山》的解说词，编导是著名的陈虻，解说是更著名的陈铎。在讨论这个片子的内容和结构时，刘海也参加了。这是第一次和海哥面对面。他在发言中说，最近刚刚看到一篇很好的文章，叫《发现南海》，作者切入的角度和发现值得大家借鉴。我为之一震：这篇《南风窗》最新推出的文章他居然就读了，而且有这么深刻的感悟。我得出一个判断，海哥的阅读面很广，而且很会读书。

因为这个片子，我们从陌生变得熟悉，每次见面他总是笑眯眯地邀请：有空到办公室聊聊天……

后来他去了南海，因为参与《南方日报》做南海的宣传策划，我们又打过不少交道。后来他又从南海调往顺德。从南海到顺德，海哥没变，还是那样笑眯眯的。每次见面依然笑眯眯地说：有空到办公室聊聊天……

后来真的去聊了一次，在他的办公室里喝茶抽烟，谈天说地。他谈及顺德和南海的异同，真实地表达他的感慨。那时，我正在佛山电视台主持《话龙点睛》栏目，他言谈中也给了很多意见，让我在做节目、写评论、说顺德事时多一些理性和客观，知其然也知其所以然。

某日，著名舞蹈家杨丽萍带着她的《云南映象》来顺德演出，他也兴致勃勃地前往观看。我们在顺德演艺中心门口偶然遇见，在演出之前抓紧在场外抽烟。那时，顺德的大部制改革正紧锣密鼓，他的白发陡然增多，看得出他“鸭梨山大”。我的座位离他不远，发现他看得投入、看得动情。在观看杨丽萍出神入化的纤手中，刘海因改革而承受的压力似乎也缓缓化解，烟消云散。

在很多人看来，那时已经 55 岁的刘海可能很快会退出第一线，去人大或政协养老。没想到一纸调令，让他从顺德去江门担任市长。

这样的安排也出乎他的意料，以至在去江门报到的第一天，他就在全市干部大会上当着省委领导的面坦露心迹：没想到这么大年纪还被提拔。

让我感动的是在苏力的葬礼上。

苏力是顺德一位年轻有为的干部，担任大良街道党工委书记，后被选派到韶关武江区担任书记。苏力有一个愿望：把顺德的涂料企业引入武江，打造华南最大的涂料工业园。顺德的老板也很支持，很多企业投入重金在那里买地建厂，他们都是冲着苏力的为人去的。但事情很不顺利，用地指标迟迟没有拿到，苏力一筹莫展。他为此纠结、为此痛苦，既为自己的抱负无法施展，更为那些奔他而来的父老乡亲。巨大的压力，成为他无法承受之重。2012 年 2 月 17 日凌晨，苏力在他的宿舍自尽。

当今中国，一有官员自杀，公众的第一反应就是：他是不是贪官？是不是畏罪自杀？苏力之死也不例外。

苏力自缢身亡的当天上午，我打开网站，发现韶关官方只是证实苏力自杀的消息，但没有相关细节。很多跟帖和评论对苏力非常不利，凭着和苏力多年的交往，我相信他不是那样的人。

我立即写了两条微博：

“相交十年，一直认为你是强者。从为人到做事，你认真谨慎，如履薄冰。从教坛走向政坛，你的仕途其实很顺。从顺德到韶关，你有不错的口碑。去年夏天，我们北京相遇，你依旧谈笑风生。来不及去韶关看你，你就撒手而去。你有年迈的老人，有贤惠的妻子，有一对可爱的儿女。此刻，他们情何以堪？”

“一直记住你的微笑，一直记住你说的那些段子，而你却化为云烟。我不知道真相，不知道你心中翻卷着怎样的巨浪。但无论面临多大的问题，你也不该放弃生命！”

2 月 18 日的报纸，铺天盖地是苏力自杀的消息，很多报纸刊登了我的文字。顺德很多朋友给我发来短信：谢谢你！

同样的话也出自刘海口中。

那天，苏力的遗体告别仪式在顺德举行，刘海专门从江门赶来。他脸色凝重、内心悲痛。和他握手时，他说了一句“谢谢你”，我知道这句话的含义和分量。那天，刘海是出席苏力葬礼的最高官员。他的到来，既是为这位曾经的部下和同事，也是为苏力的荣誉和尊严，其中或许还有对共青团干部的情结和情感。苏力，曾经是共青团顺德市委书记，团中央候补委员。那天，顺德人又一次对海哥竖起拇指：真是一位大哥！

记得海哥说过：上台是偶然的，下台是必然的。记得微信上有人也说：“不管正处副处，最终都是一个去处；无论正厅副厅，最后都要回到自己的客厅。”台上的鲜花和掌声也许不一定真实，但台下的感受和温度却是可以信赖的裁判。从这个角度而言，我相信群众的眼睛是雪亮的。

昨天，从江门会场爆发出来的掌声，让佛山的我感受到那份真诚。血，总是热的。

看完微信，我写下这样的文字：

> 佛山出去的官员中，海哥的情商和智商都属于很高的那一类，情商尤其突出。他没有架子，非常真诚谦和。几次和他讨论问题，气氛非常之好，真是一位活得真实、想得周到、做得从容的大哥。不像某些官员高高在上、处处装逼。虽然登上了那个位置，但却没有了脑子，搞不清自己是谁。人在做，天在看。是人是鬼，时间会给出答案。海哥不仅是一位好官，也是一面旗帜。有风的时候，我们会发现他在飘扬……
>
> 海哥是一种启示：一个人走上坡路的时候一定要对你身边的人好，因为你下坡的时候一定会遇到他们。
>
> 昨天下坡的海哥遇到了温暖的人，他们在江门，在南海，在顺德，在佛山，在这个世界。
>
> 我是他们中的一个。

写下这些文字，可能会有人说我讨好。走过风风雨雨，海哥已不需要讨好。活到这把年纪，我也没有必要再去讨好谁谁谁。我已经看见前途，那就是从容自在地老去。再说，自从来到这个世界，我从来没有打算活着回去……

2015 年 2 月 3 日上午

佛山制造的十个第一

第一集　为何要说佛山制造

从今天开始，我要和大家聊一聊佛山制造。可能有人会说：一个连白话都不会说的外地人，怎么有资格说佛山制造？我是这么理解的：第一，虽然佛山老板大多说粤语，但佛山制造说的是普通话甚至外国语。你看这么多佛山产品，所有的说明书都不是用粤语写的。第二，现在的佛山，用普通话交流已经没有任何问题。我在佛山居住了将近20年，不会说粤语可能是一个笑话，但一个佛山老板不会说普通话那肯定不像话。好在我至今没有遇到这样的老板。我去过几百家企业参观考察，发现这些企业的工作用语几乎是普通话。第三，佛山制造大多是人居产业，比如酱油、家电、家具、陶瓷，这些东西与每个家庭、每个人的生活息息相关。佛山制造这么深度介入了我们每个人的生活，那我们每个人都有说佛山制造的权利和资格。

八九年前，佛山有过一场关于佛山人精神的大讨论，其中大家认同感最高的一条就是“敢为人先”。最能体现这种精神的就是佛山的制造业。可以这么说，制造业不仅是佛山的经济支柱，也是佛山最大的文化输出。佛山制造历史悠久，在很多领域开风气之先。在近代中国史上，佛山贡献很大，其中南海人非常了不起。如果说康有为发起的“公车上书”和戊戌变法是希望从体制上改变中国，那么，更多的南海人是从产业和科技领域来推动国家的进步。比如陈启沅创办了中国第一家以蒸汽机为动力的缫丝厂，开创了中国民族纺织业从手工操作迈向机械作业的历史；邹伯奇发明了第一台国产相机；詹天佑设计并主持兴建了中国人自主设计修建的第一条铁路，从而成为中国的“铁路之父”；中国第一家火柴厂也是出在南海，结束了中国人使用“洋火”的历史。这些第一在影响历史、改变中国的同时，也塑造了佛山人敢为人先的精神气质。

如果不是因为有这样的历史积淀和历史传承，佛山的制造业就不可能有今天的辉煌。在中国改革开放已经走过的37年时间里，佛山制造又开创了很多中国乃至世界第一，再次演绎了佛山敢为人先的伟大精神。说佛山制造，就是发现佛山最强大的城市力量，就是梳理佛山最耀眼的精神光芒。从今天开始，我要给大家分享这30多年来佛山制造的十个第一。通过这十个案例，让历史告诉未来，让大家知道牛皮不是吹的、火车不是推的，佛山敢为人先的精神不是传说而已。

今天的开场白就说到这里。明天我给大家说一说世界第一台消毒碗柜的故事。

第二集　世界第一台消毒碗柜在佛山诞生

改革开放三十多年来佛山制造了许许多多的第一，现在家家户户几乎都有消毒碗柜，各种各样的消毒碗柜品牌也非常多，但很少有人知道世界上第一台消毒碗柜是哪里制造的。现在我告诉大家，它出在佛山，出在顺德。

上年纪的人可能都记得，1987年上海暴发大规模的甲型肝炎，有29万人得了这个病。当时外地人不敢去上海出差，也怕上海人出来，大家都怕被传染。没有人想到，这场危机让远离上海的顺德人看到了商机。

一个在澳大利亚留学的顺德青年回老家杏坛过年，看到家乡人吃饭使用餐具时战战兢兢，生怕有病毒。这个学工科的小伙子就想，如果有一种能够杀毒灭菌的东西，肯定很有市场。有这样的思考之后，这个小伙马上开始研究，并很快画出了一个简单的消毒碗柜结构图。他找到一个在杏坛一家汽车配件厂工作的同学罗小甲，两人一拍即合，说做就做。按照结构图，利用汽配厂的材料，用手工制造出世界第一台消毒碗柜。

样品出来了，但要量化生产就需要有设备、有厂房，但他们没钱。怎么办？有一天杏坛镇委书记来看汽配厂，罗小甲就给书记说了消毒碗柜的事。书记也觉得这个产品有前途、可以做。杏坛镇政府很快做担保从银行贷款 30 万元，第一批消毒碗柜一投向市场，马上就火了。这家企业就是大名鼎鼎的康宝电器，罗小甲还在担任董事长。

这么多年过去了，康宝消毒碗柜从第一代发展到第八代，完全智能化，其产销量一直是世界冠军。

现在回过头去看，顺德人研制出来的世界第一台消毒碗柜技术并不复杂，就是在一个铁箱里安置一根红外线发热管，通过控制温度来实现消毒功能。但这个并不复杂、技术含量不是很高的东西，别人没有想到，更没有做到，但顺德人做到了。这样的创新，就是佛山敢为人先精神的体现。这样的创新，引发了厨房革命。佛山，好样的！这就是世界第一台消毒碗柜诞生的故事，明天我会给大家讲佛山制造的另一个第一，第一家敢摸“老虎屁股”的中国企业。

第三集　第一家敢摸“老虎屁股”的中国企业

说起佛山制造，不能不说佛山目前最大的企业美的集团。

作为一家千亿级企业，全球最大的电扇生产商和空调大王，美的集团开创了很多中国第一，大家最熟悉的就是美的是中国第一家上市的乡镇企业。在美的所创造的若干个第一里面，有一个是很多人不知道的：美的是第一家收购世界500强旗下企业的中国企业。

能够进入世界500强的企业几乎是行业霸主，是世界级大“老虎”。俗话说，老虎屁股摸不得，但美的就敢摸，而且很早就摸了：1999年，美的收购了日本东芝万家乐，随后又收购了日本三洋的部分生产线。在此之前，还没有一家中国企业敢对世界500强企业下手。

2004年12月21日，时任中共中央总书记、国家主席、中央军委主席胡锦涛来美的考察，听了美的并购日本企业的汇报后，马上表态说：这是中国企业走向国际化的一种好模式，值得推广。

美的能开这样的先河，与它的创始人何享健关系极大。别看何享健是农民出身，但他却是一位具有世界眼光的优秀企业家。有一次，一位中央领导问何享健什么文化程度，何老板如实回答：小学毕业。领导摆摆手，称赞说：你都是博士后了。

何享健确实很了不起。我最佩服他的地方有两个：第一个是他的工匠精神。何享健搞企业40年，很专注、很投入。顺德多次推荐他从政，但他每次都谢绝了，他说自己的定位不是当官，他的理想就是做好一家企业。我们可以设想一下，假如何享健没有这种定力，转身投入官场，美的会不会有今天的这种局面。现在大家都在说工匠精神，其实佛山不缺这种精神，何享健就是一个代表。三心二意、见异思迁的人，一般是干不成什么大事的。我最佩服他的第二个地方是他的心胸和视野。在顺德，何享健被公认为最重视人才的企业家。他是论功行赏，彻底打破了地缘、血缘、亲缘这三个传统的用人观念。

在美的，流传着一个“杯酒释兵权”的故事：在一次创业元老座谈会上，何享健指着一台电脑对大家说，谁能使用这台电脑，我就立即提他一级，否则就下课。这些元老当然知道何享健的性格，不久，创业元老们陆续退出江湖。

几年前，外界都以为何享健会把美的交给他儿子，但他最后选择的是来自安徽的方洪波。这样的交班，在顺德震动很大，好多人想都想不到。何享健正在慢慢地淡出江湖，但这位第一个敢摸老虎屁股的人将被历史记住。

第四集　世界微波炉之王

今天说说格兰仕。和美的一样，这也是一家世界级的大企业，是当今全球微波炉制造领域的头号霸主。

很多人不知道，格兰仕以前是做羽绒产品的，和微波炉完全搭不上边。为什么后来做微波炉了呢？这不能不佩服梁庆德对商机的精准把握。在顺德，大家都把这位格兰仕创始人叫德叔。1991 年年底，德叔去了一趟日本，在东京一家专卖店第一次看到一种叫微波炉的产品很热销。他当即判断这个东西有得做。但和他同行的人都不认同，因为当时的格兰仕没有一个人懂家电。但德叔不仅决定要做，而且行动要快。他说他看到这个商机，别人也会看到，所以速度最重要。

从日本回到顺德以后，德叔果断停掉羽绒业务，全力以赴做微波炉。1993 年就把 1 万台微波炉投放中国市场，市场反应非常好。3 年后就做到中国第一。1998 年，格兰仕启动全球战略，开始惊人的规模扩张。2001 年，以年产 1200 万台的规模成为全球最大专业化微波炉制造商。

客观地说，格兰仕的技术并不是世界最先进的，它能够以这么快的速度成为世界微波炉之王，秘笈就是价格。

看到微波炉卖得这么好，国内很多厂家搞起了微波炉。德叔就采取降价的办法让对手害怕。1996 年，格兰仕第一次降价，当时一台微波炉在中国市场卖 3000 元以上，但格兰仕只卖 1600 元左右。格兰仕的口号是“高档高质不高价”。后来，格兰仕又先后进行 9 次降价，把国内微波炉生产厂商数量从 100 家打到不足 30 家，也把日本、韩国几家著名的微波炉企业搞得灰头土脸，甚至退出了这个行业。

很多人说格兰仕是“价格屠夫”，骂声一片。而格兰仕把这样的竞争战略称为“价值摧毁理论”，意思是：只有彻底摧毁产业的投资价值，让别人不愿意进入，才能保障企业安全。

作为消费者，大家都很感谢格兰仕。它把价格搞得这么低，让大家都买得起。从企业发展角度来说，打价格战也会“杀敌一千，自损八百”。一台几百元的微波炉，实际上已经没有多少利润了。这其实就是格兰仕最大的忧患。

格兰仕最近几年也在反思，提出竞争不再以价格为中心。这家走过30多年历史、创造过很多第一的民营企业要实现转型升级，需要更大的革命勇气，而今天的佛山制造同样需要这一脉相承的敢为人先的智慧和勇气。

第五集　中国第一台双门冰箱

今天我要说说科龙的故事。尽管现在已经没有科龙这家企业了，但历史是不能忘记的。它曾经是中国最大的家电制冷企业，是全国第一家在香港上市的乡镇企业。

科龙电器前身是顺德珠江冰箱厂，属乡镇企业，创始人叫潘宁。1983年，当时担任容奇镇工业与交通办公室副主任的潘宁带着一班人马考察全国市场，得出一个重要结论：电冰箱是一个具有广阔发展前途的家电产品。

容奇镇政府很认同这个判断，给了9万元开办费。潘宁派人去西安交大学习制冷技术，到处搜集技术资料。1983年9月，国内第一台双门电冰箱在顺德诞生，叫容声电冰箱。潘宁到北京最著名的西单商场推销冰箱，人家理都不理。为了提高知名度，潘宁请香港影视明星汪明荃代言冰箱广告，因为汪明荃是全国人大代表，广告播出必须请示上级，报告打上去，上面没批。所以在很长一段时间里，这条广告片只能在地方电视台播出，上不了中央电视台。

身份的歧视和制度性的打压，不仅没有让潘宁泄气，反而激发出他和整个团队的斗志，短短几年工夫，就做到国内最大、最先进、最著名的制冷企业。容声冰箱也成为中国当时知名度最高的家电品牌。

1992年1月底，视察南方的邓小平专程到珠江冰箱厂视察。来到现代化的车间、看到全世界最先进的生产线，邓小平显得非常惊奇，他问："这是什么类型的企业?"随行回答："如果按行政级别算，只是个股级；如果按经济效益和规模算，恐怕也是个兵团级了。"在整个参观过程中，邓小平感慨万千地连问了三次："这是乡镇企业吗?"也是在这个过程中，邓小平说出了一句后来闻名全国的名言："发展才是硬道理。"

珠江冰箱厂尽管由潘宁创办，但在产权上则属于镇政府。潘宁和经营团队则无任何股权，潘宁多次或明或暗地提出这个问题，但一直没有得到明确的答复。1994年，潘宁决定将企业变身为科龙集团，宣布新创科龙品牌，进军空调行业。1998年12月，在没有任何预兆的情况下，科龙集团突然发布公告，潘宁辞去公司总裁职务。这位65岁、只有小学四年级文化的企业家随后移民去了加拿大。

潘宁退隐之后，科龙多次易主，最后被山东海信兼并，曾经风光无限的科龙成为历史。但是历史的云烟再浩瀚，也无法掩盖科龙人百折不挠中积极进取、敢为人先的精神。

第六集　中国第一饮料品牌

前面说的佛山制造的四个第一都是顺德贡献的，今天从顺德走到三水，说说健力宝。它曾经是中国第一民族饮料品牌。1994年，国际小行星命名委员会把一颗小行星命名为"三水健力宝星"，这是全球第一颗以企业名称命名的星星。可见当时的健力宝影响有多大。

20世纪80年代，健力宝风靡神州大地，几乎是一代中国人的记忆。那时的中国，没有多少人知道三水的市长，但大多知道健力宝的厂长。李经纬也成为当时佛山最著名的企业家。

李经纬最大的特点是胆子大、敢于冒险。关键是李经纬抓住了两个机会。

第一个是亚足联的会议。有一天，李经纬听到一个消息：亚足联将在广州白天鹅宾馆开会，亚足联的主席将出席这个大会。李经纬想：这是一个千载难逢的好机会，一定要想办法把饮料摆到这个会议桌上去。但是当时的健力宝包装很差，根本没人知道。怎么办？他跑到深圳百事可乐厂，借了一些空罐子，然后，灌上配好的健力宝，再贴上标签，通过关系就摆上了亚足联的会议桌上。李经纬请了一个摄影记者帮忙，一旦亚足联主席拿起易拉罐想喝的时候，记者就赶紧拍下来。开会时，亚足联主席果然拿起健力宝看了一下，记者啪啪拍下了20多张照片。李经纬拿着这些照片大肆宣传，说：某某都喝健力宝，市场潜力如何广阔。很多经销商都愿意跟他合作，签下了大量的订单。

第二个是洛杉矶奥运会。当李经纬提出动用全部家底赞助中国体育代表团的时候，几乎所有人都反对，但李经纬还是决定冒险。结果中国女排击败东道主美国队获得奥运会冠军，实现了“三连冠”，举国欢腾。日本《东京新闻》一位记者写了一条花边新闻稿，说中国女排喝的是一种叫健力宝的魔水饮料。一位去采访奥运会的《羊城晚报》记者看到这条新闻后，随手改写成了《“中国魔水”风靡洛杉矶》。当这条“出口转内销式”的新闻在《羊城晚报》上刊出后，被迅速广泛转载，健力宝一夜名扬天下。李经纬就这样交上了好运。在此后的15年里，健力宝一直是“民族饮料第一品牌”。在最紧俏的时候，三水到处是全国各地前来拉货的大卡车，一车皮健力宝的批条被炒到了2万元。

尽管今天的健力宝已经远远不如当年，但回顾历史，我们依然要记住健力宝做出的历史性贡献：提高了佛山三水的知名度，让中国人知道做食品饮料也能赚大钱。

第七集　揭开中国现代陶瓷工业序幕

说起佛山制造，肯定要说佛山陶瓷。因为外地的人说起佛山，首先想到的是佛山陶瓷。在中国陶瓷行业中，佛山品牌最多、质量最好、影响最大。佛山陶瓷有今天的辉煌，不能不说佛山陶瓷集团。

佛山陶瓷历史悠久，但产量并不大，主要原因是设备太落后。改变这一历史的人叫周棣华。1990 年出版的《中国轻工业年鉴》中，周棣华成了当年的新闻人物，理由是“他为改变陶瓷生产落后面貌，敢冒风险，在国内率先引进建筑陶瓷先进生产设备”。

话说 1980 年，周棣华被派到石湾搞陶瓷，他便发现了佛山陶瓷行业的短板。1981 年，他率领一个由工人、技术人员、管理层组成的 8 人团队，赴意大利、西班牙展开了为期一个月的考察。看到国外同行的先进技术和产品非常震撼。考察回国后，他提出建议：从意大利引进一条生产线。当时的主管部门非常支持。但引进过程非常艰难。那时意大利方面对中国很不信任：第一是不相信中国能买得起这么贵的设备；第二是不相信中国人会用这些设备。双方谈了三年才谈妥。1984 年，佛山花了 207 万美元，中国第一条从国外进口的陶瓷生产线在石湾投产。不久，佛陶集团又率全国之先从德国引进了第一条现代化的卫生陶瓷生产线。这两次引进，揭开了中国建陶工业与现代化、国际化接轨的序幕。佛山这种敢为人先的作为反响很大，很多中央领导和全国各地的业界人士都来佛山参观这个“洋产品”。

1987 年的佛陶集团是全国最大的建筑陶瓷生产企业，每一条生产线都好像是印钞机，效益非常好。普通员工每个月可以拿到 300 元左右，而当时政府普通公务员每个月的收入也就是 50 元上下。1992 年我第一次到佛山采访，听说佛陶集团的员工月收入接近 3000 元，羡慕得不得了。那时我的工资不到 500 元。

虽然佛陶集团现在不行了，但它培养了大批陶瓷生产和管理人才，为佛山陶瓷高速发展做出了巨大贡献。现在佛山很多陶瓷企业的老板当年都在佛陶集团做过。比如后来成为国内第一家在香港主板上市的陶瓷企业——东鹏集团的掌门人何新明就是从佛陶集团出来的。有人把佛陶集团比喻为“中国建陶行业的黄埔军校”，这话一点也不过分。

有一句话说得好：我们不能因为走得太远而忘记从哪里出发。知往鉴今，敢为人先的佛山制造才更有后劲。

第八集　中国最大陶瓷机械设备制造商

很多人都知道中国产陶瓷的地方不少，但佛山的陶瓷产业链最完整，不仅有最好的产品，而且有最好的陶瓷装备企业。中国最早从国外引进陶瓷生产线的是佛山，但佛山不是简单地引进设备，而是通过模仿，然后进行创新。经过 30 年的引进、消化、吸收和自我创新，佛山陶瓷产业已在技术上自成体系。从生产装备看，虽然总体水平和意大利、西班牙相比还有一定的差距，但目前国内外最先进的设备佛山都有，在全国处于领先地位。

禅城石湾有一家著名的陶瓷机械巨头，叫恒力泰公司，20 世纪 80 年代，这家公司最先研制成功国内第一台 600 吨级的液压自动压砖机，开创了国产陶瓷自动压机的时代，打破了国外公司对陶瓷机械的垄断，恒力泰逐渐成为国内最大的陶瓷压机生产企业和陶瓷机械行业龙头企业。

在离石湾恒力泰不远的顺德陈村，创立于 1992 年的科达同样在陶瓷产业聚集的佛山迅猛发展。和恒力泰不同，科达在抛光线机械上抓住了市场机遇。

1998 年，国内陶瓷企业开始大量上抛光生产线，科达抛光生产线以其质优价廉逐步替代进口抛光线。随后，科达又开始国产大吨位压机的研究和生产，生产出 3200 吨的大吨位压机，填补了国内的一项空白。

2009 年 3 月，恒力泰公开表达要成为世界最大的陶机企业，但谁也没想到两年后却被科达吞并了。在当时的中国陶瓷机械领域，科达机电抛光机占据国内市场份额的首位，而在陶瓷压机市场，恒力泰是绝对的老大。它们两家一合并，综合实力行业排名中国第一、世界第二。新的科达是目前中国最大的陶瓷机械设备制造商。

科达和恒力泰合并之后不久，新的科达就宣布要向清洁能源装备转型。科达转型的主导者、当今科达的掌门人边程，最喜欢孟子的名言：生于忧患，死于安乐。这位身材高大、嗓音洪亮的企业家认为，如果继续做陶瓷机械制造，市场规模达到 30 亿元就摸到“天花板”了，而清洁能源却是一个上万亿元的大市场。科达转型捡的不是芝麻，而是大西瓜。从一家以传统陶瓷机电生产为主的企业，转变为一家能源装备自主创新企业，科达又为敢为人先的佛山提供了一个强大的例证。

第九集　中国最大的酱油产销企业

这些年，我在国内国外走了不少地方。作为一个贵州人，我感到骄傲，因为走到哪里都看到有老干妈；作为一个佛山人，我也很自豪，因为无论去到何处，都看到佛山出的海天酱油。有人烟的地方必有海天。这话一点都不假。

海天是中国最大的酱油产销企业，产品出口也是全国第一，是中国调味品行业第一品牌。

佛山为什么能制造出中国最好的酱油？第一是有悠久的历史。佛山是中国传统调味产业的发祥地。早在 300 年前，“佛山古酱园”就闻名全国，是名副其实的“中华老字号”。1955 年，佛山 25 家历史悠久、实力雄厚的古酱园谋略合并重组。其中“海天酱园”是 25 家酱园中历史最久、规模最大、影响最广的一家，因此一致同意将新组建的厂命名为“海天酱油厂”。

第二是美食佛山的需求。佛山是一个很讲究吃的地方，是粤菜的发源地。做美食，必须有好的调料。可以说，海天的历史，就是不断满足市场需求的历史。

第三是优良的企业文化。海天一直强调良心、爱心、责任心。有良心的企业才能制造出让人放心的产品。

怎么把产品做到最好，做有良心的企业？海天第一步是打假，不让自己的品牌被玷污。看见海天在市场上太受欢迎，国内一些企业就想办法“傍大款”、打“擦边球”。其中最离谱的是一家山东企业。2007 年，一家叫作“乐陵市云海食品有限公司”的企业，居然把名字改为“山东海天”，产品的包装、外观设计和佛山海天高度相似，给人的感觉好像是和“佛山海天”有关系。这是明显的侵权。后来，佛山海天把山东海天告上法庭，法院最后判决：佛山海天完胜，山东海天不能再用，赔偿佛山海天 80 万元。

2005 年 10 月 28 日，佛山海天投资达 10 亿元，在高明兴建一个年产超 100 万吨的世界最大的“航母级”调味品综合生产基地，迈出打造世界级的调味品标杆企业的关键一步。2014 年 2 月，海天成功上市。海天成为全球最大的专业调味品生产和营销的企业之梦，就有了强大的资金支持。

在佛山制造中，海天的安全性属于最好的一类。这不是说海天的质量安全，而是指海天的市场安全。很多企业都面临转型升级压力，否则就可能被淘汰，但海天就少有这样的顾虑。因为不管什么经济环境、什么经济周期，人们都会买酱油、用酱油。只要保证产品质量，其他问题就不大。从这个角度而言，海天最需要的是工匠精神，把产品做到最好。

有良心的企业必有好报，海天一定有世界第一的那一天。

第十集　中国铝材第一品牌

很多人装修房子的时候都犯愁：全国这么多铝型材企业，到底是哪个品牌最好？我们佛山人可以拍着胸脯告诉他们：坚美铝材是中国铝材第一品牌。

为什么可以这么肯定？当今世界最著名的十大高层建筑中，有五座用了坚美铝材；在全国 67 座 300 米以上超高层建筑中，有 24 座用坚美铝材，占了 36%。还有很多国外著名标志性建筑也是用坚美铝材，比如美国加州政府大厦、日本东京邮政大厦、阿布扎比金融中心等等。

全世界这么喜欢坚美铝材，原因只有一个，那就是它的质量非常好。

给大家讲一个故事：当年坚美申报“中国驰名商标”的时候，没有像现在这么有名，参加评选的铝型材企业很多，哪家都说自己是最牛的。坚美想出一个好办法，请评委们坐车在长安街上走一趟，告诉他们，沿途经过的中国军事博物馆、中国工商银行总行、人民大会堂、中央电视台新大楼这些高大上的地标建筑用的都是坚美铝材。这一下就把评委们征服了，坚美很顺利地拿下“中国驰名商标”。

坚美铝材的老板叫曹湛斌。1981 年，从部队退伍回乡的曹湛斌跟着哥哥在南海大沥做了 9 年的生意：先卖了 5 年的猪肉，后卖了 4 年的牛肉，后来转行做铝型材，把企业的名字叫做“坚美”。在粤语中，“坚”是“坚嘢”，就是好的意思，“美”就是漂亮。曹湛斌一开始就提出：要么不做，要做就做得最好。

坚美创办于 1992 年，正好赶上中国铝型材市场爆发式需求期。那时候只要有产品，根本不愁卖。有不少企业就投机取巧，以次充好，牟取暴利。但坚美坚守自己的承诺，坚守质量底线，还大手笔引进价值上亿元的世界一流生产线。后来不少铝型材企业纷纷关门了，而坚美活得很好，因为市场信任它。2008 年金融危机爆发，又有很多家铝型材企业倒下，坚美却在危机中迎来快速发展的机遇。

现在的铝材行业日子普遍难过，但坚美的业绩很漂亮，尤其是在高端市场的竞争力非常强大。坚美一方面由输出铝材向输出门窗设计、标准、服务、解决方案发展，一方面向工业铝材领域升级延伸，已经成功研发了和谐号列车专用铝材等产品。

2013 年，坚美获得广东省质量奖，现在又在全力冲刺国家质量最高荣誉——中国质量奖。入围的铝型材企业全国只有坚美一家。这是佛山制造的骄傲。

市场是海，质量是船，标准是桨，品牌是帆。这是曹湛斌形象的比喻，也是坚美铝材的生意经，当然，这也是佛山制造的宝贵经验。

第十一集　用速度战胜规模

佛山制造的十个第一已经说了九个，最后一个我要讲志高空调，讲李兴浩。这家企业的目标是"造世界上最好的空调"。

在中国家电行业，有这么一个说法：张瑞敏的脑、何享健的胸、董明珠的嘴、李兴浩的手。说的是张瑞敏的脑子好用、何享健的胸怀宽广、董明珠的口才厉害、李兴浩下手最快。

在我接触的佛山企业家中，李兴浩是最独特的一个。他很高调、快人快语，打扮也很特别，喜欢穿花衣服。他的生意经就是"用速度战胜规模"。在李兴浩看来，要打胜仗，无非是做好两种事，一是自己进攻，二是阻止别人进攻。专业的说法就是把复杂的问题简单化。

李兴浩说他小时候很穷，所以后来面对财富，他总是很有行动力，不放过任何一个出现在他眼前的赚钱机会。开酒楼的时候发现修空调比开酒楼赚钱，就立刻注册空调维修中心，并迅速发展成当地最大的空调维修中心。在空调市场几乎由格力、春兰、华宝、科龙等巨头垄断的时代，一位台湾老板问他有没有兴趣合资做空调，李兴浩立马就答应下来。

创业时期的李兴浩简直快得不可思议：两年时间就建起26个配套厂，不到一年就在100多个国家注册了商标并迅速铺开市场。这种野蛮生长的商业态度跟他的个性一样，奔放而迅速。

10多年前，李兴浩只用半个月时间就敲定与世界500强企业韩国现代的战略合作；2012年，志高组建全球唯一智能云空调大数据中心，并推出了全球首款智能云空调；2014年底，志高启动品牌高端转型，他也是用了半个月时间就实现与国际巨星成龙的签约。李兴浩身上，有一股“瞬间洞察到底、直指核心和快速出招”的能力。

李兴浩的快，不是盲目的快。他的快速决策是基于过去30年的经验、判断。当然，快速的决断也会出错，但“快刀手”李兴浩不以为然：错了就改嘛！他认定一点：快速决断会出错，改正错误也要快。

李兴浩说：做企业靠结果生存，只要对结果有利，就要敢于大胆创新、快速出招，就要敢于打破僵化局面、调动资源，加快向正确的战略方向前进。

这样的气魄，也是佛山制造敢为人先的秘密所在。关于佛山制造敢为人先的十个故事今天全部讲完了。但只要佛山人敢为人先的精神一脉相承、生生不息，有关佛山制造的传奇就不会结束，我们后会有期。再见。

（佛山电视台2016年1月15—25日播出）

第五辑

龙行天下

走进以色列

2016 年 1 月 15 日。深夜 12：00。我们从广州白云国际机场搭乘土耳其航空 TK73 开始以色列之行，这是《南方日报》“跨国大调研”的第一站。以色列时间 1 月 16 日中午 1 点，我们飞抵特拉维夫本—古德里安机场。

用完午餐，朋友带我们去参观特拉维夫—雅法古城。我们迫不及待地冲向海边，见证一片绝美的风景，也发现一个国家的表情。

以色列，一个爱的国度。面对我的镜头，他们的微笑和姿态让人动容。我们为一个创新的以色列而来，但特拉维夫最先呈现在我们眼前的却是一个爱的以色列。情人的絮语胜过世界的喧嚣，爱是他们狂饮不醉的美酒。一个从血与火中走来的民族，最珍惜每一个日子，因为明天或许又要分离。拍摄这些场景，我领悟到犹太人的谚语：把每天当作人生的第一天，把每天当作人生的最后一天。

沙漠绿洲，让人感动而震撼

2016 年 1 月 17 日，第一个采访点是去以色列南部看著名的“基布兹”。这是一个乌托邦社区：社员没有私人财产，工作没有工资，衣食住行教育医疗都免费。过去从事农业，现在也干起了工业和高科技。这样的“公社”，以色列有 274 个。走进基布兹，但见绿树成荫，无法想象这是沙漠之上的绿洲。

公社非常周到，为欢迎我们的到来，他们特意悬挂五星红旗。我顿时很感动。有人说过，人一出国就爱国。这话我信。

基布兹是全球最大的滴灌设备制造商，举世闻名的耐特菲姆公司（NETAFIM）就在这里。滴灌的发明，不仅拯救了以色列，也给全世界干旱地区带来福音。参观这家公司，对方严禁照相。这不是故作神秘，而是这种制造技术是以色列的命根，他们绝不会泄露出去，更不会合资办厂。即将参观完毕时，对方同意我拍张照片，但规定镜头只能朝向大门。别看车间破破烂烂，但产品却让全世界景仰。

在“中东的哈佛”对话诺贝尔经济学家

去耶路撒冷希伯来大学采访2005年诺贝尔经济学奖得主罗伯特·奥曼教授，这是我们以色列之行的重头戏。

创办于1925年的希伯来大学被称为“中东的哈佛”，这所享有国际声誉的名校是犹太民族的第一所大学，两位至今无人超越的科学大师——爱因斯坦和弗洛伊德就是希伯来大学的重要推手。

奥曼教授是当今希伯来大学的镇校之宝，这位85岁的学术泰斗颇有中国古人那种仙风道骨的味道。我们走进大师的办公室，有人就交代说：大师不喜欢照相，采访结束就照一张合影好了，样子挺严肃认真。见过的大人物也不少了，我自信有办法和大师“博弈”一回。

大师走进来了，微笑地在沙发上入座，动作敏捷，自己冲了一杯咖啡。观察他的一招一式，发现他是一位已经习惯被采访的“老江湖”。看见我端着相机，他问是不是要拍照，我说是的，中国《南方日报》的上百万读者希望看到您的风采。他随即起身离去，扭头对我们说：“等等，我去梳理一下胡子。”你看看，哪个名人不喜欢被围观？奥曼，既不怠慢，更不傲慢。

大师又进来了，胡子果然精神了很多。我简单说了几句开场白，然后让几位记者提问。我起身拍照，大师很配合，不断做手势。他见多了，知道应该怎么做。

奥曼教授说，他多次来过中国，还曾经到过南海。在采访的最后，我问奥曼教授："中国崛起是不是大国博弈？"奥曼教授马上回答："中国崛起当然是大国博弈，因为世界格局将发生改变。"他乐意看到这样的进程，为中国发展高兴。他建议中国既要经济崛起，也要军力强大。军力强大不是为了打仗，而是可以防止战争。奥曼的话，既是博弈论权威的说法，也是以色列人的忠告。我想。

告别奥曼教授，我们参观希伯来大学校园。没有惊喜，更多的是失望。典型的以色列特色：随意、凌乱、不修边幅，与我想象中的希伯来大学相差甚远。也许中国古语就是希伯来大学粗糙的理由：山不在高，有仙则名；水不在深，有龙则灵。

今天有幸在此见到仙人，也该知足了。

犹太民族和苗族，谁更该哭泣？

我很想去哭墙，因为密集的采访安排，我们错过了哭墙开放的时间，这是以色列之行的最大遗憾。

渴望一哭，不是出于好奇，而是因为我是苗族，面对犹太人的哭墙有一种复杂的心绪。澳大利亚著名人类学家迪格斯说过："世界上苦难深重而又顽强不屈的民族，是中国的苗族和散居世界各地的犹太人。"

贵州赫章县苗族有一个传统舞蹈《迁徙舞》，苗语叫"够嘎底嘎且"，意思是寻找居住的地方，演绎苗族先民命运大迁徙的苦难。沙哑的芦笙曲调，悲怆的苗族古歌，一步一回头的告别，撕心裂肺的哀号……每次观看，我都泪流满面。

如此痛苦的艺术传承，犹太民族有吗？

犹太民族有的，苗族也没有。经过1800多年的流散，失传的希伯来语居然被犹太人重新复活，成为一个民族的标识和旗帜。可曾经同一种语言的苗族却已分为三种方言，彼此不能交流。或许有过统一的文字，但早已经随黄河之水奔流到海不复回。

这些年，我走过美国、法国、澳大利亚、老挝、越南、泰国等地，看望在这些国度生活的同胞。他们非常热情、非常友好。同是蚩尤的后裔，但彼此只能用英语交流，相同的苗语单词虽然不少，但连成句子已经听不明白了。

哭墙的犹太人是幸运的，他们哭完之后可以用希伯来语读书写字、痛快说笑，而命运同样悲惨的苗族只能支离破碎、一地鸡毛……

犹太民族在泪水中凝聚智慧，在世界上呼风唤雨；苗族在苦难中继续苦难，在世界的边缘喝着闷酒……

你说，最应该哭墙的应该是谁呢？

创新强大是因“头上悬着一把剑”

1 月 19 日上午，我们走进特拉维夫大学校园。我们见到了特拉维夫大学校长 Klafter 教授，一位美国麻省理工培养出来的著名物理学家。在他那间看起来很简朴的办公室里，他大谈特拉维夫大学与中国合作的优势和前景，非常看重中国机会。我抛出问题：“以色列的创新能力为何如此强大？”Klafter 校长的回答干脆利落：“因为我们头上悬着一把剑。”

我明白他的意思：不创新则亡。严酷的生存环境，以色列必须逃离射程。以色列的安全就是要让对手永远追不上。

同样的问题，我也请教过特拉维夫大学东亚系终身教授张平，一位被公认为对犹太文化最有研究的华人学者。他认为犹太智慧最独特之处是“平行逻辑”：上帝可以在同一时间同一地点既支持又反对同一个观点，也就是说世界是以多种可能平行并存的方式存在的。这样的逻辑鼓励多元化、反对任何权威、一切皆有可能。我也听懂了张平教授的答案：思想自由和宽容空间是以色列创新能力如此强大的文化支撑。

Chutzpah——很多以色列人都给我们说到这个词，类似汉语中的肆无忌惮。人与人相处，不讲究辈分、等级，甚至到了没大没小的地步。这是以色列人的性格。学生可以在课堂上随时反驳教授，雇员可以挑战老板，公务员可以批评领导，士兵可以质疑军官。大家习以为常，没有人觉得不舒服。以色列作家阿莫斯·奥兹有此一说：以色列人始终有一种怀疑和争辩的文化，一种解释、反解释、重新解释、反对性解释的开放式自由问答游戏。从犹太文明开始存在的那刻起，它就是一种善辩的充满争论的文明。

有一种犹太文化叫“宽容失败”

离开特拉维夫大学，我们驱车前往享誉全球的以色列理工学院。一位专门研究创新思维的专家亚里·拉登伯格将接受我们采访。

那天，和他一起接受我们采访的还有另外两位女教授。我请他们三位分别用一个词来解释以色列创新能力如此强大的原因，两位女教授希望用一句话，而不是一个词，唯独亚里·拉登伯格说愿意接受我的挑战，就用一个词：失败。

他说敢于失败、宽容失败，是犹太文化有利于创新创业的重要原因。“我们在为创业成功者感到自豪的同时，也为失败者感到骄傲。从失败中吸取经验，探索更有效的创新途径，这是我们前进的方法。”在以色列，如果你失败了，没有人会笑话你，再重新开始就可以。勇于接受失败——这是以色列精神。以色列经济部首席科学家阿维·哈森的用词更狠：拥抱失败。

这是以色列独有的精神吗？当然不是。一代伟人毛泽东就告诫中国人民：要想不经过艰难曲折，不付出极大努力，总是一帆风顺，容易得到成功，这种想法只是幻想。一首中文流行歌曲也这样唱道：不经历风雨怎么见彩虹，没有人能随随便便成功。

可是，我们做到了吗？我们这个喜欢走捷径、抄近道、赚快钱的东方古国，又有多少人愿意承认失败、谈论失败、接受失败？

神奇的死海，精彩待续

远远望去，死海平静安详，泛着油光，犹如一坛凝冻的猪肉。死海被陆地环绕，不与其他河流和海洋相连，没有潮起潮落，也没有任何生物。这或许就是人们叫它死海的原因。

但死海下面的泥巴却是以色列的宝贝，用死海泥巴制成的化妆品畅销世界。我们将黑泥抹在身上，在海滩边疯狂。后来洗掉泥巴，身上还嫩滑得不可想象。以色列的地下没有任何矿产，却拥有死海神奇的泥巴。上帝为你关上一扇门，也一定会为你打开一扇窗。太对了！

死海不死。我们都活着上岸。

死海归来，我决定写一篇长文，记录我以色列之行的最大发现。标题想好了：《向死而生——以色列启示录》。

（原载《南方日报》2016年1月27日）

南商的牛津时间开始了

当地时间8月21日6时，向来多雨的伦敦以一个灿烂的黎明迎接南海客人的到来。尽管13个小时的空中飞行让大家感到有些疲惫，但满天的朝霞又让大家纷纷掏出相机、手机兴奋狂拍。“都说伦敦是雾都，没想到空气这么好。”广东集成富达投资管理中心总裁张孟友很感慨。张孟友曾经在比利时攻读博士后，能说一口流利的英语，周游过不少欧洲国家，但这是他第一次到英国。

看到南海企业家从伦敦发出的微信、微博，远在家乡的时任佛山市委常委、南海区委书记邓伟根马上微信回应：收获的行程。

19位企业家启程赴英国前夕，邓伟根与他们见面座谈，希望他们带着思考去学习，“把手机关掉，做一个学生好好听课”。邓伟根在担任佛山市副市长期间，曾经被派往日本早稻田大学学习城市规划与管理，他告诉将赴英国、美国培训的多位南海企业家，自己对城市的很多深层次思考就是在日本学习期间形成的。

邓伟根给企业家们提出三个问题：一是南海转型发展中企业家所肩负的使命和作用；二是南海创二代怎么办；三是如何构建良好的政企互动关系。

“南海区委、区政府给企业家提供这么好的学习机会，再忙我也要参加。”广东蒙娜丽莎新型材料集团有限公司董事长萧华向记者表示。和萧华一样，这次来英国学习的其他18位企业家平常都非常忙碌，走过很多国家，但专门出来学习，很多人还是第一次。

走出希斯罗机场，南海企业家一行吃完简单的早餐，立即驱车前往80公里外的牛津。第一站是参观牛津科技园（The Oxford Science Park）。

与国内众多科技园相比，牛津科技园面积不算很大，建筑面积也不过5万多平方米，但并不显眼的建筑物里，却云集了100多位来自世界各地的优秀科学家和100多家高科技企业，日本夏普欧洲研发中心、美国IBM欧洲研发中心就在这里落户。牛津科技园最为人称道之处是成功孵化了很多中小企业，在技术转移方面堪称全世界做得最好的一家。牛津科技园之所以这么“牛”，最大的底气当然是来自牛津大学。这里是举世闻名的教育名城，吸引了很多顶尖人才。

“牛津科技园的强项在于生物科技，75%的企业是牛津大学孵化出来的，其余25%来自德国、美国和日本等国家，目前还没有中国企业入驻，希望这个现状能够因为你们的到来而改变。”听完牛津科技园项目经理Ian Macpherson博士的介绍，被推举为南海牛津班班长的广东坚美铝型材厂（集团）有限公司董事长曹湛斌随即发问：“牛津科技园的房子卖不卖？多少钱一平方米？”

“当然卖，但价格很高！”双方的互动引来一片笑声。

牛津科技园树木繁多，花团锦簇，优美的环境让南海企业家们感叹连连。Ian Macpherson博士说科技园里有很多野生鸟类，大家都很注意保护它们。

汽车开出牛津科技园5分钟，就到了牛津大学校园。

行前很多人都专门读过有关牛津大学的文字和图片介绍，但真正走进这所世界名校，眼前的一切都深深地震撼了每一位造访者。

古老的建筑，辉煌的历史。几乎每一个房间都有被人津津乐道的故事。面对这所英语世界最古老的大学，人人都会发出由衷的敬畏：这里走出过7个国家的11位国王、6位英国国王、53位总统和首相、47位诺贝尔奖得主……伊莎丽白女士声情并茂的解说，让远道而来的南海老板们听得入迷。

眼下正是牛津大学的暑假，但校园并不宁静，到处是来自世界各地的游人。牛津大学是一个巨大的存在，它先以巨大的力量摧毁你的傲慢，然后又以更巨大的力量重塑你的自信。大学的最高境界莫过于此。

“想不到这辈子居然和牛津有缘。”南海企业家难掩心中的兴奋和激动。更让大家喜出望外的是，这次留学牛津的驻地就是大名鼎鼎的莫顿学院。这是牛津大学 38 个学院中最古老的学院，1264 年创办，早在中世纪就以科学研究闻名世界。而今的莫顿学院仍然是牛津大学研究实力最强、最富有的学院之一，同时也是牛津大学最美的学院，从这里走出的杰出人物更是江水般长流不息。大树掩映下的鹅卵石路面留下政治家丘吉尔、诗人艾略特，还有中国大文豪钱锺书先生的足迹……

“要好好接莫顿学院的地气。”放下行李，大家随即走出房门，在莫顿学院广场拍摄英国之行的第一张“全家福”。“牛津，我们来了!”人人拿着手机，将牛津的美丽发送给远方的亲人和朋友。

晚钟在黄昏敲响，清脆的钟声在牛津大学校园里回荡，直抵人心深处。对牛津大学而言，这样的报时钟声每天都会响起，但对初来乍到的南海企业家而言，属于他们的牛津时间才刚刚开始。

（原载《南方日报》2013 年 8 月 22 日）

南商在牛津释放另一种力量

牛津大学校园是一片让人兴奋的圣地。它是知识的殿堂，亦是一道难以复制的风景。这里的静谧和美丽不是催人入眠，而是刺激你与自己、与历史和智者对话的欲望。8 月 21 日清晨，早起的南海企业家牛津班学员一边在莫顿学院的草坪上、小河边散步，一边谈论一个平时很少关注的话题：牛津大学为什么出这么多大学者？一个大家认可的答案是，思想者需要闲暇和宁静，牛津就提供了这样的环境。相比之下，中国人似乎都在匆忙赶路，很少停下脚步思考。

“做了这么多年老板，在怎么赚钱的问题上，自己算是弄明白了，但怎么思考战略和方向，自己反而不清楚了。”为啥？一位南海老板解释说，自己平时忙于处理很多繁杂事务，很少有时间看书学习，久而久之，就会丧失思考的能力。

大家的讨论，实际上就是在预习他们牛津之行的第一课：领导力。

走进莫顿学院的教室，负责主持南海企业家牛津班教学安排的 James Boulton 教授，简短的开场白就显示了牛津的自信。

“大家都知道牛津和剑桥为英国贡献了很多首相，但我要告诉大家，真正能够影响历史的英国名人大多出自牛津。现任首相卡梅伦是牛津出去的，影响巨大的前首相撒切尔夫人也是我们牛津毕业的。大家知道离牛津不远的伯明翰是英国工业的心脏，但你们并不知道伯明翰的工业领袖大多出自牛津。培养有领导力的人物是牛津的强项。我们欢迎中国南海企业家的到来。牛津愿意帮助大家从很好的成绩迈向更高的成绩。”

这是莫顿学院的欢迎词，也是给南海牛津班学员的“下马威”。James Boulton首先介绍上午授课的两位教授，一男一女，男的叫Alan Hudson，满头白发，是战略管理专家，女的叫Jane Corbett，风度优雅，是一位国际领导力咨询师。

“你们看到的牛津可能很破旧，不如你们之前所想象的牛津。我要告诉大家，牛津从来不是以所谓现代化城市为取向。作为一座城市，牛津捍卫旧就是捍卫历史的力量。如果不是这种价值理念的支配，现在的牛津可能是一座上百万人的城市，不会有今天这个古朴而宁静的牛津。”

Alan Hudson教授认为，无论一座城市还是一家企业，领导者必须具备前瞻性和预见力，这是领导力最根本的体现。他给南海企业家的告诫是，领导力本身不是一种技巧，而是从生活中不断积累的感悟和判断。领导力就是给人前进的方向。

在互动环节，佛山市国星半导体技术有限公司董事长王垚浩发问：英国是工业革命的先驱，但后来被德国超越了，原因是什么？在今天的中国，做制造业很辛苦，很多人信心不足，中国会不会步英国的后尘？

Alan Hudson的回答是，英国的工业并没有消失，德国的工业之所以比英国做得好，关键在于坚持和创新。过去二十年，英国人变懒了，没有好好思考英国工业到底往哪里走。看到被德国超越，英国干脆转向，发展以金融为代表的服务业。现在情况正在发生变化，很多英国年轻人越来越热衷读工科，未来的英国将涌现更多工程师，希望能引发一场新的工业革命。没有制造业支撑的国家很难走远。南海企业家应该牢记这一点。

接着登台的Jane Corbett也马上亮出自己的观点。她认为很多企业家还处于管理者层次。她说：如果以一艘轮船来比喻，管理能力体现在如何保证管理运作的条理性，让所有乘客拥有舒适性。而领导力就是要时时诘问自己：轮船是否航行在正确的航线上？

与南海企业家一道来牛津学习的佛山传媒集团董事长刘宁课后评价说，两位教授的课没有废话，没有注水，货真价实，不愧为牛津教授。

高潮在下午的课堂出现。主讲“品牌和竞争定位”课程的是知名品牌营销专家Leslie教授，有深入的理论建构，也有丰富的实操经验。

原以为英国教授上课很绅士，可Leslie的表现让大家开了眼界。他语调昂扬、表情丰富、动作夸张，讲到激动处甚至双腿跪地，俨然一位跳大神的巫师。

和Leslie一样兴奋的是在座的南海企业家们。

在分组讨论环节，学员们分为四组，分别就一个中国品牌进行讨论，然后每个组推选一人上台陈述观点。

第一组讨论真功夫快餐如何改进，第二组、第三组和第四组索性讨论佛山本土的品牌：星期六鞋业怎么超过百丽？蒙娜丽莎陶瓷如何超越意大利师傅？碧桂园如何在质量和价格上胜过雅居乐？……智慧碰撞，火花四溅，牛津迎来一场南海企业家的头脑风暴。

在陈述观点的时候，看见现场翻译者因对国内情况不甚了解而出现不甚准确的翻译时，几位英语了得的南海企业家及时修正。广东摩德娜科技股份有限公司总经理管火金、广东伊立浦电器股份有限公司董事长简伟文、广东景兴卫生用品有限公司总经理邓景衡、广东生之源数码电子股份有限公司总经理陈小马等人，英语的流利程度让牛津的教授们也感到惊讶。

听完四个小组的讨论综述，Leslie坦率承认，此前他低估了南海企业家的思考能力。

在牛津大学莫顿学院当晚为南海企业家举行的晚宴上，带队来英国学习的南海区副区长周佩珊在答谢时，以一口流利的英语和一身端庄的旗袍赢得满堂喝彩。

这是南海的形象。海纳百川的南海在遥远的英伦释放出另一种力量。

这样的力量体现在虚心的倾听和请教，也彰显在自信的交流和追问。

“很多西方发达国家遇到了严重的经济问题，他们对世界的话语权和领导力是否也在下降?”“怎么看待中国提出的理论自信、制度自信、道路自信?”“英国怎么看待中国这些年的发展?”……在莫顿学院的晚宴上，见到刚刚从中国清华大学访问归来的牛津大学名教授 Richard McCabe，广东坚美铝型材老板曹湛斌一递上名片，就连珠炮似的发问。

曹湛斌似乎没有得到满意的答案，或许因为时间太短，或许因为 Richard McCabe 教授没有足够时间来思考这些尖锐的问题。当然，或许还因为中国需要更多的时间向世界证明自己。

“牛津大学教授上课有一个特点：不是给你答案，而是给你一堆问题，让你不断思考。”正在牛津大学攻读博士的山东小伙子小葛如是说。

是的，真正的答案永远要靠自己去寻找。

（原载《南方日报》2013 年 8 月 23 日）

你们要有随时应对危机的准备

不入虎穴，焉得虎子。这是中国的古话。但对很多老板而言，他们早就得了虎子，但却没进过虎穴。在南海企业家牛津班的老板中，很多人早就买了路虎，但一直不知道制造路虎的工厂到底是啥模样。于是就有了去路虎参观考察的行程。

路虎工厂在离牛津不远的伯明翰。厂区很大，上千辆刚刚下线的崭新路虎在广场上铺排开来。如此场面，大家是第一次看到。同样壮观和震撼的，是路虎的组装车间。热情的英国人让远道而来的南海客人目睹了路虎从一堆零件到整车开出的全部流程。

路虎之所以行销全球，关键在于既有技术创新，又有品牌力量。

就在考察路虎工厂的前一天，一位讲中文的女教授汪清在牛津大学的课堂上，对南海的老板们说，成功的创新需要有三个要素：一是需要有一个真诚的客户群体为支撑来获得利润；二是需要填补市场中不断变化的客户需求；三是需要被市场主体连续地认可和接受。

汪清教授来自四川，已在英国生活了28年，现任英国华威大学商学院副院长。在中国，这所大学似乎还不太有名，但华威大学商学院的MBA、管理学、市场营销等学科其实并不亚于牛津和剑桥。

“华威大学才创办50年，为什么你们的商学院这么短时间就可以和有上千年历史的牛津、剑桥比肩?”

汪清教授给出的答案是创新。她说，牛津是千年名校，这个品牌太牛了。正因为太重要，不能有任何闪失，所以才不敢轻举妄动，相对比较保守。而华威大学是轻装上阵。作为一所才创办50年的大学，和牛津比历史、比品牌那绝对找死，只能和牛津差异化发展，创新是唯一的生路。光脚的不怕穿鞋的。

接着走上讲台的是Chris Dennison，一位专门研究危机管理的专家，曾经服务于BP和Shell等大牌企业。

“英国制药巨头葛兰素史克（中国）投资有限公司的部分高管，因涉嫌行贿、收受回扣等严重经济犯罪，最近被中国政府立案侦查，引发一场严重的舆论危机。葛兰素史克高层对行贿行为先是否认，后来才承认。您怎么评价这家著名跨国企业的危机公关?”

Chris Dennison的看法是，葛兰素史克之所以发生行贿案，并在案发后出现前后矛盾的说法，最根本原因在于之前没有发生类似事件，公司也没有制定发生行贿事件时该怎么应对的预案，事情一旦发生，高层不知道怎么办。Chris Dennison强调说，计划永远赶不上变化，但计划永远都是重要的。一个好的计划要把握三条：一是谁该做什么事，二是谁负责与外界沟通，三是要明确谁是最终的统筹者和决策者。

“我不希望你们遇到危机，但必须有应对危机的准备。你们的企业都有应对危机的预案吗?”

“Yes!” Chris Dennison得到一声整齐而响亮的回答。

对英国人而言，要回答葛兰素史克行贿事件不是那么容易，关乎情感和面子。同样，要如实告诉英国老师自己的企业没有危机公关的预案，并不是每个南海老板都愿意。一位学员课后就说：从英国回去也得弄一个预案了。

危机无处不在。危机往往在你想不到的时候发生。

从伯明翰返回牛津的路上，华人小伙方导讲述的一段历史让大家陷入沉思。

离伯明翰不远有一座叫考文垂的城市，那里是英国军事工业的中心。二战时期，这里制造的装备源源不断地运往欧洲战场，德国军队一直想摧毁它。英国政府获取德国军队的密码系统，得知德军已经拟订了一个轰炸考文垂的详细计划。丘吉尔首相考虑再三，决定不加强考文垂的防空力量，也不搬迁军事工厂，更没有向市民透露德军将轰炸考文垂的消息。丘吉尔担心的是，一旦考文垂有所动作，德军就会意识到密码已经泄露，从而修改密码。为了获取更有价值的情报，丘吉尔决定牺牲考文垂。1940 年 11 月 14 日，德军对考文垂进行了长达 10 小时的猛烈轰炸，整个城市沦为废墟，数万人失去生命。消息传出，举世震惊，世界为考文垂人从容赴死的勇气泪流满面，考文垂人也为自己的勇敢而无比自豪。几十年过去之后，当这段历史被解密之后，考文垂人愤怒质问：为什么要牺牲考文垂？英国政府怎么可以如此漠视这么多人的生命？

应对这场危机，英国政府费了很大的劲。丘吉尔该不该牺牲考文垂？南海老板们的讨论没有取得共识和答案。

在参观气势恢宏的丘吉尔庄园时，这一话题被再度提起。或许答案是次要的，思考才是主要的。

“以前出国旅游主要是参观照相，这次英国之行是边学习边思考，营养价值完全不同。”蒙娜丽莎老板萧华如是说。

“要当大老板，必须有大局观。”行走世界，是为了更好地发现自己。

（原载《南方日报》2013 年 8 月 26 日）

南海的富二代是可以信任的

8月25日是周日，南海企业家牛津班部分学员去打了一场高尔夫，既是放松，也是为曹湛斌祝贺。这是中国首届质量奖公示期的最后一天，如果不出意外，曹湛斌所领导的广东坚美铝型材厂（集团）有限公司将获得我国在质量领域的最高荣誉。

全国56家企业进入中国质量奖提名奖候选名单，其中广东企业有4家，分别是广东格兰仕集团有限公司、广东坚美铝型材厂（集团）有限公司、华为投资控股有限公司、珠海格力电器股份有限公司。在全国所有铝型材企业中，坚美铝型材是唯一一家上榜。

“我的目标是要做中国铝型材第一品牌，这个目标看来很快可以实现。”曹湛斌很兴奋。

1981年，从部队退伍回乡的曹湛斌跟着哥哥在大沥做了9年的生意：先卖5年的猪肉，后卖4年的牛肉。后来转行做起了一个小五金厂，这是坚美铝型材的前身。之所以有这个转型，是因为曹湛斌觉得“卖肉卖不出前途”，他还动员哥哥和他一起干。

曹湛斌的经历几乎就是改革开放后南海第一代民营企业家成长的缩影。在南海牛津班学员中，广东蒙娜丽莎新型材料集团有限公司董事长萧华、佛山华特气体有限公司董事长石平湘也有相似的江湖轨迹。

作为这次赴英国学习的南海企业家中最年长的三位，曹湛斌、萧华、石平湘的企业不仅做得很大很好，他们的子女也很有出息。“这批富二代顺利接班是没有问题的”。

不问不知道，一问吓一跳：南海企业家的子女几乎都去了国外读书，但学成之后几乎都回到了南海，真正待在国外的很少很少。这样的事实与“南海老板大规模移民、子女几乎都住在外面”的传说反差极大。

石平湘很有感触。女儿在美国一所大学本科毕业时，他专程飞去参加毕业典礼，请女儿的 10 个中国同学吃饭。席间石平湘问他们是否打算回国，80% 明确表示想待在美国，20% 表示要回去，“不是因为他们想回去，而是父母要他们回去。”两年后，石平湘又去美国参加女儿研究生毕业典礼，发现中国留学生的表现全然倒过来了，几乎个个都想回到中国。

石平湘的女儿回来了，萧华、曹湛斌他们在国外留学并工作过一段时间的儿子也回到了南海。

萧华手下有三个副总裁，他的大儿子是常务副总裁，掌控蒙娜丽莎最核心的三个部门，明摆着要接萧华的班。萧华的小儿子则另辟蹊径，做起了房地产生意。“他们比我们这一辈优秀多了。”谈起自己的两个儿子，在英国学习的萧华笑容可掬。

“南海的老板我几乎都认识，他们大多是培养子女接班，只有子女实在不行，他们才请职业经理人。”曹湛斌对他两个儿子的表现和萧华一样开心。

作为工业革命的发源地，英国的经济结构和南海有很多相似之处：大企业少、中小企业多，而中小企业中又以家族企业为主。据英国政府公开的资料显示，英国现有 460 万家中小企业中，300 万家属于家族企业，为英国贡献了 31% 的 GDP。

身为南海大沥总商会会长的曹湛斌说，2012 年整个大沥的税收接近 42 亿元，其中民营企业占了 70%。

未来 5 至 10 年，我国家族企业将迎来历史上规模最大的一次家族传承，而“子承父业”的内部传承模式无疑是一种主流。社会在发出拷问：家族企业在生命周期上能否打破“富不过三代”的延续规律？

“这是一个很大的问题，如果传承不好，不仅是家族企业的悲剧，中国经济也会出问题。”石平湘说，从南海现有的情况看，情况还是比较乐观，富二代都很争气，父辈们的很多优点他们都继承下来了。

“我对富二代一点也不担心，原因有三：一是要相信基因，二是他们受到良好的教育，三是他们有很高的事业起点。”曹湛斌认为自己的两个儿子有很好的国际化视野，现在缺的只是经验，他允许他们犯一次错误，但决不能再犯同样的错误，“以前我们因为不懂得怎么和国外客户打交道，服务不是很好，造成部分客户流失。我儿子回来后，进行很多流程改造，又把那些客户争取回来了。”

“我和两个儿子没有代沟，最大的区别是他们不喜欢吃米饭，只喜欢吃蔬菜和肉。”曹湛斌发出爽朗的笑声。

在萧华看来，富二代的压力其实比父辈还大，做事需要格外谨慎。他说他当初创业的时候，从几百、几千、几万的生意做起，胆子大，犯点错误也没有什么大不了，后果可以承受。而现在准备接班的富二代不同了，他们将要接受的盘子很大、摊子很大，动不动就是上亿的资金，稍有闪失，后果不可挽回。“创业难，守业更难。我们靠体力创业，他们靠智力守业。”

创新是最好的守业。这是曹湛斌的观点。他说坚美的创新从两个方向展开：一是从单纯的建筑材料转向工业、高铁、地铁和军工材料领域；二是从半成品转向成品，而且是节能环保的产品。“坚美每年用于研发的资金高达5000万元，有4个日本工程师在我那里打工，他们见到我是要站在那里点头的。”

“我们为下一代乐观，是因为中国让我们乐观。”

在曹湛斌看来，南海的富二代之所以愿意回来创业接班，是他们清楚地知道，当今世界最大的机会在中国。中国不仅有改革红利，更有市场红利。只要自己不乱，谁也挡不住中国前进的脚步。坚美20年增长了100倍，这是在其他任何国家都不可能发生的奇迹。

“今天的欧洲经济之所以不太景气，一个重要原因还是市场太小。

法国人懂英语的不多，英国人能说德语的人也少。巴掌大的地方生意很难做大。”

对于子女何时接班，他们都没有说出确切的时间表。萧华说一切正在按部就班；石平湘说得到客户认可的时候，才是女儿接班的时刻；曹湛斌出言爽快：“急什么？李嘉诚八十多岁了，现在每天还在工作，我比他小整整三十岁。”

在雨后的牛津庄园酒店草坪上散步，三位南海大佬侃侃而谈，他们的笑声引来过往行人的注目。灿烂的夕阳将他们的身影拉得很长。南海人不是自言自语，而是向世界说话。

南海在传达中国。

（原载《南方日报》2013 年 8 月 27 日）

寻访英国最美乡村

南海牛津班学员的课程进入第二周。牛津大学设计了特别的一课：教学不在教室，而在乡野。8 月 26 日一早就驱车前往巴斯（Bath），去造访这个被公认为高贵而典雅的英国名镇。牛津大学这一安排，是为了让南海老板们更好地认识英国。

英国的自然风光有英格兰和苏格兰之分，处于南部的英格兰景致典雅，一派田园风光，而北部的苏格兰则粗犷苍凉，充满阳刚之气。巴斯被视为英格兰风情的代表，有英国“最美乡村”之誉。

英格兰雨水充沛，土地肥沃，一向是英国的粮仓。从牛津去巴斯的路上，秋收之后的田野蓝黄相间，犹如一幅美丽的油画，让南海大佬们发出一阵阵惊叹。早就有人说过，英国之美，美在乡村。

多次来过英国的广东景兴卫生用品有限公司总经理邓景衡说，英国人喜欢收拾家园，个个是天生的园丁，“英国人上至王室贵族的庄园府邸，下到平民百姓的蜗居公寓，如果没有一个喝着下午茶谈论天气的花园，那就不能称之为家了”。

如果说欧洲是世界上园艺水平最高的地方，那么英国则是园艺文化最普及的国家。无论是庭院，还是公园，到处都可以感受到英国人对园艺的热爱和他们独特的审美。对他们来说，最美好的一天，莫过于手持花剪在自家的花园中度过。

“如果在乡下没有自己的庄园，贵族们都不好意思说自己是贵族。”牛津大学的老师介绍说，在 18 世纪，上流社会的贵族们拥有成千上万亩土地。那个时期，他们根本不需要工作，而且有的是钱与时间，这是园艺得以兴起的最根本原因。

贵族们的“高尚生活”引领英国潮流。在保守的英国人看来，冷清僻静的寂然之处，才有这个民族最尊贵的东西。淳朴的美德和纯净的欢快，乡居及其文明的享受被看作是古老英国留给现代生活的遗产之一。

在造访巴斯之前，南海牛津班的学员已经访问过另一个英国最美乡村、莎士比亚的故乡——斯特拉特福小镇。这个人口仅有 2 万人的小镇，每年到访的游客高达 150 万人，成为英国最火热的旅游目的地之一。人们为伟人而来，亦为美丽的风景而来。

相比之下，巴斯更让人趋之若鹜。

巴斯英文为沐浴之意，远在 2000 年前，古罗马帝国就在此建立了温泉澡堂。巴斯虽小，却聚集了典雅和美丽的景致，典雅来自乔治亚时期的房屋建筑风格，美丽来自风光绮丽的乡村风光。狄更斯笔下就淋漓尽致地描述过这种美，简·奥斯汀在这里写出成名作《傲慢与偏见》。巴斯距伦敦约 100 英里，是英国唯一列入世界文化遗产的城市。

来牛津学习的南海老板，他们中大多数来过欧洲旅游，但多数吃的是“上车睡觉，下车拍照，回家啥都不知道”的“旅游快餐”。而这次的巴斯之行，南海老板们看得很细，想得很深。

“现在很多人移民国外，不是因为国外好赚钱，而是去享受人家的环境。”作为一家著名陶瓷企业的老板，萧华考虑更多的是企业的环保责任。

英国人的生活常常这样设计：青壮年在城市打拼，努力挣钱，年老时到乡村买一座房子，享受一种远离喧嚣的宁静生活。

这样的生活方式近年来更流行。英国政府的一项调查显示，经济衰退导致成千上万的英国人离开城市，搬到农村去寻找田园新生活。有数据显示：2012 年，英国大约有 1/4 的人口，也就是 1270 万人口主要生活在农村地区。

“这么多人到乡下居住，可能并不仅仅因为城市的生活压力和旖旎的农村风光。”在广东华创化工有限公司董事长梁永林看来，发达的交通网络、完善的公共服务是英国人选择乡村生活的重要前提，比如英国最好的私立学校大多是在农村。而在我们中国，所有优质的公共资源几乎都集聚在城市，城乡差别太大，有钱人都往城市跑，带来了“行路难、看病难、上学难”这样的城市烦恼。

看到井井有条、宁静安逸的英国乡村，一位老板建议南海政府也组织村委会主任们出来看看，学习人家的治理。“我们那里的农村太杂乱了。”

巴斯的建筑很古典，巴斯的人们很休闲。时间在历史中驻足，历史在时间中流连。这是我们所说的慢生活吗？

陪同南海客人前往巴斯的华人导游说，英国人的生活节奏看起来很慢，但效率很高，而中国的节奏看起来很快，但效率不一定很高。“为什么这样说？”他的解释是英国的制度化，其中包括诚信文化。比如你约一个人办事，可能要等十天八天才能见到，但见到之后可能就把事情办成。而在国内，你要见一个人也许第二天就能见到，但可能见上十次八次事情还是没有办成。

这位华人导游还说到中英之间的另一个差别：中国人做什么事情都喜欢自己干，亲力亲为，而英国人则喜欢外包，找专业的机构来做。

广东集成富达投资管理中心总裁张孟友认为，中英之间的这种差别正在改变。他说以前市场不规范的时候，老板们只要胆大，几乎都能赚钱，人们错误地以为老板好当，大家都争着做老板。现在不同了，人们发现老板原来不是那么好当了，只有胆子没有脑子，肯定做不了大生意。于是就想到请能人了。张孟友认为，这样的现象意味着专业主义开始在中国兴起。

每个人心中都有一个哈姆雷特。同样，南海老板对英国的观察有不同的角度和不同的结论。

有人说看了英国乡村，才知道什么是可以安顿灵魂的地方。巴斯让他们羡慕。而在星期六鞋业老板张泽民眼里，英国人的日子过得太舒服，人也变得懒惰，创新力出现萎缩。他说自己以前每年都要到欧洲三四趟，因为只有在欧洲才能看到皮鞋的最新流行款式和行业发展态势。但现在他来得很少了，因为情况正在发生微妙的变化，欧洲的行业变化太慢，款式显得老旧，而东亚、东南亚的市场变化很快，推出的款式更新，大有掌控世界鞋业话语权的趋势。

一位平时很少说话的老板开腔："就让他们懒散吧，给我们中国赢得时间。"

夕阳西下，该是告别巴斯的时候了。世界如此美好，南海人不能只在一个地方停留；世界如此辽阔，相见就是远见。

美丽巴斯，将成为我们心中的一棵相思树。

（原载《南方日报》2013 年 8 月 28 日）

一位牛津博士的南海观

8 月 27 日上午，南海牛津班的课堂从古老的莫顿（Morton）学院移师到相对比较年轻的凯洛格（Kellogg）学院，明媚的阳光透过古色古香的窗棂挥洒在宽敞的教室里。教授讲授的话题是国际技术转移。

在牛津学者的定义中，所谓技术转移是指技术在技术领域之间或地理地域之间的流动和渗透，是一个重要的技术开发手段，最早是由美国为把其空间技术向民用部门扩散而提出的。技术转移包括技术在国与国之间的流通，其转移方式是多种多样的，有的是单项技术输出，有的是合作研制，有的是互通科技情报等。技术转移在国际上非常活跃，在发达国家之间更加如此。尽管技术转移在本质上也是一种生意，但对商业禀赋很高的南海民营企业家而言，这是一个让他们感到陌生甚至有些害怕的生意。

这门课，他们听得很认真。

牛津大学虽然是全世界最古老的大学之一，但它并不保守，几百年来一直站在科技创新的最前沿，也是当今世界科技成果转化做得最好的大学之一。ISIS 就是牛津大学旗下一家专门做技术转移的机构。

在学院餐厅吃完简单的午饭，佛山市国星半导体技术有限公司董事长王垚浩立即驱车前往牛津附近的另外一座城市，去拜访 Plessey 公司，这是一家同行企业。宾主寒暄之后，主人好奇地问道：王先生为什么找到我们公司？王垚浩指着坐在他身边的年轻人说：这要感谢刘仁辰博士，没有他牵线搭桥，我们就不会有今天的见面。

自8月2日南海牛津班学员飞抵伦敦希斯罗机场后，刘仁辰博士就一直陪伴着南海的客人，很多课程是由他担任翻译。老板们对他印象很好，说他既是学者，又是靓仔。

刘仁辰已经去过5次南海，这次南海牛津班之所以能够成行，和他有很大的关系，很多事情是他一手操办。

刘博士2003年从清华大学本科毕业，即考上了牛津大学的博士生，从北京来到牛津。这位在大连长大的小伙子说："我做梦都没想到自己这辈子会和南海扯上关系。"

2007年取得牛津大学博士学位的刘仁辰继续留在牛津读博士后，主攻方向是从事应用性技术研究，也就是那些可以商业化的科技成果。他自己还成立了一家公司，在中英之间做技术转移业务。

2011年底，刘仁辰收到深圳清华大学研究院院长嵇世山发来的短信："改革开放前三十年是集全国资源来发展广东，现在全国都变成广东了。竞争日趋激烈，广东后劲何在？答案只有一个，必须用全球资源来发展广东。深圳、广州、佛山、东莞这样的城市，已经具备承接国际技术转移的基础和条件。这里大有可为，你来吧。"

母校的一声召唤让他义无反顾地回到清华大学的体系里，先是担任深圳清华大学研究院欧洲中心主任，一年后担任院长助理，负责国际业务。2013年7月，研究院对北美创新创业中心、欧洲中心、俄罗斯中心进行资源整合，成立了国际合作部，刘仁辰担任部长。从此，他以牛津为基地，在世界各地奔走。

深圳清华大学研究院与南海已经有了深度合作，研究院在南海有一个园区，准备用于高科技孵化。而园区所在的狮山，也担当了佛山国家高新区的角色和使命，国际化是其重要方向。刘仁辰加盟研究院之后，随即来到南海考察，开始了他与南海的缘分。每次回国，他都要到南海看看，并越来越喜欢这个"想不到会和他扯上关系的地方"。

2012年5月，佛山高新区组团来英国考察科技创新和技术转移，与牛津大学签署了佛山高新区、深圳清华大学研究院、牛津大学ISIS

三方合作协议。牛津大学给予了很高的礼遇，主管科研的副校长出席签约仪式。

得知南海区委、区政府准备组织民营企业家到世界一流大学培训，深圳清华大学研究院建议把牛津大学考虑进去。建议被采纳之后，刘仁辰多次走访南海企业，听取老板们的需求和意见，以便安排好相应的课程和行程。

8月27日黄昏的牛津校园，记者与刘仁辰博士有一番对话——

问：这次来牛津大学学习的南海老板们对课程安排很满意，有老板说，这次静下心来在牛津大学听课，既开眼界，也接地气，效果真的不一样。

刘仁辰：南海企业家能抽出时间来牛津学习，这也是对我们的信任。我们希望老板们的牛津之旅能达到两个目的：第一是领略最前沿的商业思想，激发思维，开阔眼界；第二是利用深圳清华研究院这个平台，将世界高科技资源带给南海，给企业家带来商机。

问：技术转移其实很不容易，必须有专业团队帮助企业操作。你们的优势主要在哪些方面？

刘仁辰：我们的优势有三个方面：第一是经验。我们研究院从事高科技孵化已经有10多年历史了，经验丰富，理解深刻。第二是有资源。清华大学是世界公认的名校，这个平台能够凝聚、整合、调动很多资源。如果换一个学校，未必具备这样的资源和能力。第三是有团队。我们全院有300多名骨干员工，有近200人的研发队伍。国际合作部的人员大多是名校毕业、有工科类博士学位。我在欧洲学习工作了10年，其他几个中心的负责人也都在当地居住了很长时间，他们既了解中国，也了解外国，适合做这样的事情。

问：你认为南海真的具备承接国际技术转移的基础和条件吗？

刘仁辰：首先是南海有需求。南海以制造业为主，强在生产能力，弱在技术能力。制造业要保持竞争优势，就必须具备技术创新能力。其次是南海有条件。经过这么多年的积累，南海企业有比较强大的经济实力。和南海老板们深入接触，发现他们对技术转移的意愿很强烈，只是找不到好的路子、好的合作伙伴。我们希望与南海企业家合作，让南海成为中国承接国际技术转移的先锋和样板。

（原载《南方日报》2013 年 8 月 29 日）

沟通从心开始

8 月 28 日是南海牛津班学员抵达英国的第十天，也是他们最后一次在牛津校园上课。此后，他们将告别牛津前往伦敦。老板们把十五天的英国之行分为两个阶段：前十天是留学，后五天是游学。

十天的校园生活，与最顶级的世界名校邂逅，这样的日子注定是他们一生珍藏的记忆。在古老而宁静的牛津校园中流连，他们发现时间会在某一个时刻凝固。而当告别的时刻来临，他们才发现美好的时光原来是如此短暂。他们在古老的教学楼前留影，在碧绿的草坪上讨论，在巨大的梧桐树下沉思，在开满鲜花的小路上徘徊……似乎没有一种语言能表达心中的留恋与不舍。

下午 4 点，最后一节课结束，他们用掌声欢送主讲教授离去之后，随即开始了牛津日子的分享和总结。全班分为三组，先是各自在不同的地方讨论，然后每组推出一个代表在班上汇报和交流。

第一组用“收获多、感悟多、更自信”来概括他们的牛津日子。南海必得福无纺布有限公司董事长邓伟其说自己学到了环保意识、学到了创新理念、学到了团队精神。佛山传媒集团董事长刘宁说难忘牛津，当初决定参加南海牛津班学习，有三个关键因素：到哪里学习、向谁学习、和哪些人一起学习。

第三组的焦点在牛津的开放与包容所给予的启示。这是一所没有围墙的大学，偌大的校园找不到一块校牌，但又让你感到无处不在的大学力量。

第二组说出了全班学员的心声：希望南海政府每年都组织企业家到国外著名大学学习一次，比如去美国、德国、日本。从牛津回去之后，希望同学们多交流、多聚会，希望班长把这个班的旗帜打起来。

大家用热烈的掌声将班长曹湛斌送上讲台，可没有人想到他的话语会那么让人动容。

“我办了20多年的企业，以为自己对企业理解很深，牛津十天，让我发现自己的不足。比如我原来以为，企业创新就是技术和产品创新，现在才知道，创新涉及企业的方方面面。在牛津的日子，不仅学了很多之前没有学过的知识，有了以前不曾有过的理念，更重要的是交到了这么多的朋友。”

曹湛斌坦诚地告诉大家，自己以前结交的都是本地老板，这是他第一次与这么多不是南海土生土长的企业家在一起外出。尽管大家在南海也曾经见面，但只是泛泛的交流，没有真正的交心。因为有牛津之旅，让大家在相互认识、相互讨论、相互碰撞中也相互观摩、相互发现、相互欣赏。

“我发现这次来牛津学习的南海企业家中，讲普通话的占大多数，你们文化水平比我们高、文化底蕴比我们好。你们的综合素质和眼光值得我们南海本土企业家学习。你们从外地来到佛山、来到南海创业，你们的艰辛是不言而喻的。但你们做得那么出色，你们的精神和境界值得我们学习、值得我们尊敬。”

南海区工商联党组书记刘文利说她“第一次发现曹湛斌发言这么动情、这么感性”。

身为团长的南海区副区长周佩珊用“大气、包容”来赞赏曹湛斌的发言。她说牛津之行，最大收获是发现价值，发现我们自己的价值。以前外界对南海企业家的印象是“有钱、草根、传统”，这次大家很好地向外界展示了自己的语言、面貌、状态，视野与精神，自信和底气。我们也发现了这个团队的价值：互相欣赏、互相学习。这是南海的气质，也是南海的价值。

海纳百川，有容乃大。在中国县域经济体中，南海个体老板的数量人均全国第一。这块被誉为中国市场经济样本的土地，不仅涌现了众多的南海英雄，也吸引了来自全国各地的创业精英。或许就是因为“地头蛇”和“过江龙”的精彩互动，才造就了今日南海的生动。

广东生之源数码电子股份有限公司总经理陈小马既是一位老板，也是一名学者。他在打理自己的公司，也出任暨南大学兼职教授，带有几位管理学研究生。这位不是南海本地人的外来企业家已经在南海打拼多年，平常的交际对象也主要是南海的外来企业家。他说自己对班长曹湛斌的发言“很感动”。在很多人眼里，南海老板大多是“暴发户”，言下之意就是他们不过是有钱而已。其实这是一种误解，也是一种伤害。你想想，尽管他们文化可能不高，但能够在激烈的市场竞争中“红旗不倒”，把企业做得这么大、这么好，肯定有自己的过人之处。曹老板的发言，似乎让陈小马找到了南海企业家的基因和密码，那就是虚心和包容。而能够做到虚心和包容的人，一定是充满自信和力量的人。

商场如战场，有的一批批倒下去，有的一批批站起来。像曹老板从一个小小的五金厂起家，做到中国铝型材行业的领军企业；萧华把蒙娜丽莎从一个小作坊带到中国知名的陶瓷企业。这样的企业家让人佩服、让人尊敬。这样的“草根”就是南海经济大厦巍然耸立的根基。

牛津十日，让大家彼此发现；牛津十日，让大家的沟通从心开始。在一个盛产思想和大师的校园里，南海牛津班的每一位学员都在重塑自己。

南海老板们的笑语划破牛津之夜的宁静，星光挥洒的树林行走着一群兴奋无眠的南海人。对这所古老的大学而言，匆匆而来又匆匆离去的南海牛津班，或许只是她又一批熟视无睹、不曾留下记忆、未来也很难想起的过客而已，但对每一位南海学员来说，这十天的经历会让他们一生感动和铭记。

牛津，从来不需要想起，永远也不会忘记。

（原载《南方日报》2013 年 8 月 30 日）

走自己的路

“悄悄的我走了，正如我悄悄的来；我挥一挥衣袖，不带走一片云彩。”格林尼治时间8月29日上午9时，载着南海牛津班学员的客车徐徐离开牛津，在这里学习了10天的南海老板们朗诵起著名诗人徐志摩的《再别康桥》。想起诗人名作，既因为他们不舍牛津，也因为他们要去的地方就是徐志摩不舍的销魂地——剑桥大学。

在前往剑桥的途中，他们顺道造访英国最大的摩托车制造企业——凯旋集团（TRIUMKH）。这是一家百年老店，所制造的摩托车一直引领世界潮流。英国总部主要负责设计和研发，在巴西和泰国设有生产基地，主要零配件从全球采购。在装配车间参观时，身为广东高力集团总裁的梁权辉格外激动，因为他是凯旋集团最主要的轮胎供应商。梁权辉一边参观，一边告诉大家，哪些轮胎是在南海大沥生产的，他与凯旋集团的合作已经很多年了。负责接待南海企业家一行的一位凯旋集团女高管很会说话，她说如果没有梁老板生产的好轮胎，他们的摩托车就无法奔驰世界。她多次去过南海访问，南海人的热情让她深深感动。她告诉大家，过几天她又要前往中国。

凯旋集团的年产量其实不大，一年也就是四万多辆，但利润却非常之高，最关键的因素是它拥有一个很强的研发团队，拥有自己的核心技术。即将销往世界各地的摩托车包装箱上，都写有一句广告词：Go your own way（走自己的路）。

在离开凯旋集团前往剑桥大学的路上，南海老板们一直在讨论一个话题：如何走自己的路？如何走出一条不一样的路？

广东摩德娜科技股份有限公司总经理管火金说：“做企业没有什么捷径，贵在坚持，一步一个脚印才能抵达成功。”这是牛津大学和凯旋集团给他的最大启示。广东一方制药有限公司董事长谭登平则用“净化和洗礼”来表达自己的感悟，他说企业不在于大，而在于专业而长久。他注意到一个现象，英国小镇上的商店很注意差异化，每个店都有自己的特色，大家相互配套，各自精彩，不像我们国内，做什么都一窝蜂。

有人说起微博上流传的一个段子：一个以色列人开了家加油站，生意不错。第二个以色列人在旁边开了家饭店。第三个以色列人又开了家超市。这样就带动了这一片的消费，大家相互配套，形成了产业链，也都赚到了钱。而一个中国人开了家加油站，生意不错，第二个中国人就在旁边又开了家加油站，第三个，第四个，最后大家都亏损得一塌糊涂。

佛山市华特气体有限公司董事长石平湘主张做企业要尊重规律，不急不躁，广东景兴卫生用品有限公司总经理邓景衡也认为做企业要稳扎稳打，不能好大喜功，急躁冒进。

走自己的路。这样的理念在参观剑桥大学时得到了进一步强化。

牛津大学很牛，没想到剑桥大学更牛。拥有八百多年历史的剑桥大学虽然比牛津大学年轻，但却后来居上，徒弟超越了师傅。

迄今为止，剑桥大学已经贡献了 89 位诺贝尔奖获得者和一大批顶级的世界人文科学大师，产生了众多改变世界的重大发明。今天的剑桥大学已经成为全球高科技的集散地，让到访的南海企业家惊讶的是，小小的剑桥大学云集着 1525 家高科技公司，其中年销售额 200 亿美元的公司一家，100 亿美元的一家，超过 10 亿美元的有 10 家，形成了举世闻名的“剑桥现象”。当今世界，形成这种“现象”的只有剑桥大学一家。

剑桥为什么这么“牛”？剑桥大学技术转移公司市场部主管 Shirley Jamieson 女士回答，“剑桥现象”的产生，秘密只有两条：一是

Recruit the best academics in the world（雇佣全世界最好的科学家）；二是 Give them the freedom to do what they choose（给他们充分的自由，让他们做自己喜欢的事）。

Shirley Jamieson 把剑桥大学比喻为一片茂盛的雨林，没有人为规定树木该怎么长。正因为很少设置规则，这片雨林才有很多物种，也不断地萌生新的物种。作为一所大学，剑桥的主要任务是维持一种生态系统，保证不断有新的物种出现。剑桥大学技术转移公司的定位和任务，就是帮助发明者、创新者和创业者，把他们的想法和概念更成功地商业化，以此来造福社会。

“你们能够从遥远的中国南海来到剑桥，是因为有飞机。而飞机发动机的最早发明者就是剑桥大学的教授。”Shirley Jamieson 的话引来一片笑声和掌声。

在离开剑桥大学前往伦敦的路上，大家又讨论起南海的发展之路。

前不久，南海组织企业家到顺德考察，南海牛津班学员中有不少企业家就是考察团成员。顺德的发展之路在于坚持三个为主，即工业为主、规模企业为主、集体经济为主。南海区委、区政府在充分借鉴顺德模式成功经验的基础上，提出了自己的“三为主”发展模式，即实体为主、民营为主与联盟为主。

在广东星联精密机械有限公司总经理张伟明看来，“三为主”的提出是南海在“走自己的路”。“实体经济和民营经济是南海经济的最大特点和最大支撑，是南海的根基所在。但南海企业普遍偏小，要在短时间内迅速地做成一家千亿、百亿元的企业是不现实的，而联盟更符合南海实际。”

“南海企业家给外界的印象一向是喜欢单打独斗，但随着市场的发展以及企业观念的转变，越来越多的企业开始意识到团结的重要性。南海企业家们该是高举联盟大旗的时候了，团结就是最大的力量。”广东集成富达投资管理中心总裁张孟友如是说。

和企业家一起赴英国学习的南海区政协副主席崔国说，南海企业家的英国之旅，不仅让大家拓展了视野，而且彼此也成了朋友。南商再出发，既是企业个体的再出发，更是南商联盟的再出发。“从圈子到联盟，南海企业家将迎来一次重大飞跃。”

Go your own way。南商已经在路上。

（原载《南方日报》2013 年 9 月 2 日）

南海也要抓住“英国机会”

“今天收获很大!”8 月 30 日上午，南海牛津班学员们一走出英国贸易投资总署办公大楼，佛山市华特气体有限公司董事长石平湘就发出感叹。

英国贸易投资总署是一个负责贸易投资促进工作的政府部门，其主要职责是制定相关贸易政策、创造高效公平的贸易环境，为企业和投资者提供咨询、信息、财务协助等服务，拥有 2000 多名雇员，在全球很多地方设有分支机构。

与南海企业交流的是英国贸易投资总署的两位华人高级职员。

身为高级投资顾问的周琼是重庆人，在国内读完大学后进入外企工作，后来移居英国，现在英国贸易投资总署负责亚太地区的投资服务。英国是欧洲吸引投资最多的国家，国际资本之所以看好英国，周琼归结为六大因素：一是有一流的地理环境；二是简易的市场准入；三是宽松的政策；四是卓越的研发环境；五是拥有全球高端人才；六是税收竞争力。“英国是一个岛国，不开放就活不下去。”

周琼介绍，在英国投资的中国人中以浙江人最多，但多为中小企业，很多往往只是一个小店铺。而广东在英国投资的以大企业为主，有华为、中兴和美的。

最让南海企业家受益的是段小明的一番话语。他 1985 年从剑桥大学博士毕业，专业方向是材料科学，现为英国贸易投资总署的技术专员。

“英国工业革命200多年来，工业的传承是英国最宝贵的财富。这是一种经验，也是一种文化。在欧洲，英国的技术和人才仅次于德国。”段小明介绍，英国的低端制造业在萎缩，而高端制造业在膨胀。大家知道空中客车是在法国生产的，可能不知道空中客车的发动机、机载设备、起落架等等很多关键设备是英国生产的。英国是仅次于美国的全世界第二大航空航天设备制造业国家，英国政府2012年投资10亿英镑用于支持航空发动机的研发，巩固和提升英国在这一领域的竞争优势。

段博士对南海企业家说，科学和技术是两个不同的概念，科学是对未知领域的探索，而技术是对科学研究的商业化应用。科学可以交流，但技术是商业机密，人家往往不愿意交流。这就是为什么国内有很多考察团来英国考察企业的技术，企业一般都不愿意接待。

“英国绝大多数是历史悠久的中小企业、家族企业，别看它们规模不大，但很多小型家族企业掌握着特定领域的尖端技术，而这些家族企业却并不一定有开拓海外市场的野心。英国的小企业所掌握的核心技术正是中国当前所亟需的，中国企业可以考虑购买这些企业最有价值的部分。”实际上，上海汽车集团、吉利汽车等很多国内企业已经这么干了。

段博士说，他曾经问过几家到英国并购的中国企业，“花这么多钱到底值不值得?”得到的答复是“非常值得”。他建议南海企业家们要注意抓住“英国机会”，这是一条可以让南海企业尽快实现转型升级的捷径。“如果大家有需要，我愿意帮助大家。尽管我是英国公民，但时刻都盼望祖国的强大，而国家的强大首先是企业的强大。”

“以前不知道英国有这么一个机构，而且还有中国人。”佛山星期六鞋业股份有限公司董事长张泽民很兴奋，他说以前都是托熟人找路子，事情最后也没办成，“现在有门路了”。

石平湘说：“以前中国的海外侨胞大多是开餐馆的，现在有了一大批像段博士这样的高层次人才，这样的变化可以为中国的发展提供更大的帮助。这些人才，也是我们的机会。”

而对“机会”一词，感受最深的莫过于佛山市邦普循环科技有限公司总经理李长东。

在南海企业家牛津班学员中，1972 年出生的李长东是最年轻的一个。高中毕业时他离开河南老家到南海大沥一家企业打工，先是在一家铝型材企业工作，而后又转入当地一家电池厂谋生。当时的电池材料几乎被国外企业垄断，进口要花大钱不说，处理大量的边角废料还需要交付一笔不小的垃圾填埋费。

是不是可以变废为宝？李长东冒出了这个想法，并开始求教于清华大学、中国科学院的有关专家，得到的答案是技术上没有问题。之后他又进行了一年的市场调研，也得到了可行性答案。2005 年，他筹集 50 万元成立自己的企业，在全球回收行业率先开创了“废旧电池”的高端“定向循环”模式。这一模式的出现，颠覆了传统“敲敲打打变卖”的粗放型回收模式，消除了人们过去对“搞回收”就是“收破烂”的固有偏见。八年之后的今天，邦普已成为亚洲最大的废旧电池回收处理企业，缔造了一个全球废旧电池循环领域处于领先地位的世界品牌。

“下一个机会在哪里?”李长东认为电动车的兴起和普及将是一个巨大的商业的机会，“电池市场的容量将呈现几百倍的增长。”而英国之行，更让他有信心抓住这个机会。

在伦敦唐人街的一家中餐馆就餐时，《人民日报》（海外版）上的一条消息引起了南海牛津班学员的注意：中国五部委联合发出通知，明确签证居留办理流程，外籍高层次人才出入境更便利。

“这是一个好消息。”广东坚美铝型材老板曹湛斌很兴奋，他说他的企业已经招聘了两个日本工程师，下一步将考虑到德国、英国招人。

佛山市华特气体有限公司老板石平湘也有同样的想法：“中国有句俗话：烂船也有三斤钉。尽管欧洲的经济不太景气，但作为老牌的工业国家，英国在很多领域的技术力量依然很强大。我们要抓住段博士说的‘英国机会’。”

有人提起美的老板何享健那句名言，也是美的的成功之道：“60年代用北滘人，70年代用顺德人，80年代用广东人，90年代用中国人，21世纪我们用全世界的人才。”

“有境界者自成高格，自有名句。”这是国学大师王国维的学术成功之道，做企业何尝不是如此？当你站在高处瞭望，就会发现机会无处不在。

英国之旅，也许就是南海商人们的一次精神飞跃。世界，我们来了。

（原载《南方日报》2013年9月3日）

南海从伦敦向世界发出召唤

当地时间9月1日下午，英国伦敦罗素酒店宾客云集，粤语、普通话、英语此起彼伏，100多位中国留学生从英国各地蜂拥而来，参加南海区在此举行的海外招才引智推介会。如此景象，让应邀莅临的著名旅欧科学家、美国国家科学院院士许靖华教授大为感叹："我参加过很多国内在伦敦举办的人才招聘活动，像今天这么热烈的场面还很少见到。南海影响力大，感召力也大啊。"

位于伦敦大英博物馆附近的罗素酒店，不仅有悠久的历史，也有很多精彩的故事。这家酒店以罗素命名，当然是纪念这位20世纪英国哲学家、数学家、逻辑学家、历史学家。罗素是英国的骄傲，也是20世纪西方最著名、影响最大的学者之一。英国排名前二十位的大学校长们，每年都要到罗素酒店聚会，商议教育发展大计，这就是著名的"罗素联盟"。选择这家具有文化地标意义的酒店举办人才招聘活动，是因为南海人牢记罗素说过的那句名言："没有知识，我们希望的世界不能建立起来。"

2011年，南海提出"人才立区"战略，人才工作被提到前所未有的高度，其招才引智行动也从全国走向全球。选择在伦敦举办活动，是因为英国名校众多，有大量的广东学子在这里留学，来自南海、顺德的学生数量可观。南海选择伦敦，不仅面向欧洲，也向世界传达呼唤。"南海是务实也是进取的；南海是丰富也是包容的。希望南海可以成为诸位创新创业的港湾。"专程赶来伦敦的南海区委常委、组织部长、人才办主任龚嘉明以一番热情洋溢的讲话表达南海的真诚与渴求。南海区委组织部部长助理、南海区人才工作领导小组办公室副主任余辉以“人才南海，创业乐土”为题，向来自剑桥大学、牛津大学、帝国理工大学等名校的中国留学生们细说怎样与南海“约会”。

南海是有备而来。早在2013年年初，南海就对欧洲的经济和人才现状进行深入细致的摸底和研判，掌握在英中国留学生的想法和需求，决定在伦敦举办这次活动。在罗素酒店会议大厅，石建东博士的“现身说法”让海外学子们备受感动。

1968年出生的石建东是贵州独山人，1985年从贵州遵义考入北京航空航天大学，后来赴美国佛罗里达大学留学，并在美国空军FAST研究中心攻读博士后，是国际光电领域知名的科学家，担任过美国一家著名公司的工程部经理。2012年，已经在美国生活工作了18年的石建东毅然选择回国，到南海出任广东尚能光电技术有限公司副总经理，从事工程技术和产品开发。在近日公布的国家第九批“千人计划”的人才名单中，石建东博士是佛山唯一的入选者，也是南海区第二位国家“千人计划”专家。

在石建东回国考察期间，广州、深圳、东莞等地频频向他伸出橄榄枝，但他最终还是选择了南海。“为什么是南海?”面对众多中国留学生的发问，石建东的回答很干脆：“南海的支持力度大、办事效率高。”

“一个让最普通的人也能够通过努力去实现梦想的地方。”这是石建东这位海归博士眼里的南海。他朴实而真挚的演讲感染了与会的留英学子，在随后举行的现场咨询中，众多学子围着南海牛津班各位老板交流，有的还当场提交了自己的简历。

来自帝国理工大学的欧阳筱筱是顺德人，学的是金融专业，很快就要硕士毕业了。她说她很多同学的想法一般是先在英国或香港工作几年，然后再考虑回内地发展，但现在无论英国还是香港，要得到工作签证越来越难了。所以，现在的大陆留学生都把眼光转到内地，首先考虑到北京、上海、广州、深圳这样的大城市谋职。至于她自己的去向，她说过几天要去香港参加一个面试，如果没有机会，那就打算回佛山，“我觉得小地方可能更重视人才，待遇可能更好些。”而来自禅城的小伙子丘俊彦很干脆，表示自己一毕业就要回佛山，“本乡本土，没的说的”。他还说自己曾经看过笔者做过的电视节目，“佛山电视台要人吗?”他说自己很喜欢传媒这个行当。

“以前对南海了解不多，刚才看到播放的那个短片，才发现南海很漂亮。回国找工作时要去南海看看。”还在伦敦政治经济学院读硕士的孙力说。来自安徽的他感觉佛山来的学生家里都比较有钱。他说他家里很穷，留学英国又让家里为他背了很多债，所以“希望找一份工资比较高的工作干”。

国家“千人计划”专家张宏伟博士评价，南海全球招才引智，气魄很大。“看得远，才能走得远。”在伦敦举办这次活动之前，南海不仅在北京、上海、香港设立引才联络处，还在欧洲、北美、新加坡设立引才工作站，并在北美举办海外人才推介会，为南海腾飞注入新动力。

海纳百川，有容乃大。世界已经听到来自南海的召唤。

（原载《南方日报》2013 年 9 月 4 日）

你好！洛杉矶

南航 CZ327 航班徐徐下降，已经可以看见起伏的山峦和蜿蜒的河流。美国西部时间晚上 7 点，经过 15 小时的空中飞行，顺德企业家美国加州州立大学现代企业发展战略及管理培训班一行 30 人，终于顺利抵达洛杉矶国际机场。登上前来接机的大巴，看窗外璀璨的灯火，大家非常兴奋。老板们纷纷打开手机，向家人和朋友报一声平安。

顺德区委、区政府组织企业家外出培训不是第一次，但拉队伍来美国学习却是头一回。参加此次培训的老板来自不同的行业，但他们都是年销售在 10 亿元以上的企业主。远离家乡，他们担心的是适应不了美国的伙食。临去白云机场之前，顺德十大名厨之一、顺德龙的饭店有限公司董事长龙仲滔专门张罗三桌上等顺德菜为大家饯行，他的手下轮番上阵劝吃劝喝，大家也放开肚子干得热火朝天。龙老板也是此次美国培训班的学员，为了充分发挥他的专业优势，行前大家一致推举他为生活委员，负责安排大家在美国期间的吃饭问题。一上飞机，他就开始履行职责，不断对同学们问寒问暖，还不时透露做地道顺德菜的秘诀，搞得大家口水直流……

洛杉矶四季如春，号称美国的春城。从炎热难耐的广州来到凉风悠悠的洛杉矶，感觉实在很爽。在一家由福建人开的中餐馆用餐后，大家又坐上大巴直奔离加州州立大学不远的 Radisson 酒店。走进大堂，笑容可掬的美国女老板一边欢迎大家的到来，一边分发房卡。一人一间，干净整洁，精美的果篮里盛满了各种各样的水果。放下行李，老板们就迫不及待地外出散步，其中几位还鼓起勇气用英语和行人打招呼，浓重的顺德式英语发音让美国人发出善意的微笑，更让同行的同学们在笑声中忘记了长途飞行的疲劳……

夜色中的洛杉矶没有喧嚣。绿树成荫，青草遍地的 Radisson 酒店迎来了一群来自远方的客人。明天，他们将开始为期 15 天的留学生活。尽管时间很短，但给他们带来的影响一定很长很长……

（原载《南方日报》2007 年 7 月 9 日）

开学第一天

加州的阳光果然名不虚传，早上6点，明亮的太阳就已经悬挂在洛杉矶的上空。在酒店吃完早餐，西装革履的老板们就在顺德区委常委、组织部长刘珊的带领下乘车前往期待中的加州多名戈斯山州立大学。

加州州立大学是一所具有悠久历史，在美国享有盛名的公立大学，拥有23个校区，在校生多达42万人，教职工46000人，是目前世界上最大的高等学府和教育系统。该校是最早获得中国外国专家局认可的培训基地，先后为中国培训了大量人才。多名戈斯山分校面积很大，设施齐全，学校周围分布着Arco（BP）、丰田、日产、雷神、波音等著名企业。顺德老板们的到来，得到了校方高规格的接待。国际教育学院院长马格利特·高登博士亲自出席顺德企业发展战略及管理班的开学仪式，并热情洋溢带领大家参观美丽的校园。更让人惊喜的是，中国驻洛杉矶总领馆教育参赞李翟升也专程前来祝贺，其简短的演讲充满了浓厚的顺德情缘。1994年，在教育部任职的他曾经陪同一位非洲总统去过顺德，那里的人民、那里的产品给他留下了深刻而美好的印象。尽管每周一洛杉矶总领馆要开例会，但他还是决定请假来看望从顺德来的企业家们，因为顺德企业家的创业精神和不懈追求，让人佩服让人尊敬。一番情真意切的言辞，让顺德老板们感动不已。演讲一结束，他们纷纷起立鼓掌，也对他表达顺德人民的谢意。

美中教育交流中心副主任、加州州立大学政府行政培训中国项目代表阎笑雷说，加州大学已经为中国很多省区办过培训，但像顺德这样一个县级区组织这么多企业家来美国培训，他还是头一次接待。这样的大手笔、大气魄将使顺德制造走得更好、走得更远。作为这次培训的操办者和首席翻译官，他笑言要好好表现一下，保证让顺德老板满意。

按照美国人的习惯，每个学员都要在上第一次课时做一个自我介绍，表达自己对培训的期待，并要求尽量用英语发言。看到大家神情紧张，美国教授用中文缓解气氛：“英语这个东西，不怕你胡说，就怕你不说。”话音刚落，曾经来过美国培训的刘珊部长随即第一个出场，并成功地引领大家迈过了这道关口。事后，一位从来没有讲过一句英语的老板大发感叹：“说一句英语，我流一身冷汗，可以想象企业国际化的道路并不平坦……”

午饭之后又接着上课，这让尚被时差折磨而又习惯午休的老板们有些顶不住了。但当资历丰富、功底深厚的林恩成教授一走上讲台，大家的精神立即被调动起来，原本有些枯燥的“美国政府及政府服务”课程被林教授演绎得高潮迭起，引人入胜。生动幽默的表述、耳目一新的案例，激起了一阵又一阵掌声。林教授出生在中国福建省，先移民香港，后移民美国，担任过五届加州核桃市市长，在美国华人中拥有很高的声望。正是因为这样的背景，使得林教授的课程让人们趋之若骛，大受欢迎。再过几天，林先生就要飞赴广州讲学，他说行前要安排时间和顺德老板切磋高尔夫……

（原载《南方日报》2007 年 7 月 11 日）

罗宾逊的震撼

“美国有私营直升机制造厂，顺德有私营游艇制造商，顺德能否在奢侈大宗消费品生产行业中有更大的突破？

“顺德制造早已经从过去的日用品、轻工产品向产业链上游发展，比如说顺德商人从过去只做钢材生意到现在参加铁矿石贸易，从过去只生产电器到今天生产游艇，而且参与国际竞争，出口到沙特。顺德资本的发展，打破了过去由于地域技术、产业基础形成的行业限制，制造面向国际的大宗奢侈品，顺德已经有比较好的基础。”

美国西部时间7月11日下午3时，一走出罗宾逊直升机公司的组装车间，顺德区顺博机电实业有限公司董事长吴兆恒就和身边的一个同学热烈地讨论起来。刚刚参观的这家私营企业让顺德老板们兴奋和震撼，在返回酒店的大巴车上，他们一直纠缠着这个话题。

坐落在洛杉矶市区的罗宾逊直升机公司是一家著名的私营企业，1973年由罗宾逊创办。目前拥有1200名雇员，不仅是美国同行业中最大的企业，也是全球最大的中小型民用直升机生产商。当汽车在一座很不显眼的建筑前停下的时候，大家根本想象不到这就是大名鼎鼎的罗宾逊公司。我们一行分成三个组，分别由公司人员带领参观。穿过设计部的走廊就到了工程部，巨大的钢架结构厂房里，工人们在紧张地忙碌着，其中有不少东方面孔，他们以友好的微笑迎接我们这些远道而来的造访者。第一次看见有这么多刚刚组装完毕、五彩缤纷的直升机，大家一边争先恐后地抢拍照片，一边向导游打听飞机的售价。2003 年，上海一个老板花 400 万元购买了一架黑色罗宾逊 R－44 四座直升机。“目前顺德老板中还没有人拥有私人直升机，你们之中谁能喝这道‘头啖汤’？”“不是没钱，而是还没有到那个时候？”面对导游的发问，顺德老板很自信。

“罗宾逊公司的 1200 名雇员，每周生产八架飞机，这样的效率让人惊讶。说实话，在顺德，拥有 1200 名员工的企业很多，但效率没法和人家相比，问题在于管理。”顺德区盛基市政有限公司董事长罗徐伟非常感慨。而在广东鸿昌集团战略发展顾问杨正勇眼里，他最佩服的是罗宾逊完善的配套服务。“罗宾逊公司的发动机和电子设备是从外面购买，也就是说它没有占据核心技术的制高点，但却能占有全球最大的市场份额，关键就在于它不仅有一流的组装水平，更有一流的配套服务：在全球 50 个国家拥有 110 个授权代理和 290 个服务机构。顺德企业要实现国际化，罗宾逊的经验值得借鉴。做强制造业不能简单依靠单一企业在本地的规模扩张，而是要整体上进行管理和服务的提升。”

随同参观的加州州立大学政府行政培训中国项目专员查里·阎，在饶有兴趣地听完顺德老板们的讨论后即席点评：来美国学习，不仅要开阔眼界，更要深入思考。而相互探讨和争论就是最有效的思考办法。在一片热烈的掌声中，这个曾经在共青团系统工作多年、能够出口成章的美籍华人学者，当即把加州州立大学著名教授密拉齐博士上午讲授的“美国企业文化及经商礼仪”课程内容编成顺口溜：

美国宾客善交道，平易近人含微笑。
热情好客有传统，待人接物讲礼貌。
性格浪漫喜新奇，开朗大方不单调。
自由随便无拘束，彼此从不互客套。
坦率诚挚爱真言，不愿与人搞弯绕。

（原载《南方日报》2007 年 7 月 12 日）

美国教授的“免费午餐”

No free lunch——天下没有免费的午餐。这是美国人的口头禅。可是，大名鼎鼎的卡齐亚教授却让精明的顺德老板真正享受了一顿免费的午餐。在走下讲台之前，似乎有些后悔，他一边诡秘地微笑，一边以略带印度口音的英语说：这样的事情不会再次发生了……

拥有哈佛大学博士学位的卡齐亚教授曾经担任加州大学的教务主任，现任美国高等教育资源研究所所长，加州州政府教育、司法、能源顾问，自己还创办了一家很有影响力的管理咨询公司。此君不仅是一个学养深厚的学者，也是一个实战经验丰富的高手。他衣着考究，头发梳理得一丝不苟，一副大师兼大款的派头。他所开讲的“领袖才能及远见”课程，犹如加利福尼亚的阳光，温暖而亲切，明亮而悠远。得知他是名震一方的战略管理咨询名师，顺德老板就开始琢磨怎样掏出他的真经。

机会来了。在课堂互动环节，广东日美灯箱展示制作有限公司总经理胡小萍马上抛出三个问题：我们这个行业的前景如何？我该怎样制定战略目标？用什么手段来实现？高手出招，果然让人眼花缭乱。卡齐亚教授列出几个问题让胡小萍回答后，随即在黑板上演示他的锦囊妙计。在长达一个小时的时间里，卡齐亚高屋建瓴、洋洋洒洒，不仅给予战略指点，更有详细的实操办法，整理出来就是一份具有国际水平的咨询报告。

看到胡小萍赚得盆满钵满，笑容满面，在座的老板们又羡慕又嫉妒。趁卡齐亚教授喝水的间隙，顺德东箭汽车用品制造有限公司总经理马永波马上抓住机会求教：我该怎样管理美国人？

教室里爆发大笑。可马永波绝对不是在开玩笑。这个年纪不大的创业者几年前创办了一家专门生产汽车内装饰品的企业，随着私人汽车越来越多，他的事业也越做越大，产品不仅行销国内，也受海外欢迎。前不久，他在洛杉矶开办了分公司，聘请了美国雇员，专门经营美国业务。他发现他与美国雇员的沟通很成问题，不是因为语言，而是中美之间的文化差异，以及由此所带来的思维方式和行为方式的差异。他一直苦于找不到有效的解决办法。得知顺德区政府组织企业家到美国大学培训，他赶紧报名，希望能够从美国教授那里找到管理好美国员工的药方。他坚信堡垒最容易从内部攻破。

面对马永波的提问，卡齐亚教授似乎觉得再做这样的免费咨询很不划算，于是就开始王顾左右而言他。但在座的顺德老板齐齐鼓掌，这既是对马永波的声援，也是对卡齐亚的压力。几个回合之后，卡齐亚已经顶不住讲台下的热情和期待。他终于透露玄机："在美国，我给客户做口头咨询一小时收费300美元，如果是书面咨询，收费是很昂贵的。今天要被你们算计了……"笑声和掌声之中，卡齐亚再度为顺德老板奉献了免费午餐。

下课时间到了，已经连续讲了一整天的卡齐亚教授开着那辆漂亮的凌志轿车缓缓离去。也许他永远不知道顺德是在中国的哪一个地方，但顺德的老板将铭记这个充满阳光的智者。美丽的加州，美丽的阳光。在绚丽夕阳中，有人轻轻地唱起了《加州阳光》：

当阳光洒在昨夜泪水未干的枕上
我刚刚醒在一个没有你的异乡
谁说幻灭使人成长
谁说长大就不怕忧伤
过去是我太傻爱你爱太狂
失控了方向

California 的阳光
让它治疗我的忧伤
好让我更坚强
不用在乎遗憾的过往
来日当你我再度相逢
你会发现我已经变得不一样
到时候生命中不再有你
心中洒满 California 的阳光

（原载《南方日报》2007 年 7 月 12 日）

搞营销的教授和开公司的博士

“在座的顺德企业家们有多少人想开拓美国市场?”

个子很小的小峰·克曼（Satoshi Komine）教授一开始上课就抛出的这个问题引起了顺德企业家的极大兴趣。事实上，参加此次美国培训的顺德企业家，不仅希望得到美国专家教授的指点，也想对美国市场有切身的感受和了解。毕竟美国是一个购买力非常强大的成熟市场，产品能否进入美国，在某种程度上，已经成为一家企业实现国际化的标志。言语不多，但“野心”极大的顺德老板一直在瞄准这个市场，他们迫切需要得到的指点是：进入美国市场需要做什么样的准备?

市场与市场的差异其实就是文化的差异，不了解它的价值观，就无法了解它的消费取向。在亚洲，最成功进入美国市场的当属日本。无论是商店的商品，还是公路上的汽车，最显眼的是日本制造，而不是我们所津津乐道的中国制造。以汽车为标志的日本产品能够在硝烟弥漫的日美贸易战中最终成为赢家，其经验值得正在经受考验的中国制造好好学习和借鉴。身为美籍日本人，小峰·克曼用东方文化眼光审视的美国市场，比地道美国教授所描述的美国市场更让顺德老板受益，因为他深刻地理解东西方的文化差异。更为重要的是，小峰教授既是加州州立大学有影响的品牌管理研究专家，也是一个经验丰富的实战派，拥有20多年在国际知名大企业从事市场营销的经验，曾经参与过Phip Morris、迪斯尼公司、环球影视公司、香港海洋公园的品牌开发和营销。

小峰教授以日本三大汽车公司怎样进入美国为案例，告诫顺德老板一定要根据美国市场来定位和设计自己的产品，并一定要符合当地的法律法规和行为方式。他说美国人对产品的忠诚度很高，但要把握他们一个非常显著的消费心理：Like things BIG！（美国人就是喜欢大！）

“如果我想在加州开一家顺德餐馆，您觉得我该怎么做？”当顺德龙的饭店有限公司董事长龙仲滔抛出这个问题时，小峰教授思考片刻后给出了三点建议：“一是定位要高，目前美国的中餐馆多而不精，档次较低，没有形成品牌效应。因此你要高起点进入，与目前的中餐馆拉开档次和距离，体现中国饮食文化的风范；二是地点要选准，最好是洛杉矶，这里是全美亚裔最集中的地区，他们对中国饮食很接受；三是要吸引社会名流，特别是好莱坞的明星，只要他们光顾你的酒店，就会有很多人跟进，生意一定火爆。到时你要请我吃饭哦。”龙老板连连点头：“一定！一定！”

小个子小峰·克曼教授在掌声中和大家告别，“留学”美国的顺德老板们在教室里匆匆忙忙地吃完盒饭，便接着赶去见识一个美国大个子——年轻的布莱恩博士。

抵达布莱恩公司时，布莱恩博士已经站在门口迎候远道而来的客人。他先是带领大家参观他的车间和办公室，然后介绍他的创业史。

布莱恩父母早逝，他靠奖学金读完大学，并在著名的杜克大学取得医学博士学位，成为洛杉矶一家医院的皮肤科医生。之所以选择医学专业，是因为父亲的死。他说他父亲患有严重的灰指甲病，吃了大量有副作用的口服药后发病死亡。父亲之死让布来恩发誓要做一个最好的皮肤科医生。等到他终于成为一名医生的时候，布莱恩才发现：美国50岁以上的人中每两人就有一个患有灰指甲病，而目前全美国还没有彻底根治这个毛病的特效药。受到巨大刺激的布莱恩把精力用来研究开发高科技产品，根除患者的痛苦。两年后，产品问世，经过临床检验，效果显著，随即获得联邦政府颁发的许可证。布莱恩立即成立自己的公司，一年内就成为全美最大的灰指甲药品供应商，所开发的五种产品行销全国，被评为全美最好的杀菌药物。目前，布莱恩公司只拥有36名员工，但年销售3000多万美元。

布莱恩个子高大，体态魁梧，而比个子更为高大的是他的雄心。他说：我们的目标是做世界第一！

布莱恩公司的实力和成效，让顺德老板感叹，也让他们看到了巨大的商机。几个老板当即提出合作意向，希望作为代理商开拓中国市场，更多人则希望买到他的产品。布莱恩说："我将赠送各位价值150美元的药品，你们带回去试用，看我们的产品是否药到病除。"

能够成为中国第一批享有布莱恩产品的中国人，顺德老板们当然开心。在返回酒店的路上，他们一路热烈地讨论。

"看了布莱恩公司，我想到培根的那句名言：知识就是力量。"佛山市伟腾彩印有限公司总经理卢敏说。

"科学技术的确是第一生产力。"广东先驱实业有限公司副总经理韩建业感叹。

"相比之下，我们顺德的企业家和人家差距不小啊！"广东华声电器实业有限公司副总经理谢基柱的一番话，让大家陷入了久久的沉思之中……

（原载《南方日报》2007年7月17日）

诚信：美国制度的前提

7月16日上午，“留学”美国的顺德老板们终于如愿走进了SBA洛杉矶办事处的大楼。

SBA是美国中小企业管理局（Small Business Administration）的英文缩写。自抵达洛杉矶以来，他们一直期待造访这个盛名远扬的联邦机构，作为中国最有代表性的中小企业主，他们渴望了解美国是怎样扶持和帮助中小企业发展的。

负责接待的SBA洛杉矶办事处新闻发言人Frank Brancale先生说：这是他接待过的中国代表团中最年轻的一批客人。得知他们全部来自一个叫顺德的小城市，发言人先生连连称赞顺德了不起。

美国对中小企业的定义是：雇员100人以内为小企业，500人以下为中型企业。这些企业通常是私人拥有、单独合伙和独立运行的责任有限公司。

美国目前中小企业占全美企业总数的99%，中小企业就业人数占总就业人数的60%，新增加的就业机会有2/3是由中小企业创造的，中小企业的产值占国内生产总值的40%。更重要的是，中小企业有很强的创新能力，对科技进步有很大的贡献，美国的高技术公司在起步阶段通常都是中小企业。而这些依赖于美国完善的市场配套体系以及政府政策体制，在美国政府有关中小企业的各种配套设施和主要机构中，地位最高、作用最大的便是美国中小企业管理局（SBA）。

SBA作为独立地负责对中小企业进行管理的美国联邦政府机构，

承担着向中小企业提供资金支持、技术援助、商业咨询、政府采购、紧急救助等全方位、专业化服务的职责；目的在于保护中小企业利益，为中小企业争取平等的竞争条件，服务于中小企业这一经济群体，进而维护公平自由竞争的环境。它是美国政府制定中小企业政策的主要参考和执行部门，在各个政府部门中有相当高的地位，局长由总统亲自任命，预算通过国会中小企业委员会每年拨款。SBA 在各州设有派出机构，其服务部门结构包括 10 个区域办公室，70 个地区办公室，17 个分支办公室和遍布全国的 96 个服务点。

SBA 有着复杂严格的财务管理和运作要求。它的工作人员长期以来形成了一种以顾客为中心的服务理念。中小企业推动国家的经济发展，改善国民经济结构，创造就业机会，而且能给人们提供实现他们梦想的机会。

“在 SBA，我们的目标是通过给他们提供他们成功所需的工具来支助中小企业的发展。无论你正在创办还是计划拓展一个中小企业，无论你需要制订一个商业计划、定位目标客户，还是制定一个预算，或需要额外的培训、技术或资金援助等等，SBA 都能提供帮助。”

Frank Brancale 还介绍：与其他 SBA 办事处相比，洛杉矶办事处有两个特色业务，一是亚裔优先，二是妇女优先。洛杉矶有很多来自亚洲的移民，来美国定居后都想开办自己的企业，有的需要 5000 至 10000 美元开一间士多店，但商业银行不会处理这样的小额贷款，但他们就提供这样的服务。

SBA 洛杉矶办事处还成立了由有专长的退休人员组成的咨询机构，专门给那些渴望创业却又没有创业经验的移民提供免费服务。比如某人想开一个玩具店，SBA 就从咨询人员中找一个曾经开过玩具店的做免费咨询，提供经验，让创业者少走弯路。

“假如我们从顺德来美国办企业，SBA 是否可以给我们贷款?” Frank Brancale 回答：“首先要移民美国，并获得绿卡后才可以向我们贷款。”

“如果碰到不还贷款的‘老赖’，你们怎么办?”“那我就请意大利的黑手党来搞掂他们。”Frank Brancale 幽默风趣的回答让在座的顺德老板开怀大笑……

待大家笑过后，Frank Brancale 一本正经地说，在美国，“老赖”是很罕见的，因为这里有着健全的信用体系。退一万步说，即使出现个别“老赖”，法律途径也足以对付了。

“至少，我还没见过‘老赖’，被宣布破产而不用归还贷款的倒也有过。”他说，“我愿意向各位强调一点：诚信是人与人相处最基本的道德，也是美国这个体系得以正常运转的前提。”

（原载《南方日报》2007 年 7 月 18 日）

学美国人开会

“开会本来就是中国的强项，为什么还要学老美开会?”当得知加州州立大学要安排大家旁听一个会议时，有人提出了这样的质问。

7月14日上午9时。在洛杉矶皇冠（Crowne Plaza）酒店。当主持人介绍来自中国顺德的企业家前来观摩会议时，会场爆发出经久不息的掌声，直到带队赴美培训的顺德区委常委、组织部长刘珊，顺德区人事局长蓝斌与企业家们再次起立致谢时，掌声才停下来。

对于会场上的美国人而言，今天的会议并没有特别的意味，可对远道而来的顺德人而言，参加这样的会议实在是开了眼界。

这是一个美国人习以为常的听证会，偌大的会场坐满了当地的官员、议员、企业家和学者，他们要讨论的议题是关于洛杉矶的交通发展。主办方发表简短的欢迎词后，各界代表陆续登台发言。他们准备充分，观点鲜明，并且口才极佳，富有感染力。让人惊讶的是，台下的听众神情专注，目光始终集中在演讲者身上，即使是后面那些没有座位的听众也安安静静地听着。大家神情轻松，面带微笑，就像一家人坐下来讨论关系到每个成员的事情。

加州州立大学的阎教授一边轻声翻译发言内容，一边告诉大家：“他们讨论什么问题不重要，我们观摩的重点是看美国人怎样议事，民主社会不是比谁的声音大，而是讲道理。”

“你们知道《罗伯特议事规则》吗?”在座的顺德企业家没有人回答阎教授的问题。

140 多年前，美国南北战争期间，一个名叫亨利·马丁·罗伯特的陆军中尉奉命主持地方上教会的一次会议，由于与会者对议题意见分歧很大，结果可想而知，这位25 岁的年轻军官，把这个会主持得一塌糊涂。人们在会上争论得不亦乐乎，最终是什么决议也未达成。这事让罗伯特心里放不下了，他发誓，如果不找到一个好的开会办法，他就再也不开会了。

于是他就开始认真地探究人的智慧本质。和大多数西方哲人一样，他发现人是一种最难被道理说服的动物。当发生分歧的时候，不管分歧的基础是什么，或者出于利益冲突，或者出于信仰理念，或者出于知识经验的不同，反正一旦分歧明确公开，是非常难以在短短几个钟头或几天里靠语言的交流来使一方说服一方的。分歧的双方找到共同点的可能不是不存在，但是这需要有一定的交流机制，否则，一方说清楚了，另一方根本没听进去，还是白搭。

罗伯特想要找到一个开会规则。尽管英国的议会有了长久的议事历史，有成套的礼仪规矩，尽管美国的参众两院有议事程序，法庭有庭审规则，但是民众自己却并没有一部开会议事的统一规则。罗伯特决定自己写一部。

经过几年的努力，他写出了一部《罗伯特议事规则》（*Robert's Rules of Order*）。他自费出版，并自己出钱买了1000 本送给国会议员、律师、教授等头面人物。该书后来畅销全国，成为美国民众开会的标准手册。

当年，从美国回来闹革命的孙中山先生为了让国人知道如何开会，就亲自翻译编写了《罗伯特议事规则》，取名《民权初步》。然而直到今天，仍然没有多少人认识到该书的价值和意义。

而今亲历了美国人议事的场面，顺德老板大为触动。

“如果不是顺德区政府组织来学习，我们哪有机会看到这样的场面。”走出听证会现场，顺德老板们就议论纷纷。他们感慨美国人议事时的专注和投入，更赞赏美国人对游戏规则的尊重。直到第二天下午坐船参观洛杉矶港务局时，大家还在热烈地讨论。

顺德区天元建筑设计有限公司董事长廖燕珊快人快语："顺德企业家之间有合作的意愿，但缺乏对游戏规则的尊重。比如大家合伙开一家公司，各个股东忙着争夺话事权，在乎谁说了算，而不注意制定游戏规则，有时闹得不欢而散。"参与讨论的顺德区人事局长蓝斌接过话头："顺德企业家正在从独立创业时代走进合作创业时代，制定并尊重游戏规则比什么时候都重要。这个问题不解决，不仅会影响企业家之间的合作，也会影响顺德经济的发展。"

"有一个好现象。"顺德区人才服务中心副主任廖海标也加入讨论，他说他认识的一些顺德老板在谈判议事时总要带两个人，一个是律师，一个是会计师，目的就是给制定游戏规则提供专业意见。

这样的现象的确让大家乐观，因为这就是希望！

（原载《南方日报》2007 年 7 月 19 日）

带着力量回家

“今天是你们在加州大学的最后一次课。相处这么多天，我从你们好学进取的精神看到了中国崛起的巨大力量。只是即将到来的告别，让我感到忧伤。我们是永远的伙伴，加州州立大学期待和欢迎你们的再度造访……”

7 月 18 日上午，一直为顺德企业家培训班学员忙前忙后的密拉奇博士神情异样，他真挚感人的言语也同样撩起了顺德老板们不舍的加州情怀。

他们不舍，是因为在短短的 10 天时间里，他们真切地感受了一个客观真实的美国，灵魂深处正在席卷着一场剧烈的洪流与风暴。他们不舍，是因为在一个完全陌生的环境中，他们深刻地发现了自己。10 天时间、8 个专题讲座、5 次参观考察——高强度的智力“轰炸”，让他们经历了摧毁与重塑、梦想与冲动。

他们发现美国人单纯直率，遵纪守法，乐于助人，一个个人主义至上的美国也充满了温情和关爱。而“你开厂，我登记；你赚钱，我收税；你破产，我不管”的政府态度，也让他们发现了市场经济自由竞争的残酷。

10 天时间，先后有来自美国、日本、中国、印度、意大利的老师走上讲台，这让他们领略各自精彩的同时，也想起了一个流传已久的故事：在一次盛大的宴会上，不同国家的人在夸耀各自的酒美。中国人拿出古色古香的茅台，俄国人拿出伏特加，法国人拿出大香槟，德国人拿出威士忌。轮到美国人，只见他把各种酒兑在一起，随之举杯相敬，说：这叫鸡尾酒。

善于综合，才善于创造。在当天下午的总结会上，率先发言的吴兆恒班长说，没有比较就没有发现，来了美国，才发现了差距。

已经打进美国市场的马永波说，通过几年的努力，他在美国发掘了大量原来毫不起眼的商机，而通过培训，让他找到了中国中小企业国际化的信心和路径。他说他在美国的分公司除了聘请一位华人雇员外，其他都是当地人。他要以最小的成本、最短的时间抵消文化管理上的差异。

生活委员龙仲滔紧接话头，说是有信心将他的“龙的饭店”从找米吃的“母鸡”打造成高高翱翔、专抓母鸡的“老鹰”。

而此次来美“留学生”最年轻的顺德老板韩建业说，他带着问题来，将带上答案回去。从不迟到、不早退、讲信用做起，自己带头建立企业的诚信制度。两三年内，他将来美国攻读 MBA，学习全球投资业务……

作为企业发展战略顾问的杨正勇则思考三个问题：1200 人的罗宾逊直升机公司为什么能做到世界第一？拥有 36 名员工的布莱恩公司为何能创造 3000 万美元的销售业绩？仅有 800 多人的洛杉矶港务局为啥有一亿多美元的利润？而我们国内一个有几万人的港务局才只有两亿元人民币的收益？原因就在于管理水平和科技含量。“这难道不是顺德实现在高基数上增长、又快又好发展最好的借鉴和启示吗？”

为给顺德老板送行，加州州立大学特地举行酒会，地点选择在著名的玛莉娅·卡兰德餐厅。这家风靡美国的连锁餐馆创办于 78 年前，从 600 美元起家，做到了拥有 2000 多家分店的上市企业。

加州州立大学动用各种资源，请来了洛杉矶的商界名人、华侨领袖和好莱坞明星，一起为顺德客人送行。烛光闪闪，情谊浓浓。优美的乡村音乐中，餐厅老板送来了祝福——

你们尽情品尝牛扒，带着力量回家！

（原载《南方日报》2007 年 7 月 20 日）

永远的顺德情

“君自故乡来，应知故乡事。”当地时间7月22日上午，位于美国三藩市唐人街的顺德行安善堂“德语”交融、乡情滚滚。众多顺德侨胞隆重迎接到访的顺德企业家们，共同分享“顺德制造”的光荣与自豪。

得知顺德区委、区政府首次组织企业家到美国培训，旅居美国的顺德乡亲就热情邀请家乡的企业家学习结束后到三藩市聚会，同叙乡情，共谋商机。结束了在洛杉矶的学习，顺德企业家们就如约飞赴顺德侨胞聚居的三藩市。

“这是行安善堂成立以来第一次接待这么多家乡来的企业家。”世界顺德人联谊总会常务会长、三藩市顺德行安善堂主席张冠荣先生激动地说，“顺德制造，中国骄傲。家乡企业家的成功，也是我们海外顺德人的光荣与骄傲！”

三藩市顺德行安善堂创立于1858年，是顺德人在海外创立时间最早、规模最大的社团之一，也是三藩市影响最大的华人社团之一。2004年投资400万美元兴建了一座大楼，仅物业出租每年的收入就多达60多万美元。该社团在为当地乡亲谋福祉的同时，也积极支持家乡建设，还多次组织“美国顺德青年学生夏令营”活动，加强青年一代对“根”的认识。

三藩市的顺德乡亲为远道而来的家乡人做了周到的安排，丰盛的宴会、轻松的观光、故事的分享……让顺德的企业家们找到了回家的感觉。

当顺德区委常委、组织部长刘珊和顺德区人事局长蓝斌带领顺德赴美培训的顺德企业家们从旧金山启程回国的时候，众多顺德乡亲前来热情告别，一路送到机场。相聚短暂，乡情永远。再见了，热情的乡亲！再见了，美丽的旧金山！

（原载《南方日报》2007 年 7 月 24 日）

巴黎见闻：顺德美食是人类的口福

在拥有世界美食之都称誉的巴黎学习20多天，最大的感受是饥饿。早餐面包，中餐面包，晚餐还是面包，头几天感觉还可以，但连续20多天之后，见到面包就两脚发软、头脑发晕，晚上发梦大多和中餐有关。偶尔也去巴黎的中餐馆改善生活，但那些变味的中餐大多是在糟蹋中国美食的声誉。在巴黎，中餐大多是越南人开的，而日本料理大多是中国人开的。就在几乎顶不下去的时候，顺德美食推广团到了巴黎，见到顺德大厨主理的大菜，即使再文雅的人也会做出饿虎扑食的架势。

西方人也许不知道中国有“食在广州，厨出风城”的说法，但他们也同样钟情于顺德美食。在巴黎的福利餐厅，应邀前来品尝顺德大菜的法国政界名流，胃口很好地消灭了盘中佳肴，从他们口中说出来的赞美，怎么看都不像是客气话。而在联合国教科文组织总部大厦的餐厅里，无论是白人、黑人，都抵挡不住顺德菜的诱惑，端上桌的每道菜都被吃得干干净净。吃过的都说好。一位来自俄罗斯的工作人员说：“真希望中国天天来推介美食，这样我们就很幸福了。”亲眼目睹顺德美食在巴黎的表现和反响，我坚信一个判断：顺德美食不仅是中国的骄傲，也是人类的口福。

法餐和中餐是世界上最有名的两种餐饮。巴黎是世界公认的美食之都，而顺德也刚刚获得了中国第一美食名城的番号。顺德美食推广团的巴黎之行，既是中餐与法餐的互动，也是中国第一美食名城与世界美食之都的第一次对话。顺德的下一个目标是冲刺联合国“美食之都”，而有权力授予这个称号的国际组织就是设在巴黎的联合国教科文组织。这是顺德美食推广团之所以远征巴黎的背景。

顺德是否能够如愿拿下这个权威的国际番号，当然还有很大的悬念。但顺德美食走向世界的标志不在于有没有这个“护身符”，而在于通过美食和国际社会对话，让世界认识中国味道。法国人说：要感动法国，首先要感动法国人的胃。同样，要认识中国，就要从认识中国美食开始。人人都好吃，美食无国界。屡屡为中国贡献改革经验的顺德，也到了为世界贡献美食的时候了。

这样的贡献仅靠顺德美食推广团到处奔波是远远不够的，必须有大量的顺德厨师远征世界。世界也在表达这样的需要。中国驻法国大使馆文化参赞说，仅在巴黎就有3000多家中餐馆，但有影响、口碑好的中餐馆屈指可数，最大的问题就是因为名厨太少、水平太差。得知顺德有四位大厨来到巴黎，很多中餐馆老板纷纷前来讨教，有的还高价请他们留下。这样的情形，使我想起三年前的美国之行。那次我随一批顺德企业家到美国加州大学学习，同行中有一位顺德名厨，每到一家中餐馆吃饭，老板都要请他到厨房指点。洛杉矶一家中餐馆的老板说：“老一代华侨开中餐馆是为了谋生，到我们这一代就要靠美食发展了。没有名厨，何来美食？”

有消息说，中国烹饪协会已经授权顺德筹建中国烹饪学院。办好这所“国字号”的烹饪学院，也许比争取成为世界“美食之都”更加迫切、更加重要，因为这是中国乃至世界对顺德的信任和期待。当大批厨师走出顺德，去满足世界口福的时候，一个国际化的“美食之都”自然会水到渠成。到那个时候，中餐成为国际社会的主流文化似乎也可以指望了……

顺德美食感动巴黎，也必将感动世界。凯旋门下，我们为顺德加油！

顺德美食巴黎立起“凯旋门”

“牛奶居然可以炒出这么好的味道，我是头一回见识到这样的甜品，这就是厨艺，这就是创意!”品尝完顺德大厨罗福南烹制的几道顺德菜后，见多识广的法国著名美食评论家波奈·德·阿尔诺连声感叹。

为期一周的中国美食推广活动在法国巴黎落幕，“世界美食之都”巴黎的味蕾感受到了“中国美食名城”顺德的美食魅力。当然华人华侨纷纷表示，这是顺德美食在巴黎立起了中国美食的“凯旋门”。

中国大使盛赞

在联合国教科文组织总部展示顺德美食，是顺德美食推广团巴黎之行的重头戏。从10月17日到21日，正在这里出席联合国教科文组织2010年年会的150多个国家代表连续五天品尝到经典的顺德菜。这是顺德名厨第一次走进联合国，也是中国美食第一次在联合国教科文组织总部集中展示。

巴黎当地时间18日中午，在位于法国巴黎的联合国教科文组织总部大厦七楼大餐厅，前来就餐的官员和工作人员发现，进口处悬挂着中国国旗和联合国旗帜，每张餐桌上多了一个印有中国国旗的菜单。餐厅工作人员热情地推荐，来自中国的厨师可以为他们烹制地道的经典粤菜。

中国常驻联合国教科文组织大使师淑云、文化官员苏旭等，专程来到联合国教科文组织总部大厦七楼餐厅，参观指导中国美食周活动，他们认为中国举办的美食周活动取得了成功，在联合国教科文组织和法国政界、商界产生了良好的影响。“感谢顺德为中国美食走向世界做出的积极贡献。”师淑云大使说，粤菜是她的最爱，能在巴黎吃到代表粤菜水平的顺德菜，真是开胃、开心、开眼界。在这里工作的各国代表津津有味地吃顺德菜，这本身就是对中国美食的嘉奖。中国与欧洲的餐食文化交流，源远流长，从古代的丝绸之路开始，饮食文化交流就已成为东西方文明碰撞与互动的重要内容。但是，在联合国相关组织内举办如此规模的中国美食活动，却是历史上的第一次，中国美食周活动切合联合国教科文组织关于文化多样性的发展目标，为展示中国文化做出了积极贡献。

联合国教科文组织世界遗产中心景峰主任在得知中国美食周活动后，邀请了负责世界遗产工作的同事一起前来品尝。他说，1990 年联合国教科文组织进行海上丝绸之路考察时曾去过顺德。顺德的家电和美食给他留下了深刻印象，今天能在自己工作的地方品到如此美味的粤菜，深感自豪。

法国名流青睐

巴黎当地时间 10 月 19 日下午，法国国家商业中小企业、旅游饮食部长艾尔维·诺瓦利专门接见了顺德美食推广团。艾尔维·诺瓦利说，他经常去顺德乡亲何福基在巴黎开的中餐馆用餐，这次很高兴能够在巴黎感受顺德美食的精髓。中法两国都是美食大国，双方互相交流美食经验，有助于进一步深化中法两国在经济、文化等多个领域的交流与合作。“我坚信一个有着灿烂美食文化的国家，也会是一个有着伟大文明的国家，因为饮食文明是一个国家活着的艺术。”艾尔维

·诺瓦利衷心祝愿顺德变成一个用美食吸引更多游客的城市。

著名侨领、顺德乡亲何福基说，法国工人近日大罢工，法国政府官员非常忙碌，但法国旅游部长还是专门抽空接见了顺德美食推广团一行，一个小地方得到一个大国部长这么高的礼遇，这是破例了。

同样让何福基感到骄傲的是，10 月 17 日举行的顺德美食巴黎招待会，场面虽然不大，但来宾的分量很重：法国总统外交顾问奥利威尔·哥伦布、法国财政经济部长顾问费德里·拉卡福、法国内政部长办公室主任马丁·卢卡斯、法国外交部礼宾司司长安德烈·德·布茨、巴黎警察总部亚洲人事务局长萨维尔·多诺、法国饮食旅游联合会主席艾瑞·都卢克、巴黎第六区区长让·皮埃尔·莱考克、法国著名美食评论家波奈·德·阿尔诺……出席招待会的众多法国名流对顺德美食赞不绝口。

巴黎第六区区长让·皮埃尔·莱考克与梁惠英达成一致意向：法国最负盛名的法昂迪国际烹饪学校与顺德职业技术学院正在组建的中国烹饪学院结成姐妹学校，共同推动中法两国的美食文化交流和烹饪人才培训。

中国烹饪协会常务副会长杨柳表示，此次中国美食节在法国的举办，不仅是为了弘扬中国的饮食文化，更希望借此搭建起中法餐饮业界的交流与合作平台，促进中西方餐饮文化的沟通与融合，同时也希望以此为契机，帮助和带动法国中餐业技艺水平的整体提升。她说："无论是在中国还是法国，餐饮已经远远超出食物的范畴，成为优美的艺术，成为文明的载体。美食无国界，中法餐饮必将成为两国友谊的见证，源远流长。"

用西餐电灶烹制顺德美食

为了能让所有人尝到地道的顺德美食，四位顺德大厨想尽办法。顺德名厨罗福南提前一个月专门到巴黎了解市场供应情况及联合国教科文组织餐厅厨房的设备状况。回到顺德后广泛征求业内同行的意见，确定了菜单。为确保菜肴的原汁原味，很多调味品都是开幕前从顺德直接带过来的。

美食周开幕前五天，大厨提前与代表团前行人员一同来到巴黎确定原料的采购名单及送货日期，确保新鲜原材料的准时供应。

在一次午餐前，笔者也抽空来到厨房，对那里的第一感觉是：除了盘子还是盘子。厨房里，欧式的小盘取代了中国式的大盘，以适应西方人的分餐制。这次的每道菜都要准备 80 个小盘，提前做好装饰。对厨师们来说，平时 80 个人用餐只需炒 8 次，而现在无论是一个人、两个人、三个人都要炒一次，然后再分成小盘。

令大厨们头痛的是，联合国教科文组织总部餐厅规定不能用明火，也不能用猪肉猪油等原料。好在四位大厨有备而来，第一次用制作西餐的电灶烹制出金牌四杯鸡、八宝酿鲈鱼等 7 款经典顺德菜式。来自意大利的联合国教科文组织世界遗产申报主管亚历山大·波萨莫表示，顺德菜让他吃得很开心，并希望有机会学做中国菜，认为这是了解中国文化的有效方式。

侨团在法国最好餐厅为顺德庆功

位于巴黎香榭丽舍大街总统府附近的 Fouguet’s 是法国最有名的餐厅，也是法国政界和商界名流最爱光顾的场所。2007 年 5 月 7 日，萨科奇当选法国总统的庆功晚宴就是在这家餐厅举行的。

10 月 19 日晚，巴黎侨团在这里为顺德美食推广团设宴庆功。负责张罗晚宴的是法国亚洲人事务专员孙文雄先生。他不仅请来了中国各地的旅法侨领，还邀请越南、泰国、老挝、柬埔寨等亚洲各国事务负责人出席，共同祝贺顺德美食在巴黎的推广活动获得圆满成功。在孙文雄看来，这不仅是中国美食的光荣，也是亚洲美食的光荣。

孙文雄说他和顺德有缘。几年前他为欧尚集团采购的事情去过顺德，认识了时任顺德区委书记陈云贤博士。陈云贤的热情和眼界让他很感佩。他认为这次顺德政府派团到巴黎推介顺德美食，既是中国美食文化致力于国际化的一个强烈信号，也是中国美食走向世界的一个历史性事件。

（原载《南方日报》2010 年 10 月 22 日）

台北手记：最美的时光

2013年9月11日上午11：30，南方航空公司CZ3097航班从广州白云机场腾空而起。那一刻，我才真正确信：台湾缘终于就要实现了。

对于台湾，我渴望看到的不是风景，而是风景背后的人文和内心、历史与社会。那种走马观花、匆匆而来又匆匆而去的旅游，无法承载我走进台湾的欲望。得知我将随电视台摄制组一行前往台湾采访的消息，内心狠狠地激动了很多日子，因为此行的采访内容与我深度认知台湾的冲动高度契合。

台商回家，平凡之路

一个半小时的飞行，飞机在桃园国际机场着陆，我第一眼看到的是繁体字。与阿里山、日月潭一样，繁体字也是台湾的肌肤。而肌肤的背后，是海峡两岸的血缘和亲情、纠缠与伤痛。

陈泉宏给在台中市等候消息的妈妈打电话报平安，语气平静，丝毫没有我们那种初来乍到的惊喜与好奇。我们台湾行要做的第一条片子就是关于他的故事。

千千万万在大陆打拼的台商中，陈泉宏的生意并不算大，甚至属于比较小的那一类，但他的名气很大，他演过电影，常常成为媒体采访的对象，曝光率非一般台商可比。当电视台编导告诉他我们台湾行的构想，希望拍他回台湾与家人中秋团聚的场面时，他很爽快地答应了，并决定和我们同机出发。

陈泉宏祖籍福建泉州，爷爷陈一飞 1949 年随国民党到台湾，大女儿却留在大陆，三十多年音信断绝。直到 20 世纪 80 年代，陈泉宏的父亲奉爷爷之命回大陆寻亲，等到父女团聚的第二天，陈爷爷便与世长辞。可以想象，老人家活着的最大梦想就是见到自己的女儿。只有这一天到来，他才能放心地上路。

陈泉宏的父亲陈勉吾是最早来大陆做生意的那批台商之一。那时从台湾来大陆很不容易，有时是先从台湾飞到印度，再从印度飞到香港，又从香港飞往上海，前后要折腾两天时间。1992 年，陈泉宏从台湾来到上海，给已在上海经商六年的父亲帮忙。之所以有此安排，也是因为父亲希望儿子早点出道，日后接上他的班。陈泉宏也因此成了当时上海最年轻的台商。陈泉宏的父亲做的是皮鞋生意，他将大量海外制鞋订单带到上海，交给当地企业生产。由于生意太好，又索性在佛山南海开办一家鞋厂。不仅如此，他父亲还牵线搭桥，为佛山引进了几十家台资企业。陈泉宏和他父亲就在上海、广东和台湾三地不停地奔波，赚到钱后，便在台中买了一栋不错的别墅。他父亲最高明之处就是从来不认为自己是外商，而是一直在努力融入本土。在陈泉宏看来，“正是这种思维，才让父亲的企业在激烈的竞争中脱颖而出”。

2008 年 7 月 4 日是一个历史性的日子，两岸周末包机正式启动。那天，陈泉宏的父亲从广州搭乘第一个航班回台湾，那份欢喜，非语言所能形容。三年前，陈泉宏的父亲去世，“能等到两岸直航的这一天，父亲也算满意了”。

早在 2005 年，陈泉宏就创立了自己的贸易公司，利用长期累积的国际市场对他的认同与信用，将生产与销售分开。2007 年，看到利润下滑的陈泉宏将制鞋公司卖掉，这使他躲过一劫。2008 年 6 月，在金融海啸爆发前 3 个月，一个上千人的制鞋厂已转型升级为仅有 8 人的贸易公司。

“企业家不是要规模经济，而是要效益经济。”陈泉宏庆幸家族的资金没有被“海啸”淹没。此后他继续自己的创业思维——将父辈在生产制造领域积累的资金，用于全球化投资。一家大陆媒体曾经评价认为：陈泉宏父子在大陆的创业，正是大陆两代台商创业精神与智慧接力的一个缩影。而顺应市场，以创新的思维创业，正成为“大陆台商2.0版”的创业趋向。

陈泉宏一家三代人穿梭两岸的回家路，见证了两岸从冰封到融化的过程。从媒体角度出发，这是很有故事性的人物。可这样的“人物”和“故事”早已被众多媒体说过N次，如果再重复这样的路数，那是自取其辱，唯一的结果只能证明自己的弱智。所以，从锁定陈泉宏这个对象开始，我们始终保持足够的警惕，避免陷入“拾人牙慧”的境地。

按照之前拟好的剧本，我们的拍摄诉求聚焦在陈泉宏中秋回家与亲人团聚的喜悦上，最好有久别重逢、眼泪纷飞的煽情场面，让观众也跟着泪流满面。

从桃园机场到台中的路上，我发现有些不对。陈泉宏很平静，远远没有我们想象中那种“近乡情更怯，不敢问来人”的情绪和趋势。我们提醒他深情地看着窗外的景色，摄像记者将镜头对准他很久很久，也没发现他有流眼泪的迹象。之后我们又打开一张台湾地图，希望他饱含深情地介绍台湾，可他的语气平静得如同我们给别人介绍怎么从佛山走到广州。

车抵台中，美丽的夕阳将整个城市照耀得金碧辉煌。川流不息的街道上摩托成群、汽车结队、行人匆匆，台湾第三大城市台中正迎来一个百鸟归巢的黄昏。这样的时刻上演久别重逢的剧情该是多么动人的情景。汽车七弯八拐进入一个叫精美街的小巷，陈泉宏说前面就是他家。他拖着行李敲门，用闽南话高喊一声：“妈妈，我回来了！”妈妈出来开门，母子拥抱问候。两个小孩溜出来叫了一声大伯。陈泉宏抱起其中一个小孩对着镜头微笑：哈哈……我看摄像记者在那里摇头，显然，这样的场景是不可能让观众“稀里哗啦”的。

编导要求重拍。陈泉宏又拖着行李一边敲门，一边呼喊妈妈。妈妈再度开门拥抱儿子，两个小孩又一次溜出来叫大伯，陈泉宏又抱起小孩对着镜头微笑，哈哈……非常懂得电视“套路”的陈泉宏扭头问编导窦希：“效果如何？要不要再来一次？”窦希回答：“可以了。”窦希的决定是正确的，因为再拍下去，麻烦人家不说，效果也不会更好。

其实，问题出在我们自己身上。

两岸关系的发展已经超乎我们想象。万千台商像织布机一样穿梭在海峡上空，他们回家甚至比很多大陆人返乡探亲还频繁、还方便。因为忽略了这个背景，我们错误地以为台商回家，见到亲人会抱头痛哭、呼天抢地……

台商回家，情绪没有反常，恰恰是在证明两岸关系的正常。假如这个时候我们还可以拍下他们哭得死去活来的镜头，如果不是演戏，那一定是大陆和台湾共同的悲剧。想到这些，我突然想到：如果我们以这样的视角来审视台商回家，说不定是一条好新闻。可是，要马上调整拍摄主题显然来不及了。

好在一个不经意的细节救了我们。在两个孩子读书写字的地方有一幅书法，题为《为儿祈祷文》：“虽然我经常不在家，但透过现今的网络视讯，总是让你们知道，我是时时关心你们的……”

陈泉宏告诉我，这是他也在佛山经商的弟弟写给他两个儿子的，孩子的爸爸经常不在台湾，所以就透过这些文字，聊表他对孩子的心意。陈泉宏还说，这样的示儿书是他们家的传统，爷爷写给爸爸，爸爸写给他们，他们写给儿子，就这样传承下去。

这封家书让我震撼。大量台商登陆，也造就了大量台湾版的留守儿童，但这些孩子还可以读到父母写下的示儿书，而大陆的父母，又有多少人用这样的方式与儿女沟通？

离开台中赴台北之前，陈泉宏一家为我们饯行，他把远在台北的姑姑也请来了。

餐馆很有特色，四壁挂满了老照片，走读一圈，就能大概明白台中的过往。吃的是正宗地道的台湾料理，食材普通，贵在工艺。面对满桌生香，我们大开杀戒。面对美食的诱惑，要想拒绝，很有难度啊。

餐馆大门上的一副对联很有味道：早进来晚进来早晚进来，多喝点少喝点多少喝点。横批：食饱好过年。

吃饱喝好，我们上路。

从台中到台北，我发现窗外的风景和大陆并没有什么不同，沿途所见的民居、公路、山峦、庄稼是那么的熟悉，犹如行走在我家乡的土地上。

车上突然有人指着前方惊呼：101 大厦！

台北，我终于看到你了。

心跳，然后坠落

我们下榻的酒店在台北西门町。一听这个名字，就怀疑这是日本当年殖民台湾时的产物，一打听，果然就是。西门町很繁华，夜色流光溢彩，妖艳逼人。

专程从高雄赶来的朋友已经在另外一家酒店等候，请我们品尝著名的台北小吃。饭毕，我和一位正在台湾考察的老板朋友一边散步，一边欣赏夜幕下的台北。为了等我在台北相聚，他特意推迟了返回佛山的行程。

夏夜的台北，热闹得一塌糊涂。忠孝东路是台北的购物天堂，人来人往，川流不息。这是一条有爱有恨有故事的街区，否则童安格怎么这样歌唱：“让生命去等候，等候下一个漂流；让生命去等候，等候下一个伤口。走在忠孝东路，徘徊在茫然中。在我的人生路途，选择了多少错误。我在睡梦中惊醒，感叹悔言无尽。恨我不能说服自己，接受一切教训……”

台北之行的第一个早晨，我们赶去“中国文化大学”。这是一所私立大学，1962 年创办，其创办者乃著名地理学家、历史学家、中国人文地理的开山大师张其昀先生。建校历史不长，但名人辈出，韩国第 18 任总统也是韩国第一位女总统朴槿惠就是从这里毕业的。

“中国文化大学”坐落在风光秀丽的阳明山上，登高望远，台北市容尽收眼底。在这里读书的大陆学生数量名列台湾各大学之首。中国文化大学校长李天任教授接受我们的采访，并赠送一本该校邵宗海教授的新著《中国和平崛起与中国当代民族主义的互动》。台湾学者如何看待大陆这 30 年的发展，这本书是一个很好的视角。参观校园，在图书馆看到一幅很有创意的海报：在图书馆遇见幸福。

诚品书店是台湾的一张文化名片，24 小时营业，有这样的书店，乃是一座城市的荣耀和尊严。

诚品是一家连锁店，总店在 101 大厦附近，从二楼到三楼，一路盛开，气势非凡。这是我迄今为止见到规模最大、种类最全、环境最好的中文书店。走进这家向往已久的书店，时间已是深夜，但依然生意兴隆。顾客虽多，但非常安静。琳琅满目的图书，不能不让读书人陶醉。我一直提醒自己淡定，可心狂跳不已，太多难得一见的好书，拿起就舍不得放下。

又一次“坠落”是在一座山上，那是一片依山望海的墓园，一代歌后邓丽君就在这里长眠。

赴台湾之前，我专门花时间做了邓丽君的功课，不是她的履历和歌曲——这些我太熟悉了，几乎达到“从来不需要想起，永远也不会忘记”的地步。我们这一代人，都有挥之不去的邓丽君情结，我们的青春期几乎是邓丽君的歌声唤醒的。

看见我发的微博，一个朋友留言：“我常常在想，偌大的墓园，一代绝世歌后会感到寂寞吗？”另一个朋友写道：“她不会孤寂。天使在哪里都快乐。”

这片墓地原本是一片荒山，是邓丽君的到来才变得如此兴旺，这背后是一个商业传奇。

1995 年 5 月 8 日，42 岁的邓丽君在泰国清迈去世，5 月 11 日遗体运抵台湾后，很多墓地的老板都在争取邓丽君葬在自己经营的墓地，他们看中的是邓家有钱。有一位老板找到邓家，说他经营的墓园面朝大海，环境优美，如果邓丽君能去那里安息，他只象征性地收取一元钱的费用。邓家派人去看，果然很满意。5 月 28 日，邓丽君在全球华人的目送下被安葬于台北县金宝山上，宋楚瑜命名并题写为“筠园”。

这位精明的老板预见到一个巨大的商业机会：有邓丽君在的地方，必然是一片旺地；与邓丽君为邻，一定是很多台湾人的心愿；能够陪伴邓丽君，就是死得其所。果然不出所料，老板成了大赢家。而今的金宝山墓园，是台湾名声最大、生意最好、价格最贵的墓园，这一切都因为邓丽君。

在邓丽君长眠的金宝山墓园，还长眠着另一位传奇女人，她就是三毛。她没有墓地，只有一个小小的骨灰坛摆放在宝塔的三楼上。寻找三毛时，遇到一位泰国清迈大学的女教师，她说她研究三毛。我们结伴而行，给三毛献上鲜花。那天路过台北荣总医院，我心里突然一紧，因为三毛 1991 年 1 月 4 日在那里自杀。那天去中国文化大学采访，我还特意去看了文学院大楼，因为三毛从哲学系毕业，多年后又在中文系任教。而今三毛不再流浪，天堂之上，她不再是哭泣的百合。当然，或许也如我一位喜爱三毛的朋友所言：尘归尘，土归土。她还在流浪。没有墓园，这只是她流浪途中的一个驿站。

离邓丽君和三毛安息地不远的地方，就是美丽的基隆港。天蓝蓝，海蓝蓝，我心蓝蓝。我实现了一个夙愿，也看见了美丽的基隆港。很多年前就被《鼓浪屿之波》的歌词和旋律激荡：“鼓浪屿遥对台湾岛，台湾是我家乡。登上日光岩眺望，只见云海茫茫。我渴望我渴望，快快见到你，美丽的基隆港……”

从金宝山回到人声鼎沸的台北市区已是黄昏，见连续几天作战而且连续吃了几天台湾牛肉面的同事个个饥肠辘辘。牛肉面肯定不能再吃了，我提出去找一家粤菜馆饱餐一顿。在西门町到处转悠，居然发现有一家贵州饭馆，且有乡亲何应钦的题字：家乡风味。大家决定就吃贵州菜，有历史人物留墨的餐馆应该不错。

我们四个人点了四菜一汤，尽管味道一般，但一扫而光。结账时顺便问是哪里的厨师，回答是云南的。晕！我顿时想起朋友写的文字：心跳，然后坠落。

深深浅浅的缘分

台湾于我，有太多难忘的经历和故事。

1992 年，远离家乡的我收到父亲的来信，父亲说，一位叔叔的哥哥从台湾回来探亲，并打算在家乡修一座房子定居，不再回台湾了。父亲还说，一位从台湾回来的老兵离家这么多年，居然还会讲苗语，那份浓浓的乡土情结，让所有人都很感动。春节回家，我专程去看望了这位台湾老兵，热情谦和的他给我讲了很多台湾故事，晚饭时一再劝我喝酒。老兵告诉我，他在台湾没有房子、没有老婆也没有孩子，几十年唯一的盼望就是有回家的那一天。他还引用黄永玉为沈从文题写的碑文："一个士兵，不是战死沙场，就是回归故乡。"

1995 年 10 月，我在贵阳还接触过另外一个台湾老兵。知道我是记者，他希望我能做一个专访，我不知道他具体想说些什么，答应采访，更多出于尊重和礼貌。可是，当我如约敲响他下榻酒店的房门时，里面没有动静。凭我对这位老兵的印象，他不是那种说话不算数的人。那时，我突然有一种不祥的预感。我请服务员打开房门，她死活不同意。我找到酒店经理，说明事情原委和我的预感，经理最终同意了。可一打开房门，服务员突然退了出来，并发出一声尖叫。我冲进去一看，老兵死了！

警察闻讯出动，我被带到派出所协助调查。在去派出所的路上，我一直在想：警察是不是把我当成"谋财害命"的嫌疑人了？弄清事情原委后，我被准许离开，但至今也不清楚那位老兵是怎么死的。

这些年，我的工作地点不断变化，但无论走到哪里，姜穆先生给我的那些书信总是随我而走，并小心翼翼地保存着。他是我唯一有深度交往的台湾老兵，也是一位在台湾有重要影响的作家。

姜先生 1929 年 5 月 21 日出生于贵州省锦屏县的一个苗族家庭，1949 年 12 月到台湾。1954 年开始文学创作，一生创作各类作品 2000 多万字，堪称我国苗族历史上作品创作数量最多的文化名人。先生 1971 年退役后历任《文艺月刊》杂志主编、黎明文化公司副总编辑等多种职务。1995 年 5 月，姜先生到重庆参加一个学术会议，一同参加会议的另一位著名作家伍略先生介绍我们认识了。而在此之前，伍略先生已多次和我谈起过姜先生，我也读过他不少作品，因为神交已久，所以一见如故。

会议结束后，我与姜穆、伍略三人结伴而行，从重庆乘船穿三峡到岳阳，而后到长沙。一路同行，相谈甚欢，对先生的为人处世尤为敬仰。姜穆先生的到来，受到湖南省作家协会高规格热情接待。韩少功、凌宇、蔡测海、孙健忠、李元洛、贺小彤、龙海清、石太瑞等“文学湘军”的主将们轮流做东，大家把酒临风，其乐融融也。那种场景，至今历历在目。

后来，姜先生从长沙飞广州，取道香港回台湾，我送他到黄花机场登机。没想到，这是我和先生的永别。从长沙回到台北后，先生发表了一篇题为《四十年相思得偿》的散文，文章的结尾是一段让人肝肠寸断的文字：“我走了！他们送我到河边，问我什么时候再回来？我什么时候再回去呢？离家以后，我如漂蓬，什么时候再回去？我无法回答，我回答他们的是满眶的泪水……”

2003 年 12 月，姜先生在台北逝世，享年 74 岁。两年后，先生魂归故里，骨灰安葬在贵州省锦屏县河口乡文斗苗寨一处林木蓊郁的山岭中。姜穆先生曾经多次回乡省亲，但每次都是来去匆匆，这一次，他永远不会离开故乡了……

启程前往台湾之前，我翻出姜先生给我的书信，几乎每一封信都这样叮嘱：有机会一定要来台湾看看。可当我真正有机会去台湾的时候，偌大的台北已经找不到姜先生……

寻访台湾咏春拳之父

采访卢文锦是我们台北之行的重头戏之一。他是一位盛名远扬的功夫大师，被称为台湾咏春拳之父。

我对武术江湖毫无所知，甚至没有谈论这个江湖的兴趣。在商议去台湾采访的行程计划时，电视台编导说出了卢文锦这个名字，这是我第一次知道世界上有这么一个人。

为了弄清这个人物的基本信息，我赶紧“百度”：“卢文锦，咏春拳一代宗师叶问的亲侄子、李小龙的师兄，现居住台湾，开设武馆。卢文锦追随舅舅练武十年，把擒拿、柔道融入咏春拳中，曾任外国教官的教练，还曾教过林青霞等明星，持续推广咏春拳。”还看到一张照片：电影《叶问》在台湾举办首映会时，穿着西装的甄子丹与穿唐装的卢文锦师父在台上比画。而维基百科中有关卢文锦的资料非常详尽，把他的履历、与叶问和佛山的关系交代得清清楚楚，并说卢文锦的咏春拳门徒遍及世界 40 余个国家和地区。

应该说，作为咏春拳发源地的佛山，当今还没有像卢文锦这样有影响的师傅。2013 年 9 月 13 日上午 9 时，我们终于见到了大名鼎鼎的卢师傅。

当出租车进入台北八德路三段路的一条小街时，我老远就看见一座居民楼上有一个很显眼的招牌：台北咏春拳总会。卢文锦的家就在四楼上。敲开房门，卢文锦出现在我们眼前。

他面色红润，没有一丝皱纹，声音热情洪亮，怎么看都不像一个 80 岁的老人。问他是怎么保养的，答案是练咏春。他娶的第二任太太年轻美丽，是他的崇拜者。卢师傅家并不宽敞，也很简朴，如果不是四壁挂满各种荣誉奖状、证书、照片，没有人相信这就是台湾咏春拳之父卢文锦的家。

墙上挂着卢师傅和许多国家的总统、政要、名流的合影。巡视一圈，就知道他的影响力非同一般。坐在摄像机前的卢师傅轻松自如、侃侃而谈，很熟悉媒体采访的套路，显然是一个经验丰富的老江湖了。

卢师傅写有一本小册子《咏春拳的历史源流与文化、艺术、科学之意涵》。他说，咏春拳本身不强调架势，也不强调力与美，要求心意合一，心静神定，不能有任何杂念。叶问授徒，说得最多的一句话是“活人练好死功夫”，而今他也这样教导五湖四海的徒弟们。

采访完毕，卢师傅带我们走上楼顶，那里有 10 多个年轻人在练习咏春拳。他们不光有台湾的，也有从美国、德国、丹麦来的，每天定时来到这里练习。我问一个德国小伙为什么大老远来台湾学习咏春拳，他说功夫是认识中国文化的最好途径，而卢文锦是最好的师傅。

卢师傅的功夫真的很厉害吗？他先是给我们表演了一套咏春拳，而后让我和其他三个人站成竖排，我站在第二位。卢师傅将一本厚书递给最前面的德国人，叫他放在胸前，准备好后，卢师傅出拳打在书上，我们四人被击退好远，力量真大！我不知道其他三个是不是装的，至少我不是。至于是不是咏春的功力，这并不重要，我最感兴趣的是卢文锦对弘扬咏春拳的那份投入、执着和激情。

卢师傅家有一间房间摆有两张上下铺的床，他说是让徒弟住的，很多从世界各地来的咏春拳爱好者并没有什么钱，来了就在师傅家吃住。房间门上贴有一张纸，上面密密麻麻地写有什么人将什么时候来台北学习咏春拳。卢师傅的太太说，一年四季家里几乎住满了人。我问学费贵吗，卢师傅哈哈一笑：“我这把年纪了，还要那么多钱干啥？看到有这么多人愿意学咏春拳，就是我最大的享受。”

师傅很忙，每天日程满满。上午教徒弟练咏春，下午去和朋友唱粤曲，风雨无阻，雷打不动。每年总要抽出一段时间去世界各地宣讲咏春拳。卢文锦的江湖地位，不仅因为他的功夫，更因为他的人格魅力。术与道的高度统一，是卢文锦师傅最大的功夫。他在传授咏春拳的同时，也在传播一种人生哲学。大师背后必有大德，可惜这一点常常被人忽略。

中秋节那晚，卢师傅和我们一起晚饭后去台北郊外的一座山上放孔明灯。我们每个人都在孔明灯上写一句话，卢师傅写的是“佛山咏春拳”几个大字。看着徐徐升空然后向远方飘去的孔明灯，卢师傅笑得像一个孩子……

功夫也有悲观的权利

武术是一个江湖，有江湖必有纷争，这本不奇怪。佛山咏春拳派系复杂，山头林立，内讧不断，其激烈程度超乎人们的想象。身为武林中人，卢师傅对此应该早有所闻，但他不愿多谈，或许是因为如赵本山说的——太熟了，不好下手。面对我的提问，卢师傅一再强调要团结要团结。

江湖上的团结真的很难吗?

20 世纪 80 年代香港有一部红极一时的电影叫《踢馆》，说的是武林江湖的恩恩怨怨。没想到类似的踢馆居然在今天的佛山上演。

从台湾回到佛山不久，媒体就报道一则引人注目的消息：咏春拳发祥地佛山，一场名为“证咏春之根，斥武林之耻”的记者招待会正准备举行。坐在中间席位的是世界咏春联会主席、叶问之子叶准，以及叶准首徒、世界咏春联会副主席冼国林。就在众媒体记者翘首以盼等待招待会召开时，发布会所声讨的“耻”——佛山精武体育会会长、叶问第二代弟子梁旭辉在一众弟子的保护下，突破层层防守杀入会场，最终迫使发布会取消。

一位是叶问的儿子，一位是叶问第二代弟子梁旭辉，本是一家人，如今却闹到了说两家话的地步。在外人看来，这两位应该都是叶问的正统传人，即便不说一家话，也不应该闹到“踢馆”的程度。

其实，这次“踢馆”也只是佛山武林江湖纷争的一个“插曲”而已。相比之下，“咏春”与“永春”的斗争更是令人伤心。

电影《叶问》的走红让咏春拳家喻户晓，叶问的故乡罗村也趁热打铁，高调打造咏春文化品牌，并投入巨资兴建了叶问纪念馆。在一般人看来，叶问的“咏春拳”无疑是正宗。但顺德马东村却不吃这一套，顺德的理由是：永春、咏春本是一家，但先有永春，后有咏春。咏春拳是永春拳衍生出来的。叶问的师傅是顺德马东村人陈华顺，所以永春是正宗派，咏春是支派。精明的顺德人不是拿钱修什么纪念馆，而是直接将永春拳申报为国家级非物质文化遗产项目。

罗村当然不服。当国家有关部门对顺德杏坛镇东马宁村申报“中国永春拳之乡”进行验收时，叶问长子叶准从香港返回罗村，并收下100 名弟子。叶准对媒体直言：“我不会承认永春是咏春。”

“咏春”和“永春”之争至今还没有偃旗息鼓的迹象。

中国武术史本来就是一团乱麻，传说、故事、编纂、历史都交错一起，真伪难辨，众说纷纭。谁是正宗，这是一个“剪不断，理还乱”的问题。咏春、永春源于哪里，从史学角度看，各支系都没有严谨的证据，多是各派宿老的口耳相传而已。一个必须注意的现象是，功夫大师一般都是在最后一刻才把功夫的全部奥秘和真谛传授给最好的徒弟，但那个时候，师傅往往来不及将全部绝招和盘托出了。我们现在还去争论谁是正宗，这有意义吗？

无论是南海的一些人，还是顺德的一些人，谈及正宗都义正词严，很让人感动。其实，武林宗派内部的冲突，更多的是经济利益的冲突。过去现在，都是如此。尽管师徒关系很像父子关系，但其中也有利益，如徒弟平时送给师傅柴米油盐、鸡鸭等，过年过节还要过来拜年，一旦有新武馆出现，就会抢了师傅的风头，而踢馆就是保护其既有利益的表现方式之一，谁输了就很难招收到新徒弟。与过去不同，现在的经济利益来得则更直接，开设武馆更像培训学校，按人头、月份和课时收取不同的费用。过去是用踢馆来争取经济利益，现在是争夺谁为“正宗”，因谁获得“正宗”的名头，谁的门徒就会越多，收益也就越大。

或许这才是佛山武术江湖出现内斗的真相。

2014 年 7 月 16 日，文化部公布：福建福州咏春拳将被列入第四批国家级非物质文化遗产。闻此消息，佛山人欲哭无泪。

咏春拳尽管不是佛山独有，但论规模和影响，福州怎么都不可能和佛山比肩，但人家却把几乎不可能做成的事做成了，而最有资格申报咏春拳为非遗项目的佛山却沦为旁观者，问题出在哪里？

咏春拳去了福建，永春拳留在了顺德，这是佛山的一些人内斗的最后结果。顺德已成功将永春拳申请为国家非物质文化遗产，这是不幸之中的万幸，原本应该好好感谢顺德，但佛山一名据说从事武术历史研究已经40余年的专家却对媒体告状：顺德“把传说变成了历史”了。

咏春拳花落福建，远在台北、最喜欢说“我佛山人”的卢文锦师傅知道吗？像卢文锦师傅这样为咏春而生，也将为咏春而死的人，在佛山是否已经成为绝响？

伟大的功夫，是否也有悲观的权利？

陶醉女人

我们的台北“故宫”之行，最重要的任务是采访陈玉秀女士，她是一位研究陶瓷艺术的专家。

陶瓷是中华文明的代表性符号。1949年前的故宫收藏有大量的陶艺精品，有40多件后来去了台湾。这些陶瓷是出自江西景德镇还是广东佛山，专家们莫衷一是，争论不休。陈玉秀女士早年在英国攻读美术史，在大英博物馆看见众多中国陶瓷，便产生了浓厚的研究兴趣。回到台北“故宫”工作后，她对台北“故宫”所收藏的明末清初陶瓷精品进行深入研究，得出的结论是产自佛山石湾。我们就是从她发表的论文中得到这个信息，并确定到台北对她做一次访问。

陈玉秀女士很热情地接待我们，面对镜头，她侃侃而谈，有理有据。可惜我们拍不到实物，那些来自佛山的精品存放在山洞里，没有对外开放。

海峡两岸的“故宫”都藏有佛山石湾陶瓷，北京故宫已经公开展出了，但台北“故宫”还秘而不宣。

位于台北市南海路49号的历史博物馆也是我们要去的地方。进入博物馆主楼一楼，左边展厅就是两尊赫然屹立的佛山石湾日神、月神。有说这组石湾窑日月神作品系清代石湾陶艺大师文如璧所烧制。这位清康熙时代出生的顺德人，一生从事石湾陶的制作和经营。他技艺精湛、刻画入神、苍劲有力，特别是对石榴红釉色的掌握冠绝一时。

博物馆有这样的文字介绍：本馆典藏的一对陶塑神仙——石湾陶日神和月神，二者均约半人高，罕见而壮观。蓝绿褐加上浅黄、雪白的釉色，以及生动写实、绝无造作的姿势，充分展现石湾陶温润浑厚、朴实自然之美。石湾陶因出产于广东省佛山市石湾镇而得名，最早出现于唐宋，明清时期大盛，流传发展至今，千百年炉火不熄，自成体系。本馆典藏的这两尊日神和月神，原是广东省大庙的瓦脊公仔，也就是清代中晚期岭南一带流行的庙宇祠堂屋顶墙头上的陶塑人物装饰……

我们去台湾采访之前，台北刚刚举办过一个和佛山有关的展览：“石湾陶魂——廖洪标陶塑艺术展”。时间是2013年6月28日至8月11日，地点是在历史博物馆。开幕当天，广东民间工艺博物馆馆长李卓祺、副馆长黄海妍，时任广东石湾陶瓷博物馆馆长廖志勇和中国工艺美术大师黄松坚、刘炳、潘柏林、杨锐华，中国陶瓷艺术大师霍家荣、庞文忠、霍冠华、潘汾淋等来自大陆、港澳台的200多名艺术家、收藏家欢聚一堂，共襄盛举。前来观赏的台湾观众络绎不绝，盛况空前。

《人民日报》（海外版）的报道中有这么一个细节：瘦小、黝黑、家常衣裤，廖洪标看上去像街上擦肩而过的一位退休工人。在历史博物馆冠盖云集的“石湾陶魂”开幕式上，作为主角的他最朴素、谦和、不起眼，在惯常的社交圈子中有点茫然和无措。轮到他讲话，他说：“我不会说话，只会念稿。”掏出一张纸，中规中矩地对着麦克风，一长串感谢的名单：收藏者、策展人、摄影师……

廖洪标是中国工艺美术大师中第一位在台湾举办个人展览的人，有这个殊荣，他最要感谢的是一个女人。

她叫许燕，台北陶陶居创办人，收藏家。

在当代台湾的收藏家中，许燕算是和大陆接触最早的那一批之一。1983 年就开始收藏、经营宜兴紫砂壶，也从此开始频繁地和大陆艺术家们打交道。

喜欢收藏，这是许燕的家传。她祖父收藏有许多字画和陶瓷，许燕从小就喜欢艺术，随着收藏经验的积累，对作品的要求也越來越高，一直在寻找未来可能成为一代大家的作品。就是怀着这样的心情，使得她和佛山结缘。

1986 年，许燕第一次来到有“南国陶都”之称的佛山石湾，在石湾美术陶瓷厂参观时，她在资料室里看见廖洪标的《刘海戏蟾》，这件传神生动的作品深深吸引着许燕的目光。当与廖洪标本人多次真诚深入交谈之后，她更了解了作者的创作风格和为人品格。廖洪标对艺术的执着，强化了许燕对其陶塑作品拥有的信心和爱好。

1936 年生于陶艺世家的廖洪标，深得石湾陶艺一代宗师刘传的真传，他在继承石湾人物陶塑气韵生动传神特点的同时，努力吸收西洋雕塑块面结构的长处，强调体积感，以肌肉、筋络来强化人物性格，形成豪放泼辣、苍劲朴拙的艺术风格。让许燕震撼的就是这样的风格。也就是那一天，许燕决定收藏廖洪标的作品。许燕说：这是一位可以用“伟大”来形容的陶艺家。

此后的岁月，他们建立了亦师亦友的情谊。许燕几乎每个月都要来一次石湾，有几个春节就是和廖洪标一家过的。将近 30 年，他们的交往从来没有间断。

1988 年，陶陶居提议廖洪标创作的《释迦牟尼》坐像一炮打响：先后获得中国工艺美术百花奖一等奖、中国陶瓷艺术展评一等奖、首届景德镇国际陶艺精品大奖赛银杯奖，成为中国陶塑史上得到荣誉最高的一件名作。

1999 年，许燕开始筹备廖洪标的展览。她重新整理多年交谈的记录，撰写作品说明，希望借助展览让世界看到中华也有不输西洋的工艺美术，让世界知晓这位终生努力不懈的艺术创作者。许燕请来台湾著名摄影家、被称为拍摄两岸故宫文物第一人的庄明景大师，前后多次拍摄廖洪标的作品，并请香港最好的翻译来翻译作品的英文说明，最后由历史博物馆和陶陶居编辑出版一本非常精美的《廖洪标陶塑艺术》。做这些事情，每一件都是很花钱的事。有人提出用台北黄金地段的一栋豪宅来换取许燕的藏品，她不为所动，反而卖掉了自己的一套房子来筹集资金。她说她是个完美主义者，为了办成展览，她可以不惜代价。

照片拍出来后，许燕拿给朋友看，得到一片赞誉："这些作品拿到国外去展览，会吓死外国人的。""他就是中国的罗丹。"……

大受鼓舞的许燕拿着一堆照片找到历史博物馆馆长张誉腾，这位行家一看就猛拍大腿："这些石湾作品很传神，我从来都没有看过这么好的石湾陶，与我们馆藏的石湾陶很不一样。"博物馆当时建议把廖洪标作品展览放在二楼长廊举办，但许燕坚持争取要在独立展厅，并用正式的开幕式展览。但要做到这一点，需要通过严谨的作品审查。2010 年 11 月，许燕将 12 件作品送审，2011 年元月，她接到公函：审查通过，展览排定在 2013 年 6 月。

此前，博物馆也举办过很多大师级人物的个展，比如张大千、齐白石、徐悲鸿的作品，与他们相比，廖洪标还只是个"小人物"。让许燕想不到的是，博物馆评审委员会居然全票通过了她的展览申请。是他们被许燕的精神所打动吗？许燕说不是，而是廖洪标的作品太有力量了。

2013 年 9 月 19 日，中秋节。我们如约来到位于台北市成功路五段的陶陶居，屋里摆满了廖洪标的作品。不用说，这些经典作品是廖洪标的心血之作，也是许燕 30 年两岸奔走的硕果。

"我跟这些作品有很深的感情，自己的生命也已经和它们糅合在一起。我常常想：我许燕何德何能可以得到这些作品？我能力不够，没有办法让更多的人分享这些作品……”说到这里，许燕泪如雨下，泣不成声。此情此景，让我的泪水也夺眶而出，为许燕这份真诚。

说实话，在去采访许燕的路上，我一直提醒自己，要警惕收藏家的言辞，他们很多时候是在为自己的藏品“造势”。一个小时的采访，许燕用一种难以言说的力量摧毁了我的怀疑和防范，我读懂了一个收藏家的心，一颗金子般的心。

许燕说，廖洪标在台北举办个展，仅仅是她实现梦想的第一步，最大愿望是把廖洪标大师推向世界，让外国的博物馆和民众也来追逐中国陶艺的神韵。看到廖洪标的观音、济公，就可以看到佛山廖洪标陶塑作品中的“善”，看到中国文化的善意。“我个人的力量很渺小，需要政府的支持，需要媒体的支持。”许燕说。

当许燕说出“善意”的时候，我心里一震：让石湾陶艺走进台湾，许燕做到了，而要走向世界，光靠许燕这样的民间力量显得势单力薄，需要政府力量的介入和释放，不仅必要，而且必须。今天的佛山，已经具备这样的力量。现在，是我们对许燕们表达善意的时候了。

我答应为许燕尽一分努力，回大陆与政府和媒体联系。从台湾回到佛山不久，我收到许燕的邮件：“谢谢你愿意帮忙，希望我的请托不会造成你的困扰。无论结果如何，我也会持续尽力去推广廖洪标与石湾陶……”

中秋之夜，台北灯火辉煌。从 101 大厦极目远望，我念想远在高雄的余光中先生。从确定来台湾采访的那一刻开始，我就希望能见到这位我敬仰的先生。最理想的设计是：万家团圆的中秋月夜，先生在我们的镜头前朗诵他那首著名的《乡愁》。无奈先生家有急事，只能推迟采访，而我们已经订好返回大陆的日期和机票。先生在位于高雄的中山大学任教，85 岁高龄的老人，依然还在上课。先生在电话中说，他很希望有机会到佛山看看。我告诉先生：佛山期待他到来的那一天……

2013 年 9 月 20 日 10 时，桃园国际机场。我写下台湾之行的最后一条微博："台湾，我将和你道别。十多个日夜，我悦读你的精彩，也触摸你的茫然。欣赏你的友善，铭记你的热情。"

（原载《南方日报》2014 年 8 月 28 日）

后记　邂逅佛山，我认为是最好的安排

这本书出版的时候，正好是我在广东度过的第 19 个年头。回望走过的路，真心感谢这片热土。

我出生在贵州高原东北部一座古老的苗寨里，母语是苗语，听懂汉语、能说汉语是上学以后的事。少年时代，我在放牛打柴之余，最喜欢做三件事情：一是走到山顶爬上最高的那棵树瞭望远方，看远山如黛，看残阳如血；二是喜欢看花花绿绿的地图，梦想有朝一日能够去看世界上很多美丽的地方；三是看露天电影。那些贫穷的日子，我们翻山越岭去看一场电影，如同奔赴一场可以吃肉的宴席。遇到刮风下雨，银幕常常倒下，我们在黑夜中焦急地盼望雨过天晴……电影是一扇窗口，让我们瞭望山外的文明；电影是一碗鸡汤，滋补我们营养不良的岁月；电影是一只罗盘，指引我们向山外的世界出发。如果没有电影，我们还将在黑暗中摸索更长的时间，甚至无法抵达黎明。

1981 年 9 月，我离开家乡到外地求学，四年大学毕业后进入报社工作，一干就是 12 年，跑了不少地方，写了不少文章，也交了不少朋友。那时的记者不是很多，社会地位也比较高，虽谈不上“无冕之王”，但走到哪里，吃穿是不愁的。那个年代，唯一可以公款到处游走的也许就是记者这个职业了。我很幸运。

1997 年初春我来广州采访，已经南下多年的好兄弟杨正勇动员我投奔广东，并带我去佛山大学拜访著名文艺理论家萧君和教授。萧教授曾经在贵州大学执教，视贵州为第二故乡。他非常热情地把我引荐给时任广东省人大常委会副主任、佛山大学校长谢颂凯教授。谢校长一边抽烟，一边翻阅我的文章复印件，不到15分钟就爽快表态：欢迎你来佛山大学工作！

两个月后，我拿着佛山印发的工作调动文件从高原来到平原、从媒体进入高校，成为佛山大学的一名教师。

记者这个职业让我养成一个习惯，每到一个地方采访都要翻翻当地的地方志。既然投奔佛山，当然更要研究佛山。一本厚厚的《佛山市志》让我走进了佛山的历史深处，三年的潜心研读，我基本摸清了佛山走过的路，于是开始试着写了一些关于佛山的文章。在参与广东省社会科学院广东现代化研究课题时，我撰写的《南粤名城的光荣与梦想——佛山现代化历史进程》获得“五个一工程”一等奖。以这个研究成果为基础，我改写出大型电视专题片《世纪佛山》解说词，中央电视台拍摄，编导陈氓，陈铎、虹云解说，片子反响不错。

没有想到的是，这部专题片播出不久，佛山就迎来了历史性的转折——区划调整、打造广东第三大城市、广东省委常委黄龙云出任佛山市委书记。更加想不到的是，我自己也成了转折佛山的观察者和评论者。

佛山整合是一件全国关注的大事件，佛山也由此进入大城市、大格局、大时代。一个地级市的区划调整原本不是什么新鲜事，但由于顺德、南海是全国县域经济的领头羊，屡屡为中国改革开放出经验、做样板，中国媒体的聚光灯屡屡打在他们身上。这样的明星角色，使得南海、顺德的“撤市设区”变得沸沸扬扬，有人甚至说这是“蛇吞象”……

在黄龙云以高超的政治智慧克服重重阻力、强力推进“同城生活，同城便利”、打造佛山一环等重大举措的同时，广东省委机关报《南方日报》也决定率全国省委机关报之先开设地方版，首选佛山做试验。我以首席顾问的身份应邀全面参与《南方日报·佛山观察》的创办，已经离开新闻战线8年的我再度重出江湖，在参与重大报道和选题策划之外，也开始时事评论的写作。这本书所收录的文章，绝大部分是在《南方日报》发表的。

观察佛山是《佛山观察》的主业和使命。尽管佛山的级别不高，不是特区、不是计划单列市、不是省会城市，但强大的佛山经济让佛山有了不同凡响的“江湖地位”。更为重要的是，作为以实体经济为主、制造业为主、民营经济为主的城市，佛山在一定程度上被视为观察中国实体经济、民营经济发展动向的风向标和晴雨表。

影响深远的佛山整合不是为了提高佛山的行政级别，而是为了实现佛山的资源整合。草根经济的突出特点就是对地方社会文化的根植和依附，它们的成长时时刻刻需要一个地方的阳光雨露。佛山给予中国最宝贵的经验是：所有的改革指向都是为了催生和壮大市场的力量。

佛山整合之后的每一位主政者都围绕这条主线发力，只是每个人的切入点不太一样。

黄龙云治下的佛山，留下了一条气势恢宏的佛山一环，奠定了佛山大城市的格局和框架，为佛山发展开辟了广阔空间。黄龙云还修筑了一条“政治一环”：一批能征善战的干部脱颖而出，他们日后都成了省级干部或市委书记、市长，形成广东政坛的“佛山现象”。

林元和主政佛山，打响了一座制造业城市的“环境保卫战”，一大批“野蛮生长”的企业要么关停并转、要么远走他乡。林元和的佛山理想是：广州边上，一座鲜花盛开的城市。当林元和掀起佛山史上从未有过的“环保风暴”时，他承受着巨大的经济和政治压力，但他没有妥协和退缩。有这样的担当，才有今日佛山的碧水蓝天。有什么样的环境，就有什么样的产业——这是林元和留给佛山的执政理念和政治遗产。

接任林元和出任佛山市委书记的陈云贤是北京大学毕业的经济学博士、金融专家。他给人们留下的最大印象是“经营城市”，不予余力地推动“让资本之光照耀产业高地”。佛山企业也是这个时候开始大规模上市，资本市场上开始形成“佛山板块”，一座喜欢躲在被窝里悄悄数钱的制造业城市踏上了资本运作的长旅。

还必须记住的是，佛山禁摩——这个很多人不敢触碰的难题被陈云贤破解了。在拥有130万辆摩托车的佛山，任何限摩、禁摩的动议和决策都无异于“捅马蜂窝”，其风险和压力可想而知。鲜为人知的是，当陈云贤祭出禁摩利剑的时候，正是他出任市委书记的第11天，按一般的官场逻辑，这个敏感时刻最好是“多一事不如少一事”。但陈云贤不搞这一套，想干的事情坚决干下去。这样的定力和勇气，源于强大的自信。

接替陈云贤的李贻伟是工程师出生，对产业和企业理解很透、感情很深，一汽大众在佛山布点，与他强大的游说能力有关。李贻伟对做大做强实体经济情有独钟、念念不忘。民营经济是佛山的根和魂——这个理念就是在李贻伟时代确立的。在亚洲博鳌论坛上，他公开表示：民营经济是佛山政府的“奶妈”；因为李贻伟的主张和决策，企业家的名字第一次出现在佛山市委党代会报告中。李贻伟不许官员在会上念稿，他的以身作则和持续“高压”，迫使佛山官员有意识地练习怎么脱稿讲话、如何言之有物……

李贻伟交棒给刘悦伦，他是英国利物浦大学毕业的博士，也是佛山历史上第一次由海归博士担任市委书记。从市长到书记，他给佛山带来的最大改变是“城市升级”。作为佛山城市革命的主导者，他把佛山发展带入一个崭新的历史阶段：从产业佛山走向城市佛山。这场波澜壮阔、全民响应的城市革命，不仅改变了佛山的城市界面，也塑造了佛山的城市自信。五年时间，佛山几乎重新定义了中国制造业城市的环境，缔造了可以和欧美发达国家媲美的世界一流景观。

刘悦伦后来升任广东省人大常委会副主任，对于他的离开，佛山充满了不舍。这样的待遇，堪比当年黄龙云离开佛山时的情形。一切都在验证毛泽东那句名言：群众的眼睛是雪亮的。

鲁毅接替刘悦伦出任佛山市委书记，第一件事情就是把刘悦伦打造“中国制造业一线城市”的理想推向更为艰巨的“国家使命”——中国制造业创新中心。鲁毅主张把工匠精神作为佛山全体市民的精神家园，并评选出佛山第一批“大城工匠”。鲁毅的肩膀有两副重担：一是全国制造业转型升级综合改革试点，这个独一无二的“番号”就是要佛山为全国制造业突围探路；二是要在珠江西岸先进装备制造产业带建设中发挥龙头作用，所谓龙头作用的潜台词就是要为广东制造开新途、打天下。佛山已经在万众瞩目中重新出发。

这就是佛山过去10多年、历经6任市委书记所走过的治理历程，这样的背景，就是我观察佛山的脉络和框架，也是我这本书的底色和基调。

2007年底，我应邀在佛山电视台先后开设新闻评论栏目《话龙点睛》《龙说》节目，这两档带有思想性的节目既赢得观众的欢迎，也多次受到各级领导和部门的表彰，成为广东电视界有一定影响的品牌栏目。能够在报纸上激扬文字、在电视上侃侃而谈，这样的底气和支撑来自佛山这座城市，也离不开自己的经历和阅历：在贵州工作，我以记者的身份触摸一个相对落后的中国；来到佛山，我又有机会以学者的身份感悟一个相对发达的中国。正是这样强烈的反差和碰撞、比较和发现，让我更深刻地认识一个复杂的中国。

在佛山这些年，我几乎一半在佛山，一半在外地。这种看起来动荡不定的生活是我有意而为的选择：扎根佛山，我可以从佛山看中国；云游四海，我可以从世界看佛山。我把自己定义为一个观察者，尽可能从更大的视野来审视佛山所发生的一切。这10多年间，我多次随佛山企业家和政府官员外出考察学习，国内国外，不计其数，还先后到香港大学、加州大学、哈佛大学、牛津大学、剑桥大学等世界一流大学进修学习。我不是为文凭而去，只是希望提高自己分析问题、提出问题的方法和能力。

我说了佛山很多“好话”，也说过佛山很多“坏话”，如果换一座城市生活，也许就没有这样的宽容和接纳，当然也就没有这本书的出版。邂逅佛山，我认为是最好的安排。

这本书出版面世的时候，我的人生轨迹又有了一个重大变化：从大学教师成为自由职业者。之所以决定告别校园，是决心去拥抱一个比校园更大的世界。19年的高校教师生涯告诉我，我很难适应那套游戏规则。我无力改变，只能选择离开。我没有怨，更没有恨，只是想过自己喜欢的日子，做更适合自己的事情。来到这个世界，没有人可以活着回去，我只希望去感受更多的酸甜苦辣。人生苦短，我必须抓紧时间。对于一个已经52岁的人而言，选择辞职可能有点晚，也充满危险，但我还是决定一试，无论结果好坏，我都无怨无悔。沿途都是风景，我不想在一个地方停步。当告别到来的时候，我把爱与祝福留给校园，留给所有的同事。离开是为了更好地进入，我依然会努力观察佛山。

要感谢的人太多，限于篇幅，我不能把他们的名字一一列出，他们所给予我的关心、关怀和关注，我将一生铭记。

龙建刚

2016年11月12日